# The Science of Living
# 生活的科学

［英］斯图尔特·法里蒙德◎著　温广立◎译

青岛出版集团 | 青岛出版社

Original Title: The Science of Living: 219 reasons to rethink your daily routine
Copyright © Dorling Kindersley Limited, 2020
A Penguin Random House Company

山东省版权局著作权合同登记号：图字15-2022-70

图书在版编目（CIP）数据

生活的科学 / (英) 斯图尔特·法里蒙德著；温广立译. — 青岛：青岛出版社，2023.1
ISBN 978-7-5736-0305-0

Ⅰ.①生… Ⅱ.①斯…②温… Ⅲ.①科学知识–普及读物 Ⅳ.①Z228

中国版本图书馆CIP数据核字（2022）第097174号

| | SHENGHUO DE KEXUE | |
|---|---|---|
| 书　　名 | 生活的科学 | |
| 著　　者 | ［英］斯图尔特·法里蒙德 | |
| 译　　者 | 温广立 | |
| 出版发行 | 青岛出版社 | |
| 社　　址 | 青岛市崂山区海尔路182号（266061） | |
| 本社网址 | http://www.qdpub.com | |
| 邮购电话 | 0532-68068091 | |
| 策　　划 | 周鸿媛　王　宁 | |
| 责任编辑 | 王　韵 | |
| 封面设计 | 尚世视觉 | |
| 制　　版 | 青岛乐道视觉创意设计有限公司 | |
| 印　　刷 | 北京顶佳世纪印刷有限公司 | |
| 出版日期 | 2023年1月第1版　2025年3月第4次印刷 | |
| 开　　本 | 16开（787毫米×1092毫米） | |
| 印　　张 | 16 | |
| 字　　数 | 300千 | |
| 审 图 号 | GS鲁（2022）0103号 | |
| 书　　号 | ISBN 978-7-5736-0305-0 | |
| 定　　价 | 98.00元 | |

编校印装质量、盗版监督服务电话　4006532017　0532-68068050

www.dk.com

# 前言

如果你在提起"科学"这个词时,想到的是枯燥无趣的课堂、晦涩难懂的术语,那么这本书就是为你量身打造的。很多人习惯性地认为科学就是把整个世界浓缩成一堆干巴巴的数字和公式,但实际上,科学为我们的日常生活增色不少。

在过去七年跟医学打交道的过程中,我不仅了解了人体的复杂性,也看到了疾病是如何折磨人类的。此外,我也在不知不觉中学会了对各种医学术语张口就来。但是,在我不再从事这个行业后,我开始意识到,像我们这种"学术型"的人与普通人是多么格格不入。我们这些阳春白雪式的言论只会使大众对科学产生误解。我写这本书的目的就是打破大众对科学的固有认知,让更多人意识到,即使自己没有各种看起来很厉害的头衔,也能理解生活中的各种小奥秘。

很多人在一天中会遇到数不清的问题,其中不仅包括深刻的哲学问题,还包括在某个时刻突然浮现在脑海中的小困惑:我早上起来后应该先喝一杯咖啡吗?还是应该等一会儿再喝?为什么路上总是有很多不遵守交通规则的司机?为什么吃过午饭后会感到特别困?……我们当然能够从报刊和网络中找到针对上述问题的五花八门的论述,但是很多时候,这些论述会让我们有一种意犹未尽的感觉,觉得自己的求知欲没有得到满足。不仅如此,很多论述虽然看起来很有道理,但实际上是在误导我们,有些甚至完全是错误的。

在写这本书的过程中,我得到了来自世界各地的数十位专家的鼎力相助,这使得我可以用目前最前沿的科学研究成果来回答很多问题。当然，我的目的不是让读者找到每个问题的答案，而是希望用一种读者能理解的方式来答疑解惑，从而让读者有能力做出更好的选择。

我将带读者回顾完整的一天——从清晨、上午、下午，到晚上、深夜，并回答一系列可能出现在读者脑海中的问题。当然，什么时候会有这些疑问因人而异，比如，有些人喜欢在下午锻炼，有些人则喜欢在晚上锻炼。我只是希望利用划分时间段的方式来帮助读者回顾一整天中发生的事情，使不同年龄、性别、种族、文化背景的人在阅读这本书的时候都能有代入感。

总之，我用这本书向生命致敬。生命是我们拥有的最宝贵的东西。我们的一生应该充满欢笑、爱、善意和激情。但是，生命也很脆弱。我认为，只有当我们直面我们的生命终有一天会走到尽头这个现实时，我们才能真正体会到生命有多么美好，才能学会享受每一天的生活。在创作本书的同时，我还在与恶性脑瘤做斗争，为此我做了手术，经历了各种治疗。正是家人和朋友对我的不离不弃和始终如一的支持，让我学会了如何热爱生活。创作本书使我的生活非常充实。我希望在阅读它的过程中，读者的生活也能更加充实。

斯图尔特·法里蒙德

# 目录

**上午** ............................................. 1

为什么起床那么难？................................ 2
为什么冬天早晨起床后，人容易感到有气无力、情绪不佳？................ 4
我已经睡了一会儿懒觉了，为什么还是这么困？........................ 5
闹钟响了，我可以把它关掉，让它过一会儿再响吗？.................... 6
我可不可以一醒来就看手机？........................ 7
我为什么记不住自己的梦？.......................... 8
我该在什么时候喝第一杯咖啡？.................... 10
我能让自己成为"早起鸟"吗？...................... 12
为什么青少年早上特别懒？........................ 14
洗澡的最佳时间是什么时候？...................... 16
为什么我每天早上会在同一时间排便？................ 18
为什么我醒来时会有口臭？........................ 19
想要保持牙齿健康，用什么样的牙膏最好？............ 20
使用电动牙刷是最好的刷牙方式吗？................ 22
我应该在吃早餐前刷牙还是应该吃完早餐后再刷牙？................ 23
早餐是一天中最重要的一餐吗？...................... 24
不吃早餐会更容易长胖吗？.......................... 25
早餐吃什么最好？.................................. 26
哪种燕麦片最健康？................................ 28
果汁是身体每日必需的五种营养素的来源之一吗？.................... 29
吃早餐时要吃维生素补充剂吗？...................... 30
天太冷了！我是应该穿一件厚毛衣还是应该多套几层薄的衣服呢？............ 32
天太热了！穿什么才能保持凉爽？.................. 33
天冷时，身体会消耗更多的能量吗？................ 34
中央供暖系统对健康有害吗？...................... 36
用空调也不健康吗？................................ 37
女性比男性更怕冷吗？.............................. 38
在室内提前几分钟穿上外套是否意味着外出时会感觉更冷？............ 40
热量是否会从头部大量散失？...................... 41
上下班的行程会危害健康吗？...................... 42
为什么上班用时显得比下班用时更长？................ 44
为什么城市里的很多人看起来很冷漠？................ 46
城市中的人生活节奏都很快吗？.................... 48

为什么其他人的驾驶技术都不如我？
................................................ 49
我平时明明是一个很冷静的人，为什么还会得"路怒症"？................. 50
怎样才能摆脱坏心情？...................... 52
工作日如何实现效率最大化？............ 54
什么样的工作场所能让人提高工作效率？................................................ 56
在同时处理多项任务的过程中，我变强了吗？................................................ 58
听音乐会让我的注意力更集中吗？..... 59
我应该多久休息一次？...................... 60
我为什么这么容易分心？................... 61
为什么我会在非工作状态下想出最好的点子？................................................ 62
我如何才能将创造力发挥到极致？..... 63
办公室会让我生病吗？...................... 64
为什么我开会时总是坐在角落，一句话也插不上？........................................ 66
男性的大脑与女性的不同吗？............ 68
为什么我吃完早餐没多久就饿了？..... 70
在正餐之间吃零食是健康的饮食方式吗？................................................... 71
我需要每天喝八杯水吗？................... 72
我应该一直喝水直到尿液变得清澈吗？
................................................ 74

## 下午 77

何为好的午餐？................................ 78
我可以边工作边吃午餐吗？............... 80
细嚼慢咽真的更好吗？...................... 81
我明明想要吃得更健康，但是为什么还是想吃高脂肪高热量食品？............ 82
为什么糖如此令人难以抗拒？............ 84
我该如何避免低血糖？...................... 86
那么，我到底能吃多少糖呢？............ 87
我可以通过训练，戒掉吃甜食的爱好吗？................................................... 88
久坐是新型的"吸烟"吗？................... 90
如何避免吃完午餐后感到困倦？......... 92
午休的理想时长是多久？................... 94
我应该相信直觉吗？.......................... 96
我们所有人都在面对更多压力吗？.... 98
有没有可以快速缓解紧张情绪的方法？
................................................ 100
我该如何应对焦虑？.......................... 101
如何应对持续性的压力？................... 102
压力有好的一面吗？.......................... 104
为什么完成一项工作后，我总是会大病一场？................................................ 105
我应该花多长时间晒太阳？............ 106

为什么天气炎热的时候头脑容易不清醒？ ………… 107

为什么孩子在十几岁时会突然像变了一个人似的？ ………… 108

为什么我年轻时更爱冒险？ ………… 110

为什么我觉得自己要比实际年龄更小一些呢？ ………… 111

为什么有些已经过去了很久的事，对我来说仍然历历在目？ ………… 112

为什么我脑海中关于童年的记忆如此模糊？ ………… 113

对于同一件事，为什么我的记忆和别人的不一样？ ………… 114

什么是似曾相识？我该为此担忧吗？ ………… 116

我为什么会经常"话在嘴边却说不出来"？ ………… 117

我为什么有时候会忘记自己为什么要进入某个房间？ ………… 118

为什么我更容易记住面孔而不是名字？ ………… 119

为什么过了很多年之后我仍然记得之前学过的技能？ ………… 120

我该如何提高记忆力？ ………… 122

我应该一直相信自己看到的一切吗？ ………… 124

我们真的只用了大脑中10%的部分吗？ ………… 126

智商是可以提高的吗？ ………… 128

我该如何避免买很多不需要的东西？ ………… 130

为什么我总找不到最好的便宜货？ ………… 131

怎样才能理性购物？ ………… 132

网购的商品更便宜吗？ ………… 134

## 晚上 137

为什么激励自己去运动很困难？ ………… 138

我应该什么时候运动？ ………… 140

运动前应该吃什么以及什么时候吃？ ………… 142

运动后应该什么时候吃东西？ ………… 143

拉伸可以避免受伤吗？ ………… 144

我该如何避免跑步时岔气？ ………… 145

对心脏最好的运动方式是什么？ ………… 146

运动会让大脑更健康吗？ ………… 147

哪些运动能让我们消耗更多能量？ ………… 148

我怎样才能把肚子上的赘肉练成六块腹肌？ ………… 150

最好的增肌方式是什么？ ………… 152

如何避免运动中出现极点？………… 154
社交对我有好处吗？……………… 156
为什么我不像其他人那样幸运？…… 158
我怎样才能更好地判断出一个人是否在说谎？……………………………… 159
为什么有些人特别固执己见？……… 160
拥抱对人有好处吗？……………… 161
为什么我在喜欢的人面前会那么紧张？……………………………… 162
为什么我会喜欢特定类型的人？…… 164
恋爱对身体健康有好处吗？………… 166
在寻找长期伴侣的过程中，最重要的因素是什么？……………………… 168
为什么我会出现经前期综合征及痛经？……………………………… 170
为什么我的经期容易和身边的人同步？……………………………… 172
我该如何管理围绝经期？…………… 173
真的有所谓的中年危机吗？………… 174
我能把心情不好归咎于饥饿吗？…… 176
晚上大吃一顿对身体有害吗？……… 177
为什么人们正在变得越来越胖？…… 178
我应该根据身体质量指数来确定我的理想体重吗？……………………… 180
我觉得自己吃得很合理，但是我为什么无法控制体重的增长？………… 182

脂肪对我来说是好是坏？…………… 184
我的体重是受基因控制的吗？……… 186
肠道微生物可以帮我控制体重吗？……………………………… 188
最好的减肥食谱是什么？…………… 190
地中海式饮食有哪些好处？………… 192
成为素食者会让我更健康吗？……… 194
为什么饮食指导总是变来变去？…… 196
为什么我会被电影中的音乐或音效吓到？……………………………… 198
为什么社交媒体如此让人上瘾？…… 200
我怎样才能改掉自己的坏习惯？…… 202

## 深夜　　　　　　　　　　　　205

手机会影响我的性生活吗？………… 206
有最佳的性生活时间吗？…………… 208
我们为什么会打哈欠？打哈欠为什么会传染？……………………… 210
安眠药对人是有益还是有害？……… 212
睡前喝一杯能让我睡得更好吗？…… 213
智能设备会让我更清醒吗？………… 214
提高睡眠质量的方法有哪些？……… 216
睡眠真的那么重要吗？……………… 218
我怎样才能知道自己需要睡多久？……………………………… 220

周末可以补回工作日欠下的"睡眠负债"吗？ ……………………………… 221
如果无法避免睡眠不足，我该怎么办？ ……………………………… 222
我该如何应对时差？ ………… 224
为什么睡觉时身体会抽动？ ……… 226
为什么我睡觉时会说梦话或梦游？ ……………………………… 227
我为什么会打鼾？如何才能停止？ ……………………………… 228

为什么我有睡眠麻痹或睡惊症？ …… 230
做梦会让我变得更有创造力吗？ …… 232
做梦有什么特殊意义吗？ ………… 234

术语表 ……………………………… 236
索引 ………………………………… 240
参考资料 …………………………… 245
关于作者 …………………………… 246
致谢 ………………………………… 246

# 上午

  大自然真的很没有"礼貌"。早晨,太阳还没出来,鸟儿就开始叽叽喳喳地叫个不停。它们实在是太吵了,即使我们睡得已经很沉了,也很可能被吵醒。与我们那些长了羽毛的邻居一样,我们的体内也有一个会在早晨叫醒我们的"时钟"。在它的指挥下,每天早晨,我们身体的各个器官开始回归白天的工作状态,大脑也会逐步回归日间模式,让我们火力全开,开启崭新的一天。

# 为什么起床那么难？

人体的很多系统在人睡觉时都会进入休息状态，让这些系统重新启动的难度不亚于在寒冷的早上发动一台老式汽车。

正常成人典型的睡眠过程包括5个不同时期，前4期睡眠为非快速眼动睡眠（NREM sleep），其中第1期为极浅睡期，第2期为浅睡期，第3期为中睡期，第4期为深睡期。第5期为快速眼动睡眠（REM sleep），以快速眼球运动为特点。目前也有一些科学家认为，没有明显的生理方面的依据来区分第3期和第4期，便将其合并。在整个睡眠过程中，身体会根据睡眠深度的不同而有规律地运作。如果你刚好是在做美梦的时候醒来（人的绝大多数梦发生在快速眼动睡眠时期），可能会觉得自己活力满满。相反，如果你是从非快速眼动睡眠中醒来，就很有可能仍然觉得困倦，只能有气无力地开启新的一天。

**70%** 的人在刚睡醒后的 1~2小时经历过睡眠惯性。

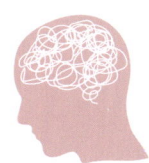

人们早晨刚起来时很容易有一种昏昏沉沉的感觉，尤其是在突然被唤醒而非自然醒来时。这种现象称为睡眠惯性。人处于这种状态时，会有反应迟钝、思维混乱、记不住事等表现，做出良好决策的能力也会下降。当人们几乎彻夜未眠时，醒来后睡眠惯性的表现会更明显。

睡眠惯性很常见，好在这个过程不会持续很长时间，一般在几分钟到两小时不等。左边是一些应对睡眠惯性的小妙招。

### 如何应对睡眠惯性？

1. 增强外部环境刺激，如接触日光。
2. 伸一个懒腰，做一些简单的运动，如瑜伽、快步走、骑单车。做运动可以提高心率，促使血液流经大脑的"沉睡区"。
3. 不要在刚睡醒后的几分钟内做重大决定，因为即便你觉得自己已经足够清醒了，做出的决定也往往不是最优解。

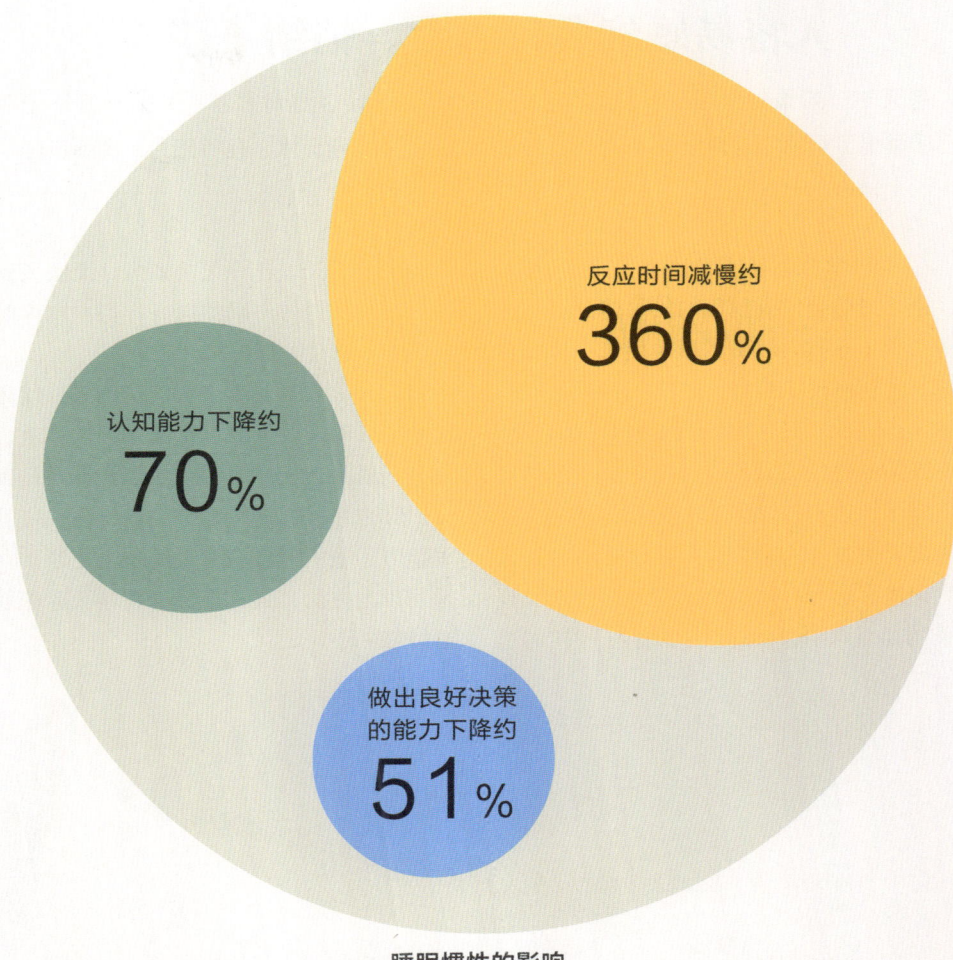

睡眠惯性的影响

## 启动减慢

突然惊醒、处于睡眠惯性状态的人会有反应迟钝、决策能力下降等表现。此外，研究表明，人刚刚醒来时，认知能力也会受到影响。

上午

# 为什么冬天早晨起床后，人容易感到有气无力、情绪不佳？

冬天时，如果你早晨起床后常常觉得精神状态不佳、心情很差，那么千万别觉得是自己哪里出了问题，因为很多人在冬天起床后都会感到困倦乏累、有气无力、情绪不佳。

一些科学家认为，在黑夜更漫长的冬季，缺乏光照会使人脑部的松果体分泌过量的褪黑素（melatonin），从而使人一直昏昏欲睡、感到疲倦。然而，也有一些科学家对上述观点表示质疑，他们的论据是生活在有极夜现象的地区的人们并不是都处于这种状态。当然，这也许是因为生活在那里的人额外付出了大量努力来维系日常活动，并且会有意识地多进行一些社交活动，来应对黑夜更长的生活环境。你应该也有过这样的感受：当极端天气让你无法锻炼，无法见到心爱的人，只得像冬眠的熊一样待在室内时，你的幸福感会大打折扣。

如果你也面临着冬天起床困难、起床后情绪不佳的问题，可以试试光照治疗法，即每日照射人造光。这一方法已被证明是有效的。你也可以向斯堪的纳维亚半岛一带的居民学习，他们经常在寒冷的冬天走亲访友。采用以上方法，或许会让你在冬天起床后的心情好一点儿。

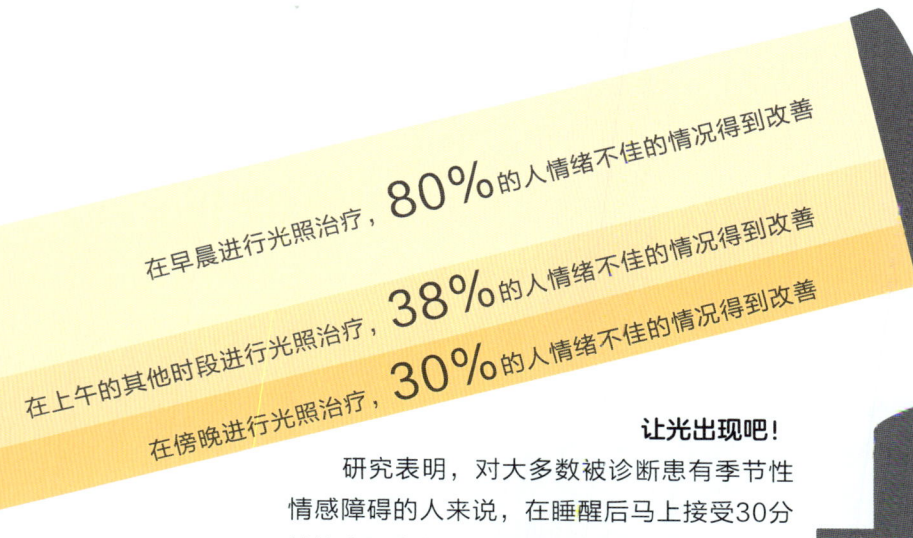

在早晨进行光照治疗，80%的人情绪不佳的情况得到改善

在上午的其他时段进行光照治疗，38%的人情绪不佳的情况得到改善

在傍晚进行光照治疗，30%的人情绪不佳的情况得到改善

**让光出现吧！**
研究表明，对大多数被诊断患有季节性情感障碍的人来说，在睡醒后马上接受30分钟的光照治疗是最有效的缓解症状的方法。

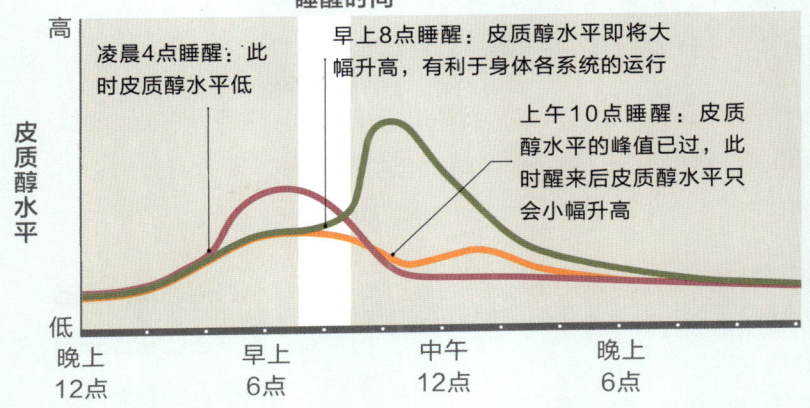

**请皮质醇来帮忙！**

左图描绘了在不同时间醒来时，人体内皮质醇水平的变化情况。早上8点左右醒来（如绿线所示），有利于身体各系统的运行。

## 我已经睡了一会儿懒觉了，为什么还是这么困？

当你周末睡懒觉时，你会期待自己睡醒后神清气爽。但实际上，有时你醒后的状态比平时还要糟糕。应该如何解释这个令人费解的现象呢？

你的身体有一个相对固定的睡眠—觉醒节奏（详见本书第12页至第13页），该节奏会在你艰难醒来的前后刺激身体中的生物引擎的发动。如果你是在早上6点至8点醒来，那么在你自然醒之前，功能强大的皮质醇的水平已经开始小幅上升。皮质醇能促进能量转化，提高血糖水平，为大脑和肌肉供能。在你醒来之后，皮质醇水平会进一步升高并达到峰值，帮助你活力满满地开启崭新的一天。如果你睡过了头，错过了皮质醇水平的峰值，那么你就很难感受到皮质醇的功效，这也就是为什么周末睡完懒觉后，你往往会觉得自己比工作日早起时更乏累。

如果在工作日睡眠不足，你可以选择在周末补充睡眠，但是不能指望把所有的觉都补回来（详见本书第221页）。最好还是坚持每天早睡早起，这样你的生物钟就能帮助你每天自然而然地醒来，你就会充满活力。

上午

## 闹钟响了，我可以把它关掉，让它过一会儿再响吗？

有效的闹钟都是吵闹而刺耳的。闹钟之所以有用，是因为它能够触发身体的应激反应。简而言之，闹钟能让人产生恐惧感。

吵闹的闹钟能够刺激大脑中的杏仁核和网状激活系统，激发身体的应激反应，你的皮质醇和肾上腺素水平会上升，心率也会飙升。这些身体反应能让你迅速"觉察危险"并即刻醒来，从而保护生命安全。当然，当你意识到自己并没有面临危险时，肾上腺素水平就会下降，你可能会再次哈欠连天。但是，要注意，如果你此时选择赖床，把闹钟关上，让它过一会

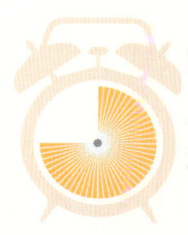

**如果你真的要把闹钟关上让它过一会儿再响，请务必至少再睡45分钟。**

儿再响，你的身体很可能受到伤害。再睡10~15分钟很难让你重新进入甜美的梦乡，当闹钟再次响起时，你还会再经历一次折磨。反复被唤醒的恐惧感会使你的肾上腺素水平反复升高，这可能会迫使你起床，但长此以往，你的情绪会变得低落，身体健康也会受到影响：长年的"受迫性起床"可能造成血管堵塞，也可能导致心脏病的发病风险增加。

因此，最好还是将闹钟设定在你想要起床的时间，然后在闹钟响起后立即起床。如果真的需要多睡一会儿，就至少要多睡45分钟。你也可以参考左边给出的技巧和提示来减少对可怕的闹钟的依赖。

---

### 想要把闹钟砸碎？

1. 晚上睡觉的时候不拉窗帘，以便日光能第一时间照进屋子。视网膜上的具有感光功能的细胞感受到日光后会发出信号，促使人逐渐清醒过来。

2. 将房间内的空调设置为在起床前至少半小时开启暖风，用于模拟日出时的温度变化。

3. 将床头灯改造成日光灯，并安装一个能够定时开启的装置，使灯可以在闹钟响前半小时自动打开，以便促进皮质醇的合成与释放。

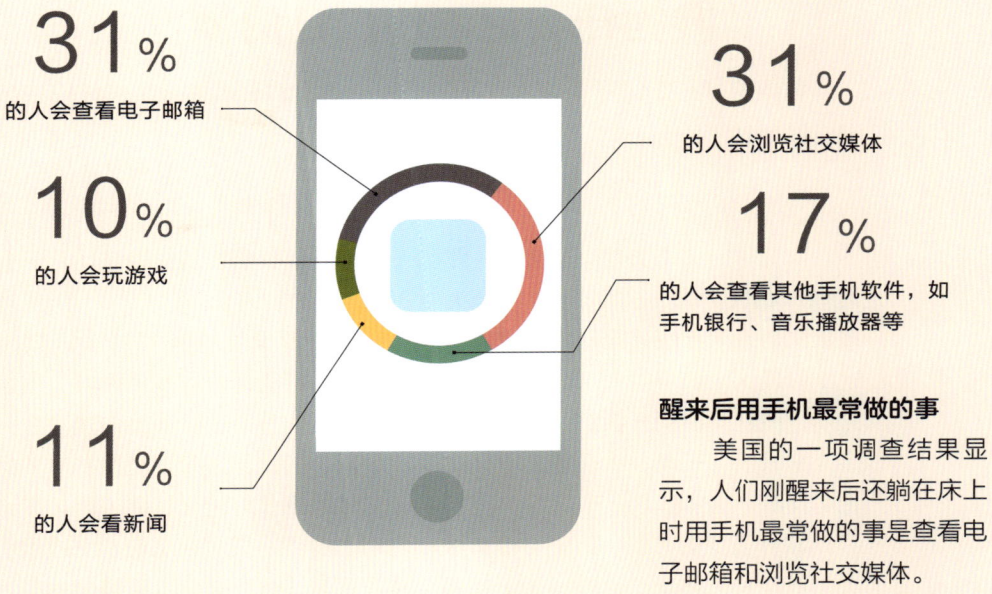

**31%** 的人会查看电子邮箱

**10%** 的人会玩游戏

**11%** 的人会看新闻

**31%** 的人会浏览社交媒体

**17%** 的人会查看其他手机软件，如手机银行、音乐播放器等

**醒来后用手机最常做的事**
美国的一项调查结果显示，人们刚醒来后还躺在床上时用手机最常做的事是查看电子邮箱和浏览社交媒体。

## 我可不可以一醒来就看手机？

如今，用智能手机，人们可以看新闻、查邮件、玩游戏、浏览社交媒体……手机所连接的世界中充斥着太多内容，因此你难以抵挡手机的诱惑也不足为奇。但问题是，一醒来就看手机是开启新的一天的最佳方式吗？

刚醒来时的你是脆弱的、不清醒的，由于大脑中掌控逻辑思维的部分需要过一段时间才能完全清醒，因此这时的你很难做出正确的决定，也很难处理信息和解决问题。研究表明，在醒来后的一小时内打开手机软件查看电子邮箱、梳理待办事项，可能会影响你一整天的心情，加剧焦虑情绪。而且，这会导致你的注意力在一整天都难以集中，使你更加难以做出正确的决策，体内的皮质醇也难以回归到正常水平。

如果你就是想要一醒来就看手机，那么可以考虑将电子邮箱、待办事项清单等应用程序从主屏幕上移除，换成一些能提供让人感到轻松的或者精神振奋的内容的应用程序。

## 我为什么记不住自己的梦？

你做的梦往往比好莱坞大片还刺激，但不幸的是，醒来后你往往会忘记自己梦到了什么。

实际上，每个人都会做梦——即便有5%的人声称自己从不做梦。绝大多数的梦发生在快速眼动睡眠期。在这个阶段，大脑中的大部分区域与人处于清醒状态时同样活跃。然而，很多人醒来后会发现，大多数关于梦的记忆都离奇地失踪了。

在你做梦的时候，脑中与记忆相关的海马也会休息，此时，关于梦的记忆就会格外短暂，大部分荒诞的梦都会像流星一样转瞬即逝。海马似乎

## 25%
—— 这是我们能够回忆起的梦占整个夜晚做的梦的比例。

也没想记住你梦到的东西，因为相比于那些在你清醒时发生的值得记住的真实事件，梦显得无关紧要。相比之下，对于梦很重视的人以及幼儿更有可能记住梦的内容。

如果你是在快速眼动睡眠期醒来，就有可能回忆起梦的内容。不过此时，你的整个记忆回路仍然没有完全启动，因此如果想要把这些对梦的记忆转换成长时记忆，就需要在忘记它们之前将它们写在笔记本上或用手机记下来。研究表明，记录梦的行为能帮你回忆起梦的更多细节。

此外，你还可以通过设定闹钟的方式让自己恰好在快速眼动睡眠期醒来，这样可以增加回忆起梦的可能性。

即使你记不清自己做了什么梦，也不必担心，这说明你的大脑为最有必要记忆的东西预留了储存空间。

右边是关于睡眠过程中脑电波变化情况的示意图。在这里（以及本书第213页），我参考之前提到的一些科学家的研究，将非快速眼动睡眠的第3期和第4期合并为第3期。

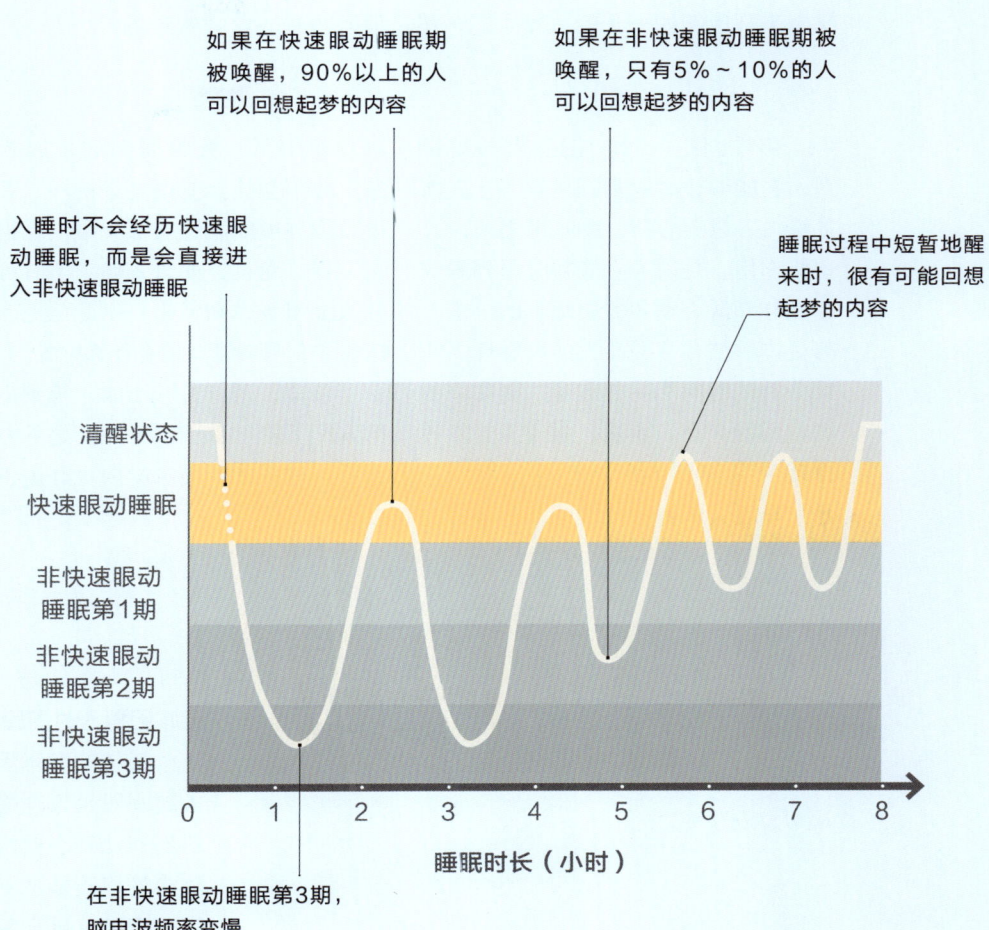

## 脑电波的变化

在睡眠过程中，你的脑电波会上下波动，经历四个不同的阶段。睡眠的大部分时间为非快速眼动睡眠，在这个阶段，你相对平静，体能也得以恢复。其余时间为快速眼动睡眠，绝大多数梦都发生于这一阶段。如果你在快速眼动睡眠期被唤醒，大概率能够回想起梦的内容。

上午

# 我该在什么时候喝第一杯咖啡?

如果你早上醒来后的第一件事就是喝一杯咖啡,那么你可以算是用咖啡因来开启新的一天的大军中的一员。但问题是,这样做对吗?

咖啡因是一种功能强大的兴奋剂,它能够暂时地驱赶睡意,让人恢复精力,改善心情。咖啡因之所以有这些作用,是因为它能暂时阻碍腺苷(能够降低心率和促进睡眠的分子)与受体的结合,提高人的警觉性。花10分钟的时间喝一杯咖啡,咖啡中的咖啡因就会进入血液,阻碍腺苷发挥作用,从而使人更有精神。但问题是,早晨人体内的皮质醇水平高,而腺苷水平低。此时喝咖啡(或者浓茶)并不会让人变得更有精神,其效果就像往熊熊燃烧的篝火中扔几根火柴一样。而且,此时喝咖啡还有可能让人变得焦虑和紧张。由此可见,起床后立刻喝咖啡并没有什么好处。

所以,最好过几小时,等到皮质醇水平下降、腺苷水平升高之后再喝咖啡,这样才能使咖啡因更好地发挥功效。

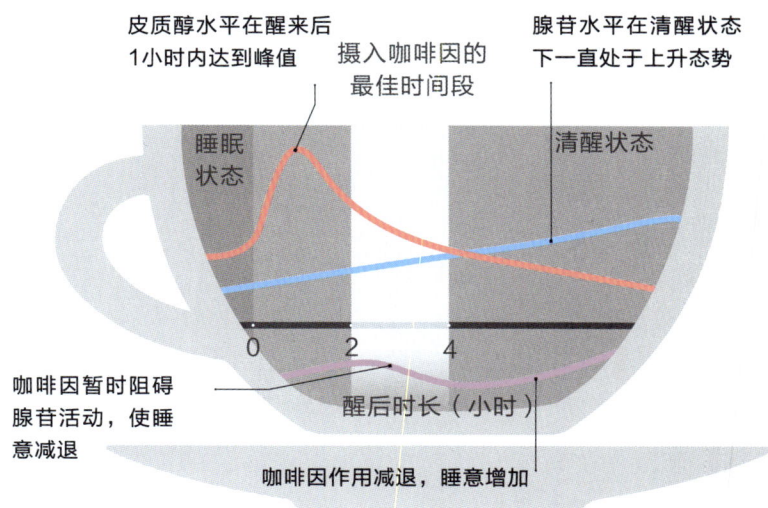

**咖啡因摄入时间段**

最佳的咖啡因摄入时间段是人睡醒后的2~4小时,此时人体内的皮质醇水平下降,腺苷水平升高,人容易犯困。

> 如果你在早上醒来后的1小时内喝了一杯浓咖啡，就相当于将大部分咖啡都冲进了下水道。

上午

## 我能让自己成为"早起鸟"吗?

研究表明,大部分成功人士是"早起鸟"。很多首席执行官及高才生习惯在早上5点前起床,但对大多数人来说,起那么早完全是一种折磨。

---

有些人早上很早就能自然醒,也有一些人即使太阳已经升得很高也还想继续睡。实际上,每个人都有生物钟,生物钟决定了人何时会自然醒、何时会想睡觉,等等。每个人的生物钟都是不一样的。我们当中只有一小部分人能够在太阳刚升起时就火力全开、精力充沛,他们就是"早起鸟"。还有一部分人习惯晚睡,而且在晚上仍然精神抖擞,他们就是"夜猫子"。其余人介于两者之间。研究表明,相比于"夜猫子","早起鸟"在学校的表现往往更好,工作后薪水也更高,甚至连寿命都更长。

然而,强迫自己成为"早起鸟"并不是一个好主意,毕竟"夜猫子"们的寿命相对较短也许正是由努力适应朝九晚五的工作节奏所产生的压力导致的。值得庆幸的是,如今弹性工作时间制度的普及范围越来越广,"夜猫子"和"早起鸟"之间的收入差距也正在缩小。

既然人很难改变自己的生物钟,那么最好能根据自己的生物钟来安排日程。如果你是"夜猫子",可以试着调整自己的日程,使其与自己的生物钟相匹配。如果你别无选择,只能早起,那么可以尝试白天小憩一会儿,哪怕只是在吃完午饭后短暂休息20分钟,也能恢复不少体力。此外,你还可以考虑换一些更适合自己的工作,比如那些需要上夜班的工作。可以想象,如果那些需要上夜班的人天生就是"夜猫子",他们就可以更轻松地完成工作。

**有专家认为,约有21%的成年人是"夜猫子",14%的成年人是"早起鸟"。**

### 什么是生物钟?

生物钟又称生物节律,是生物体生理、行为及形态结构等随时间做周期变化的现象。它是生物体内一种无形的"时钟",如昼夜节律。视交叉上核是位于视交叉上方的一小圆形核团。光照可引起此核兴奋。它参与昼夜节律和体内生物钟的调节。

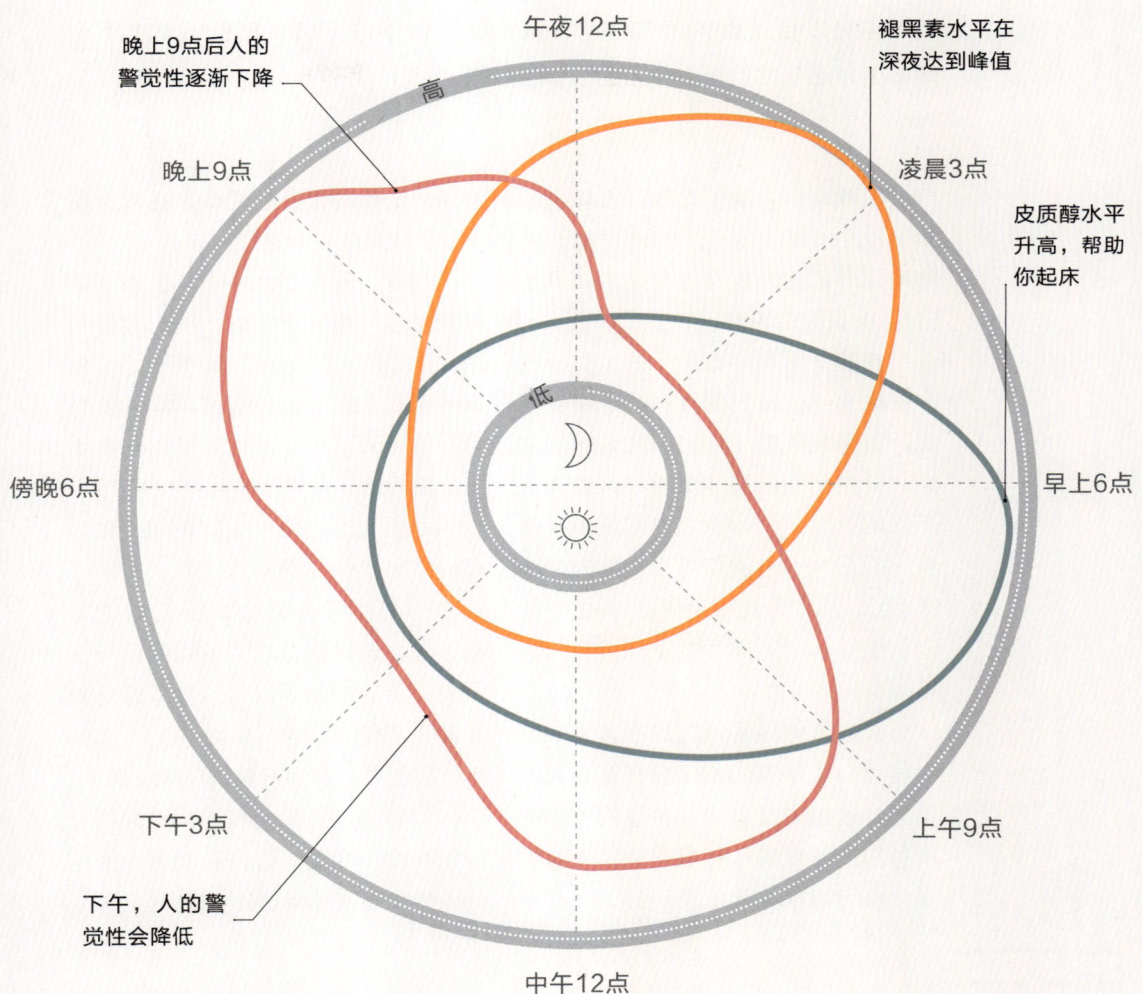

## 激素水平的变化

生物钟是生物体内一种无形的"时钟",是人体各系统的"指挥官"。人体在一天的不同时段会分泌不同剂量的褪黑素、皮质醇等激素,影响人的警觉性。上面这个图表描绘了不属于"早起鸟"和"夜猫子"的人群体内激素水平在一天中的变化。

图例
— 皮质醇
— 褪黑素
— 警觉性

## 为什么青少年早上特别懒？

你可以责备青少年将卧室弄得太乱，但是你不能责备他们早上不起床，因为这与他们正在改变的生物钟有关。

在躁动的青少年时期，人体内的激素水平会发生变化。与此同时，大脑的许多部分也在发生变化（详见本书第108页至第109页）。

在这一时期，青少年的生物钟也会发生变化，他们变得倾向于睡得更晚，起得也更晚。他们不是真的想偷懒，只是他们的身体跟成年人的处于不同的"时区"。对16岁的青少年而言，晚上10点可能相当于成年人的晚上8点，因此早上7点响的闹钟之于他们就像早上5点响的闹钟之于成年人，都很令人痛苦。

没有人能说得清为什么青少年的生物钟与成年人的相比会有这么大的差异，这也许是身体发育过程中一种不可避免的现象。有趣的是，类似的变化也会出现在其他动物身上，只不过其他动物出现这种变化是在青春期之后，比如猴子和老鼠。

当青少年生活在一个早上八点半就开始运行的社会中时，他们会越来越缺乏睡眠，因为他们睡得晚，又被迫按照成年人的标准起床。这也就是为什么到了周末，青少年会一睡不醒：他们就是需要补补觉。

总而言之，由于生物钟的变化，青少年早上往往都不太清醒。目前已经有一些学校开始尝试推迟上学时间，并把比较耗费脑力的课程安排在一天中靠后的时间段。这种措施已经被证明是有效的，因为学生的出勤率、病假率以及学习成绩都有改观。

对青少年仁慈一些吧！他们的身体正在发生变化。大概到20岁，他们的入睡和起床时间才会开始向前移。

研究表明，将上学时间推迟1小时能让青少年的成绩提高10%。

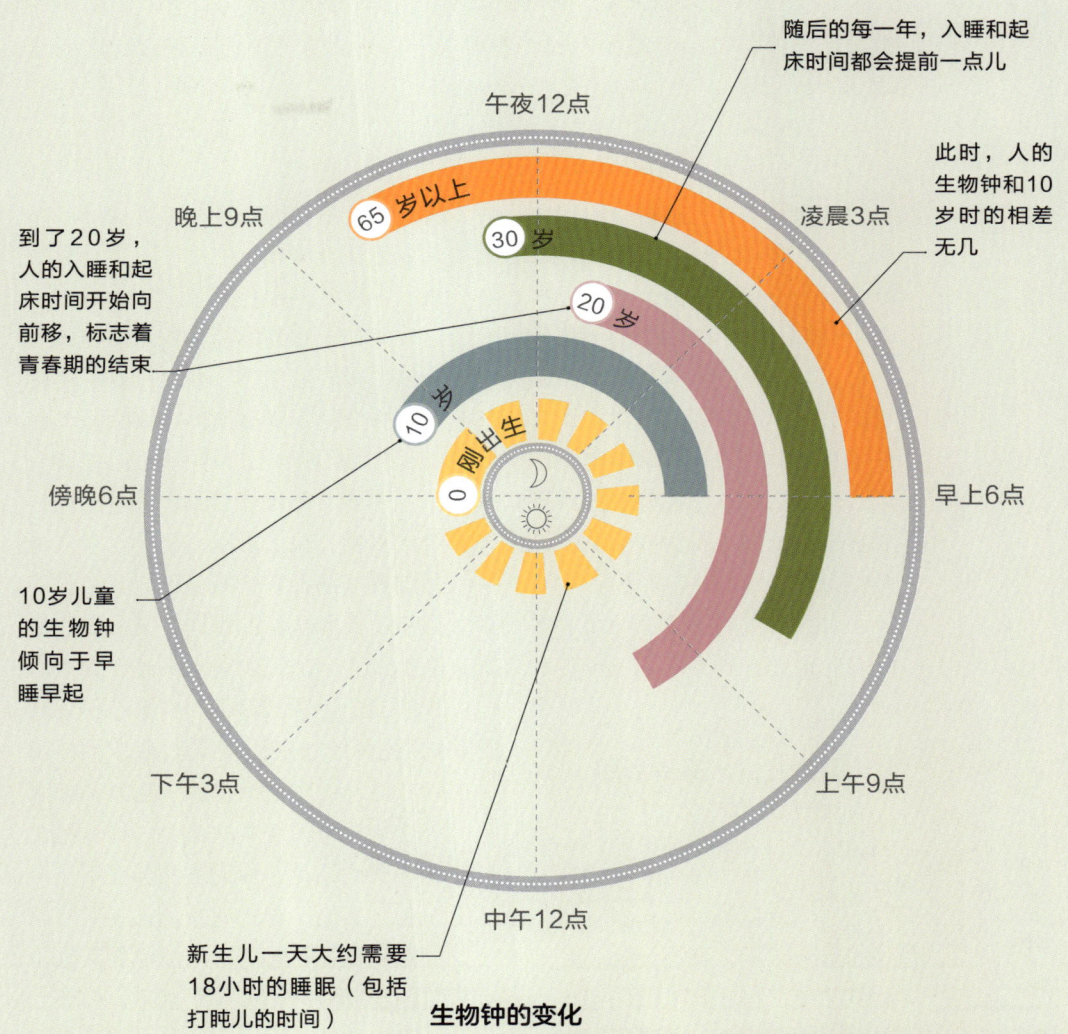

**生物钟的变化**

在成长的过程中，人的生物钟会反复变化。一生中的大部分时间，普通人倾向于在晚上10点至11点之间上床睡觉，在早上7点至8点醒来。而在青少年时期，人的生物钟会暂时改变，入睡时间和清醒时间都会推后。

上午

# 洗澡的最佳时间是什么时候？

大多数人每天都洗澡，每个人也都有自己喜欢的洗澡方式。什么时候洗澡比较好以及采用哪种方式洗澡取决于你的需求：让自己兴奋起来或是平静下来。

---

如果早上你想让自己快一点儿清醒过来，那么洗一个冷水澡效果最好，因为冷水打在身上会促进肾上腺素等激素的分泌，效果不亚于咖啡因。不过，如果一上来就洗冷水澡，身体可能会受不了，因此可以尝试在洗完热水澡之后再冲30秒的冷水，这样足以让你振奋精神。此外，一项研究结果显示，长期坚持洗冷水澡可以提高免疫力，让你减少请病假的次数。

如果你的目标是睡一个好觉，那么在睡前90分钟左右洗一个热水澡或者泡澡是不错的选择，因为这样可以有效地让身体和大脑放松下来，降低血压，刺激5-羟色胺（又称血清素）这种能让人感到幸福和快乐的物质的分泌，减轻焦虑感，并且可以使皮质醇水平大幅下降。洗冷水澡会让人兴奋起来，因此晚上最好不要洗冷水澡。

当然，你可能会觉得，早上洗一个冷水澡，晚上再泡一个热水澡，这样就可以两种好处兼得了。我劝你最好还是放弃这样的想法，因为皮肤科医生认为，一天洗两次澡过于频繁。人的皮肤上覆盖着一层肉眼看不见的物质，叫作皮脂，它是皮脂腺的油脂性分泌物，有油润皮肤、毛发和抑菌等功能。每天洗两次澡会洗掉这些皮脂，长此以往，你的皮肤会变干、皲裂甚至感染。喜欢泡澡的人还要特别注意一点：虽然长时间浸泡在浴缸中被泡泡环绕会让人有幸福感，但最好还是每2～3天花5～10分钟用温水淋浴一次，这样可以为皮脂的再生预留足够的时间。

## 保持卫生，保持活动

1. 早上洗冷水澡，这样可以唤醒身体和大脑。

2. 晚上洗热水澡，淋浴或泡澡都可以，这样可以让身心放松下来，为睡一个好觉做准备。

3. 每天洗澡的次数不超过一次，避免过分清除皮肤和毛发上的皮脂。

如今，大部分人其实都处于一种过度清洁的状态，皮肤和毛发上的天然皮脂已然消耗殆尽，以至于人们常常觉得自己的皮肤很干燥，头发也很毛躁。因此很多人会用保湿霜、身体乳和护发素等产品来帮助皮肤和毛发恢复原有的光泽。然而，实际上人们涂抹在身上的大部分产品的主要成分只不过是闻起来很香的油脂类成分，所谓的保湿霜也并非真的能"保湿"。至于包装上宣传的"滋养皮肤"功效大多只是宣传的噱头罢了，实际上并

> 浸泡在温热的水中，能够使体内的"压力激素"皮质醇减少三分之一。

没有什么效果。同样，护发素中的很多成分也只是人体自身分泌的皮脂的替代品。如果你每2～3天洗一次澡，那么有可能根本不需要用到这些产品。

## 洗澡时唱歌对身体好

随着热气填满了整个浴室，你开始哼唱《带我飞向月球》。此时，平时沉默寡言的小黄鸭橡胶玩偶成了你的听众，你的歌声让歌手弗兰克·辛纳特拉都自愧不如——至少在你自己听起来是这样的。

情绪与音乐的关系比电视机后面缠绕在一起的电线更紧密。你确实能"感觉到"音乐，因为在你唱欢快的歌曲时，大脑中与情感加工有关的区域会变得活跃。

此外，你可能会觉得自己在浴室里总是能唱得更好：声音自带混响，听起来更加饱满；低音听起来更加浑厚；歌声更加绵长；音量变大。这些毫无疑问会让你的心情更加愉悦。一些艺术家就是看中了浴室的良好音响效果，而选择在浴室里录制唱片。

一般来说，早上你的声音会更加深沉、有磁性。你的声带经过了一晚上的休息和放松，会有很好的表现。

真遗憾！只有小黄鸭橡胶玩偶才知道你是多么出色的歌手！

上午

# 为什么我每天早上会在同一时间排便？

和其他身体系统一样，消化系统也会听从生物钟的指挥。你会在醒来后的几小时内变得很活跃，消化系统也一样。

大多数人会在早上排便，因为同身体其他系统一样，消化系统也会在夜间休息，在早上被唤醒，重新投入工作，人就会产生便意。此时，强烈的肌肉收缩遍布整个肠道，促使废物排出体外，为新的一天的食物摄入腾出空间。类似的肌肉收缩可能在一天中的其他时间段再次发生。

你的"排便日程"受生物钟、生活方式、饮食等因素的影响。只要排便顺利，大便形态、颜色正常，多至一天2~3次，少至两天1次的排便频率都是正常的。如果你的生活方式与一般人的不一样（如需要上夜班），

**每天摄入30克膳食纤维有助于保持肠道健康。**

那么你可能很难有固定的排便时间，也不会像很多人那样通常在早上排便，排便频率也可能会降低。

规律排便与肠道健康密不可分，对人的整体健康也至关重要。规律排便可以避免身体中的毒素堆积，提高营养的吸收率，减轻肠道负担，对人的情绪、免疫系统等也有影响。

膳食纤维、碳水化合物、脂肪、蛋白质以及水分在维持消化功能正常运行方面都发挥着各自的作用。这些营养物质摄入过量或不足，都会影响排便。你可以参照左边的小贴士，给予你的肠道多一点儿关爱。

## 肠道养护小贴士

1.适量补充富含膳食纤维的食物，多喝水，可以使排便更顺畅。

2.经常健步走，或者做一些舒缓的运动，这样可以促进肠道中血液流动的速度，促进肠蠕动。

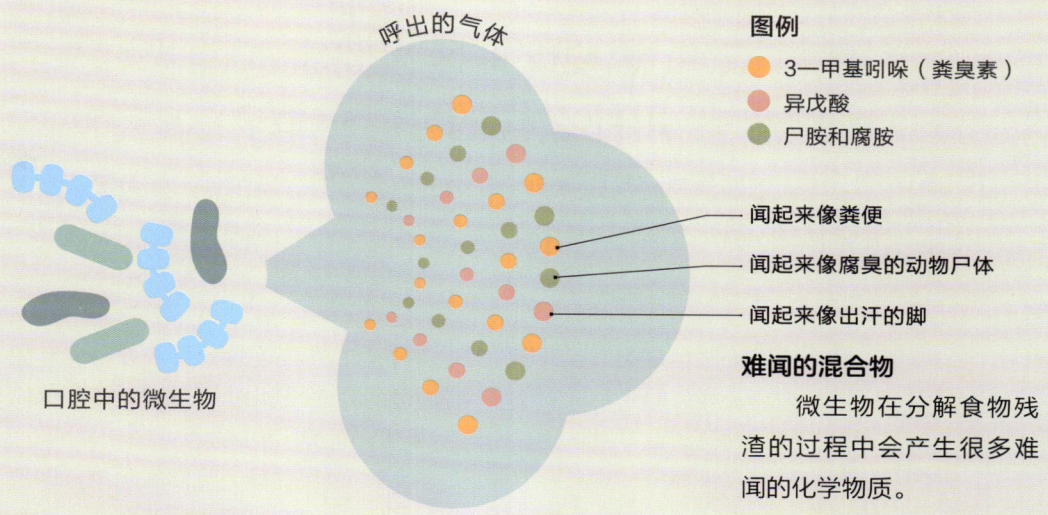

**图例**
- 3—甲基吲哚（粪臭素）
- 异戊酸
- 尸胺和腐胺

闻起来像粪便
闻起来像腐臭的动物尸体
闻起来像出汗的脚

**难闻的混合物**
微生物在分解食物残渣的过程中会产生很多难闻的化学物质。

口腔中的微生物

呼出的气体

## 为什么我醒来时会有口臭？

很多人会发现，即便前一天晚上已经刷过牙了，第二天早晨起来以后可能还是会觉得牙齿上覆盖着一层东西，而且口气闻起来臭烘烘的。其实，罪魁祸首是住在我们口腔里的微生物群。

正常人每日分泌的唾液总量为1～1.5升，其中就包含具有杀菌作用的酶，它们可以把微生物转化成无害物质。人入睡后，唾液的分泌量减少，这就为微生物的繁殖提供了便利条件。口腔中的微生物还会分解口腔中的食物残渣，释放出臭烘烘的气体，导致口臭。如果睡觉时总是张着嘴，那么情况会更糟糕。这也就是为什么当我们得了感冒或过敏性鼻炎，不得不用嘴巴来呼吸时，口腔里更容易有异味。

睡前仔细刷牙有助于改善这种情况，定时进行舌面清理也是如此。此外，越早吃早餐，就能越早刺激唾液分泌。有趣的是，人体的睾酮水平一般在早上达到峰值，然而当我们想和爱人进行亲密接触时，我们的口气又会让我们变得非常没有吸引力。从这个角度来看，大自然确实很调皮，很有幽默感！

上午

# 想要保持牙齿健康，用什么样的牙膏最好？

人人都知道早晚刷牙是保持牙齿健康的基础。问题是，人为什么需要用牙膏呢？用什么样的牙膏比较好呢？

大多数人坚信定期用牙膏刷牙是预防牙菌斑及龋齿的必要步骤。牙科专家推崇这种说法也有很多年了，所以我们没有理由怀疑，对吧？但是，事实并非如此。

实际上，既不是牙膏本身，也不是刷牙的动作能够预防龋齿，能预防龋齿的是牙膏中的神奇成分：氟化物。

龋齿形成的原因与细菌、口腔环境、宿主和时间有关。如今，人们的三餐中含有很多蔗糖和淀粉，这就给口腔中的微生物的繁殖提供了养料，为产酸提供了空间，导致牙釉质容易被侵蚀。而氟化物可以抑制产酸菌的繁殖，保护牙釉质。

不过要注意，虽然氟化物可以预防龋齿，但是所谓的"美白牙膏"并不会真的让你的牙齿闪闪发亮。它们或许可以去除一些淡黄色的牙垢，但不要奢望用了这些牙膏后，你的牙齿就会像电影明星或者广告里的人的那样闪亮。有些牙膏中还有号称可以分解或吸收牙垢的成分，但是这些成分是否有效还有待验证。也有一些牙膏中

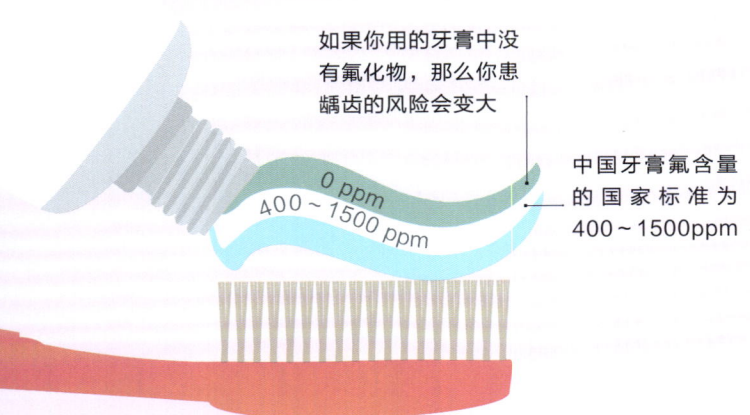

如果你用的牙膏中没有氟化物，那么你患龋齿的风险会变大

中国牙膏氟含量的国家标准为400~1500ppm

**氟化物**

氟化物是牙膏中最重要的成分，因为它可以预防龋齿。牙膏中的氟化物含量可以用ppm（用溶质质量占全部溶液质量的百万分比来表示的浓度）来衡量。

含有具有短时美白效果的化学成分。

然而，不管我们如何刷牙，牙齿永远不会恢复到我们小时候的颜色。牙釉质会随着年龄的增长而缓慢、不可逆地变薄，逐渐露出牙釉质下淡黄色的牙本质。

**牙膏中添加氟化物能够预防约25%的由多种因素导致的龋齿。**

另外，一些抗过敏牙膏确实有效果。牙齿敏感的人吃冰激凌或喝冷饮时，这种牙膏中的有效成分能暂时堵住牙本质上的微小孔洞，从而使人避免不适。

### 牙膏使用小贴士

1. 使用含氟牙膏，且刷完牙之后先吐出牙膏沫而不是直接漱口，这样可以使氟化物在口腔中充分发挥作用。
2. 定期刷牙，刷牙时要轻一点儿，还要清洁牙龈，但要小心不要伤到牙龈。
3. 刷牙后30分钟内不要使用漱口水，因为漱口水会破坏氟化物对牙齿的保护。

## 牙膏走红的秘密

"牙膏能去除牙齿上的垢膜"这一概念的流行与一位名叫克劳德·霍普金斯的美国商人有关。他在20世纪初曾为美国白速得牙膏公司工作。那时候人们普遍还没有养成刷牙的习惯，牙膏的销量也很低。

在没有充分科学依据的情况下，这位"市场销售大师"撰写了一份广告文案，这份文案声称白速得牌牙膏可以去除牙齿上的垢膜，而正是这层垢膜使牙齿颜色不佳并且导致龋齿。这样的概念显然非常吸引眼球。广告中声称这款牙膏是唯一一款含有"irium"这种成分的牙膏，这个名字听起来科技感十足，但后来被证实它只是霍普金斯随便给一种表面活性剂起的别名。尽管专家严厉抨击该广告文案，认为它是彻头彻尾的骗局，但是大众都已经被该广告文案"洗脑"了，这款牙膏也火速红遍全球。

实际上，这种花里胡哨的宣传缺乏科学依据，白速得牌牙膏在预防龋齿方面的作用与其他品牌的产品也并无分别。直到后来添加了氟化物，牙膏这种产品的作用才真正发生了改变。

上午

# 使用电动牙刷是最好的刷牙方式吗？

很多人的浴室中都有电动牙刷，但是电动牙刷真的比传统的牙刷更好用吗？还是说电动牙刷只是中看不中用呢？

如今，我们在很多广告中都可以听到这样的宣传语：很多牙科专家在进行相关研究后，推荐使用电动牙刷。然而，这些研究大部分是由利益相关者，也就是电动牙刷制造商自己完成的，因此这些宣传语不可全信。

客观地说，在使用方式正确的前提下，使用电动牙刷确实可以更彻底地清洁牙齿，只是去除牙菌斑的功能不像广告中宣传的那样强大罢了。

目前市面上常见的电动牙刷有旋转式电动牙刷和声波式电动牙刷两种。一般来说，旋转式电动牙刷的清洁效果更好，而声波式电动牙刷的清洁效果相对差一点儿，但是舒适度相对较好。

在使用电动牙刷时，记得不要再额外用力来回刷，因为电动牙刷头会帮你完成刷牙这件苦差事，你只需要让刷头在牙齿表面移动即可，自己再额外用力反而有导致牙齿过度磨损、破坏牙釉质的风险。

**与使用传统的牙刷相比，使用电动牙刷刷牙后口腔中残留的牙菌斑能够减少约 21%。**

### 有效刷牙的技巧

1.选用表面积小的牙刷头，这样可以刷到大刷头难以触及的角落。

2.使用牙菌斑指示剂，以便看到牙齿表面积累的牙菌斑并及时清洁。

3.边刷牙边听歌。很多人都存在刷牙时间过长或过短的问题，而三分钟是理想的刷牙时长——稍短于一首流行歌曲的时长。

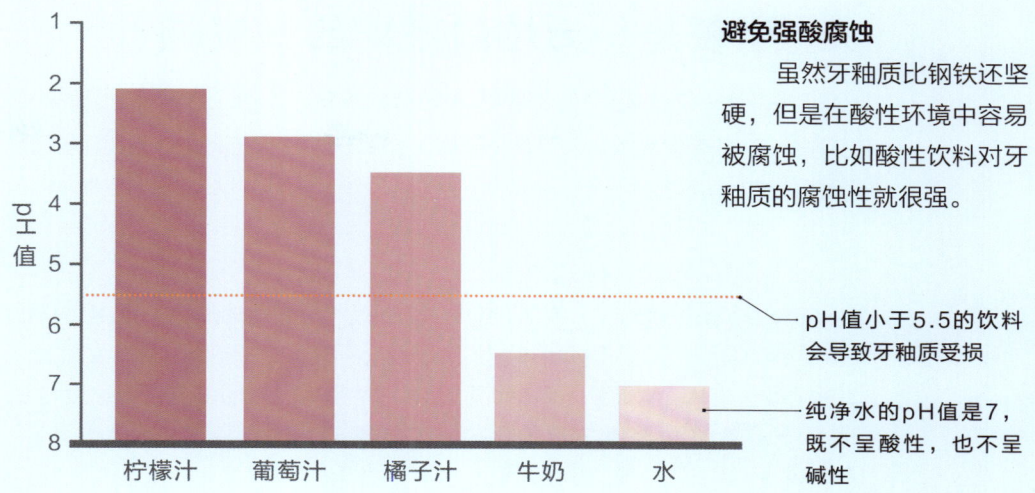

**避免强酸腐蚀**

虽然牙釉质比钢铁还坚硬,但是在酸性环境中容易被腐蚀,比如酸性饮料对牙釉质的腐蚀性就很强。

pH值小于5.5的饮料会导致牙釉质受损

纯净水的pH值是7,既不呈酸性,也不呈碱性

## 我应该在吃早餐前刷牙还是应该吃完早餐后再刷牙?

饭后刷牙可以清除口腔中的食物残渣,而饭前刷牙可以清除口气。到底哪一种方式更好呢?

很多人会纠结于早上是饭前刷牙好还是饭后刷牙好的问题。实际上,饭后刷牙确实有很多益处,但也有缺点,这取决于我们早餐吃的是什么。某些食物和饮料中的酸会腐蚀牙釉质,而唾液中的物质会中和这些酸,不过这个过程可能需要几十分钟的时间。如果我们吃完饭后立刻刷牙,就有可能导致牙釉质受损。因为牙釉质是不可能再生的,所以长此以往,牙齿就可能会出现严重损伤。

不过,饭前刷牙也有一定的问题,比如牙膏中的十二烷基硫酸钠会影响我们的味觉,让舌头尝不出甜味,还会让我们在喝橙汁或吃其他一些食物时"尝"到一股奇怪的苦味。

## 早餐是一天中最重要的一餐吗？

你可能会认为标题中的这句话是绝对的真理，毕竟它被代代相传。但是实际上，这是现代社会才有的说法，它的出现更多的是基于销售而不是科学的原因。

在吃早餐这件事情上，在不同的历史时期和不同地区，人们有着不同的认识和习惯。有些人对此颇为重视，而有些人更喜欢在中午吃一顿像样的饭，早晚则只是吃一些零食或简餐来对付一下。

**连续8小时不进食，肝脏中储存的大部分糖原就消耗殆尽了。**

从近代社会开始，食品生产商看到了早餐背后的巨大商机，开始在广告中大肆宣扬吃早餐的重要性。美国营养届知名人士阿德尔·戴维斯曾提出过"像国王一样吃早餐"的口号；美国食品公司为了推销麦片，开始一遍遍重复"营养学家认为早餐是一天中最重要的一餐"的营销语。虽然这些口号和营销语并没有多少科学依据，但是在当时可是引起了不小的轰动，"早餐是一天中最重要的一餐"的印象也被固化。

有研究显示，吃早餐并不会"激活"人体的新陈代谢。实际上，不管是哪一餐，人吃完后体内的新陈代谢都会有一定程度的加快，这主要是因为人体需要能量来消化食物。实际上，吃完早餐后人体的新陈代谢速度与吃完午餐和晚餐后的并没有显著差异。

生物钟决定了一个人想不想吃以及什么时候吃早餐。"早起鸟"的身体在早上对于能量的需求较高，因此他们会更倾向于吃早餐，而"夜猫子"对早餐可能没有那么重视。时间营养学（chrononutrition）是近年来新兴的研究领域，主要关注饮食时间、昼夜节律跟代谢性疾病之间的相互关系，不过目前该领域的研究还处于起步阶段。

总的来说，吃早餐对人体健康的影响是否像人们印象中的那么大还有待进一步研究，吃早餐的必要性也因个人喜好、生活方式及生物钟的差异而有所不同。不过，对于儿童、身体不舒服的人、糖尿病患者以及重体力劳动者来说，还是应该重视早餐，这样才能为身体提供充足的能量，避免身体仅仅通过消耗肝脏和肌肉中储存的糖原来获得能量。

## 不吃早餐会更容易长胖吗？

平时不吃早餐的人注意了，这里有一条好消息：不吃早餐并不意味着一定会长胖，只要你能抵抗住高热量食物的诱惑，并且能经常运动！

研究表明，虽然不吃早餐会让人感觉更饿，导致人更有可能吃一顿丰盛的午餐，但这并不一定会让人长胖。一般来说，早上不吃饭的人一天下来吃的东西并不一定比吃了早餐的人多。一些研究人员还发现，不吃早餐可能导致人一天中获取的能量更少，使得他们只能通过燃烧之前储存的脂肪来获取能量，这样做实际上有助于减肥。

然而，体重并不是唯一需要考虑的因素。有研究表明，不吃早餐的人运动量可能更小，这可能是因为他们

一项研究的数据显示，坚持12周不吃早餐，体重平均可以减少2千克。

的体能相对于吃早餐的人来说较差。在睡眠过程中，身体会消耗掉一些之前存储的易于获取的能量，如果早上没有补充能量，人就有可能觉得疲劳、没有力气。此外，不吃早餐的人更有可能养成不健康的会抑制食欲的习惯，如吸烟、喝大量咖啡等。

如果你想确保自己能按时吃一顿营养丰富的早餐，可以尝试在前一天晚上提前做准备，而不是等到第二天早上，大脑还不太清醒的时候来决定早餐吃什么，毕竟，早上并不是一个适合做决定的时间段（详见本书第2页至第3页）。

> **如果你真的没吃早餐……**
> 
> 1. 不要在午餐时暴饮暴食，否则吃完饭后会特别困倦、乏累。
> 2. 运动前一定要吃一点儿东西，否则在运动过程中容易出现"撞墙期"。
> 3. 不要靠喝咖啡来弥补能量的不足，否则你会胃口全无、心神不宁。

上午

# 早餐吃什么最好？

虽然说早餐的力量可能并不像传说中的那么神奇，但是它还是你在休息了一整晚后迎来的第一次补充能量的机会，所以最好还是吃一些能够让你充满活力的食物。

如今，世界各地的人们大都吃早餐。不过由于所处的地区、文化背景和饮食习惯不同，人们吃的食物也有差异，比如东亚地区的上班族会吃一些方便外带的食品，省时又省力；而对于欧洲一些国家的人来说，牛角面包或甜点加上一杯咖啡是较为普遍的选择。

对于"完美的早餐应该是什么样的"这一问题，并没有一个确切的答案。大多数早餐的主要成分都是碳水化合物，如面包、米饭、面食、根茎类蔬菜等，这些食物中都含有大量淀粉。这绝非巧合，因为淀粉能够为大脑供能，也可以补充身体在夜间消耗的糖原。此外，这些食物中含有的膳

**感觉有点儿饿？**

右边的图表显示了不同食物带来的饱腹感强弱及饱腹感的持续时间。可以看到，相比于精加工的脆玉米片，粗加工的黑麦粥带来的饱腹感明显更强，且这种感觉持续的时间更长。

图例
● 黑麦粥
● 脆玉米片

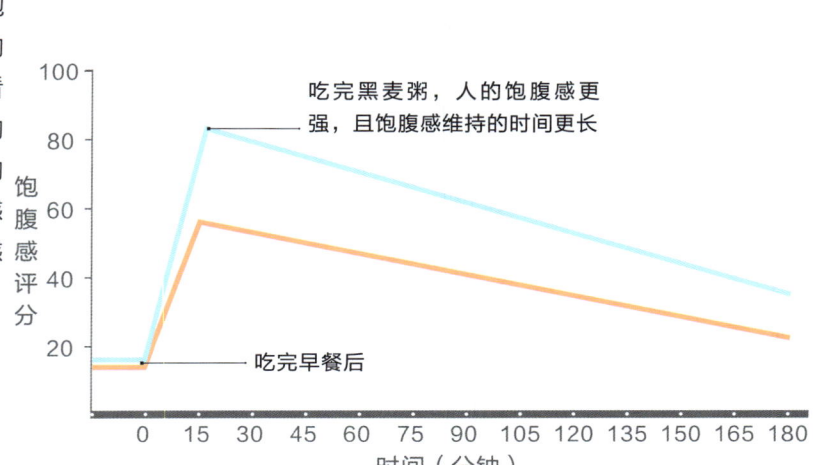

食纤维会让人有饱腹感，还可以促进胃肠蠕动。

有一点需要注意：把快餐和方便食品当作早餐往往需要付出一定的代价。你可能会觉得，即食燕麦片和普通燕麦片看上去差不多，包含的营养成分的种类也差不多，但是对身体来说它们可不一样。即食燕麦片经过压碎处理，并且在包装前已经被蒸煮过，吃起来更方便，但是其中富含的营养物质有很多已经被破坏了，这就意味着即食燕麦片中的能量释放得更快，人吃完之后的饱腹感持续的时间更短。一项研究显示，为两组青少年分别提供即食燕麦片和普通燕麦片作为早餐，即食燕麦片组的青少年饿得更快，且吃午饭时摄入的能量比普通燕麦片组的青少年多近50%。

精制淀粉（如白面包和白米饭中富含的淀粉）不仅比粗加工的淀粉释放糖分的速度更快，并且其中包含的大部分膳食纤维、矿物质和其他营养素在加工过程中也已经流失了。

想要早餐吃得更健康，你可以选择吃一些新鲜水果和蔬菜来补充维生素、膳食纤维，还要注意补充一些富含蛋白质和不饱和脂肪酸的食物。此外，要限制甜食的摄入量，因为甜食只能在短时间内为人体提供能量，并且容易导致龋齿。

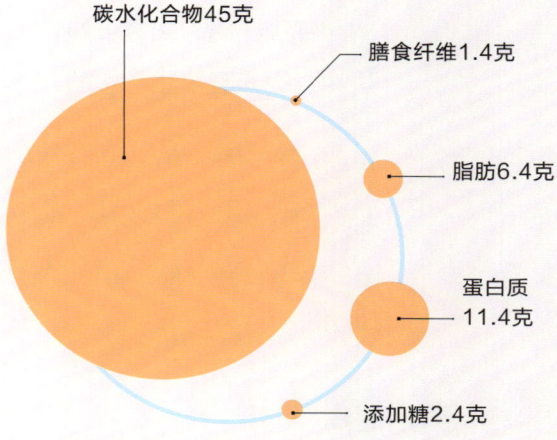

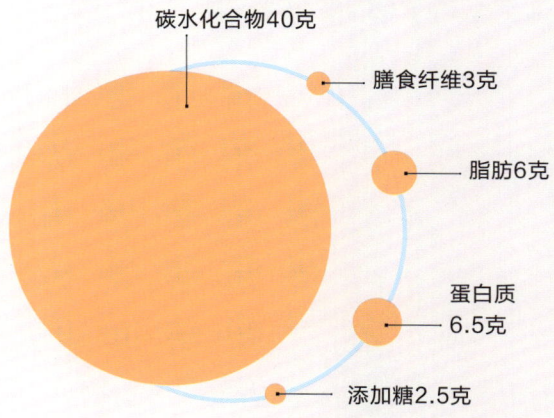

**早餐对比**

不同国家的人对早餐的选择差异非常大。上图中的两种食物分别来自中国和印度。中国的鸡肉粥富含碳水化合物和蛋白质。印度的咖喱土豆卷饼以扁豆或米粉为原料，可以搭配丰富的馅料和酱料。

## 哪种燕麦片最健康？

不要被燕麦片包装上的那些蔬菜、水果和坚果欺骗，要知道，包装盒里的东西很有可能对健康并没有什么益处。

很多燕麦片包装上的广告词充满了欺骗性。其实，即使上面有"健康""天然"等字眼，也不能保证里面的食品有益健康。看一看营养成分表吧！然后你就会发现如今大多数燕麦片产品中都包含大量的糖分。

燕麦本身对健康十分有益。研究表明，燕麦籽粒中可溶性膳食纤维β-葡萄糖含量约为5%。摄入燕麦可改善血脂异常。我的建议是：避免选择过度加工的燕麦片，如加工成片状的即食燕麦片或燕麦片圈，因为这类燕麦片更容易被身体吸收。最好选择未经精细化加工的燕麦。与精制燕麦片相比，未经精细化加工的燕麦可提供更多的B族维生素、矿物质、膳食纤维等营养成分。选择燕麦作早餐可以为人体提供一上午活动所需要的能量。

现在的大多数即食燕麦片生产商号称自己生产的燕麦片产品中添加了大量的维生素、矿物质和膳食纤维，能够为消费者提供全面的营养供给。不过，这种"强化"不一定是燕麦片质量更好或者更健康的指标，因为其中的很多营养物质本来就存在于燕麦中，只是在加工的过程中被破坏了。而一些人工合成的营养物质可能无法像天然的营养物质那样容易被人体吸收。

所谓的"健康"燕麦片的含糖量可高达 **33%**。

### 燕麦片阴谋

未经精细化加工的燕麦尝起来没有什么味道，与如今我们熟悉的很甜的燕麦片完全不同。在玉米片的发明人、企业家约翰·哈维·凯洛格决定在产品中添加糖之后，即食燕麦片在人们早餐中的地位才越来越高。从20世纪20年代开始，生产燕麦片的商家不断调整燕麦片中盐、糖和其他调味品的含量，以吸引消费者。

# 果汁是身体每日必需的五种营养素的来源之一吗?

早餐喝果汁是许多人都有的习惯,这些人觉得果汁富含维生素,对健康很有益。果汁的确是身体每日必需的五种营养素的重要来源之一,不过实际上很多人并没有充分发挥它的作用。

有人认为一天喝三杯果汁可以清除身体中的毒素、预防感冒,甚至治愈癌症,但这些说法目前都被否定了。喝果汁是获取身体每日必需的维生素和矿物质的便捷方式,但效果不如直接吃水果好。不仅如此,有些果汁可能存在含糖量过高或酸性较强的问题,而经常喝酸性较强的饮料容易腐蚀牙釉质(详见本书第23页)。

相比于果汁,思慕雪更好一些,因为后者可以保留更多对肠道有益的膳食纤维。还要注意,不管是果汁还是思慕雪,都要尽快饮用或食用完,因为其中的很多维生素和抗氧化剂从水果被切开的那一刻起就已经开始分解了。

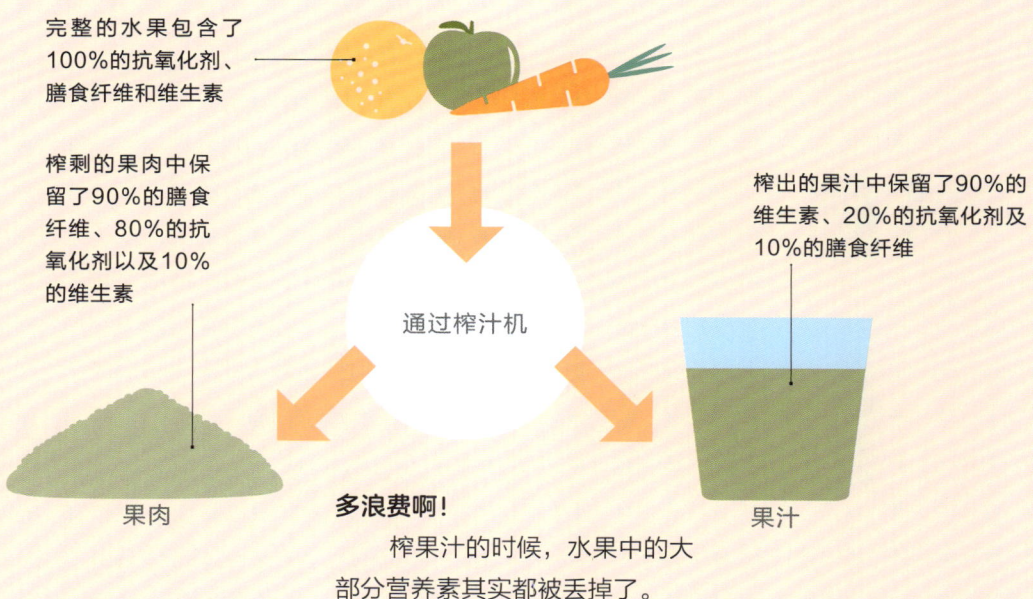

完整的水果包含了100%的抗氧化剂、膳食纤维和维生素

榨剩的果肉中保留了90%的膳食纤维、80%的抗氧化剂以及10%的维生素

榨出的果汁中保留了90%的维生素、20%的抗氧化剂及10%的膳食纤维

通过榨汁机

果肉

果汁

**多浪费啊!**
榨果汁的时候,水果中的大部分营养素其实都被丢掉了。

## 吃早餐时要吃维生素补充剂吗?

很多人觉得,既然维生素是好东西,那么多补充维生素对身体肯定是有益的。但是,科学告诉我们事情并非如此简单。

很多人担心自己吃的食物中的维生素含量难以满足身体所需,于是会额外服用一些维生素补充剂。一般来说,服用这些补充剂没有多大害处,不过对很多人来说,这样做的用处不大,也没什么必要。研究表明,会服用营养素补充剂的人往往更注重自己的身体健康,因此他们原本的饮食其实已经很均衡了。

此外,有些维生素并不容易被人体吸收。如果不是从正确的食物中摄

**67%** 的美国人表示自己经常服用多种维生素补充剂。

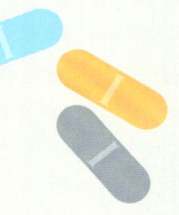

取这些维生素,那么人们"使身体更健康"的愿望和花的钱一样,都会付诸东流。

在某些案例中,维生素补充剂拯救了数百万人的性命,改善了无数人的生活质量,例如补铁片用于治疗贫血症,叶酸(维生素$B_9$)用于预防新生儿畸形等。此外,部分维生素可以中和自由基(free radical),因此也属于抗氧化剂。我们已经知道,抗氧化剂能够阻止氧化损害,因此很多人觉得,这些维生素应该是补充得越多越好,但令人惊讶的是,有时情况恰恰相反。比如,运动后人体内也会产生自由基,它们就像是身体发出的自己需要得到修复的警报。实验表明,过

### "维生素热潮"的传播

现代社会对于维生素的崇拜与美国著名科学家莱纳斯·卡尔·鲍林有密切关系,他曾两次获得诺贝尔奖。在20世纪70年代,鲍林宣称大量摄入维生素C可以预防感冒、辅助治疗癌症。这位科学家的观点受到了很多人的追捧,不仅引发了社会的"维生素热潮",也引发了一场旷日持久的关于维生素C的作用与安全服用剂量的论战。

## 脂溶性维生素

脂溶性维生素是指溶于有机溶剂而不溶于水的一类维生素。脂溶性维生素补充剂可以被人体吸收，但是效果不如从食物中获取的好。

**维生素A**：对视力、骨骼生长等有调节作用。动物肝脏、鱼肝油等食物中富含维生素A。

**维生素D**：影响钙、磷的吸收和贮存，主要存在于海水鱼、肝等动物性食品中。晒太阳有助于身体合成维生素D。

**维生素E**：具有抗氧化、改善免疫机能等作用。猕猴桃、杏仁、橄榄油等食物中富含维生素E。

**维生素K**：为身体形成活性凝血因子所必需。具有凝血功能，可以帮助伤口愈合。绿叶蔬菜、肉类及乳制品中富含维生素K。

多种维生素补充剂

## 水溶性维生素

水溶性维生素是可溶于水而不溶于有机溶剂的一类维生素。水溶性维生素在组织内达到饱和后，多余部分会随尿液排出，此时继续服用维生素补充剂是没有意义的。

**维生素C**：抗氧化剂，参与体内的氧化还原反应，很多水果和蔬菜中富含维生素C。

**维生素$B_2$（又称核黄素）**：能够促进人体的新陈代谢和生长发育。动物性食品和绿叶蔬菜中富含维生素$B_2$。

**维生素$B_9$（又称叶酸）**：可用于治疗和预防巨细胞贫血，对孕育健康的胎儿至关重要。广泛存在于绿叶蔬菜、动物性食品和水果中。

**维生素$B_{12}$**：能够促进红细胞的发育和成熟，促进新陈代谢。动物肝脏、肉类及蛋类中富含维生素$B_{12}$。

量的抗氧化剂维生素C和维生素E会在身体发觉自由基的存在之前就将其快速消灭，这意味着身体自我修复的过程没有充分进行。正如我们需要通过锻炼来维持身体健康一样，身体的防御系统也需要进行"锻炼"，来确保各项功能正常运行。

总的来说，对于大多数人来说，除确实有特殊需求之外，只要保持饮食均衡、多样化，就基本可以获得身体所需的各种维生素了。

上午

## 天太冷了！我是应该穿一件厚毛衣还是应该多套几层薄的衣服呢？

天冷的时候，保暖的诀窍是穿上几件不同厚度的衣服，这样可以在身体周围圈住更多空气，帮你抵御严寒。

衣服之所以能保暖，是因为它们可以防止体表散失太多热量，降低体外的冷空气与体表热空气层对流的速度。因此可以说，让我们保持温暖的功臣是空气，而不是衣服本身。所以，下次在购买所谓的应用了"高科技保暖材料"的衣服之前要三思。尽管听起来有点儿不可思议，但是在保暖方面，静止的空气几乎比其他任何材料都有用，这也就是为什么双层玻璃之间会留有一定的空隙。

总之，在保暖方面，最重要的既不是衣服的层数，也不是衣服的厚度，而是在身体周围圈住更多的静止空气。这也就是为什么天很冷时，即使穿了很多件宽松的T恤和套头衫，我们也不见得觉得暖和。

外层阻隔冷空气，防止内层热量散失

防水外套（较厚）

针织套头衫（厚度适中）

T恤（较薄）

皮肤

圈住的暖空气

### 准备好去寒冷的室外了吗？

1.穿羊毛制品或人造皮制品，因为这些材质的纤维之间会留存大量空气，从而可以在身体周围圈住更多热量。

2.搭配穿着不同厚度的衣服，如贴身穿一件薄一些、紧一些的衣服，外面再穿一两件厚一些、宽松一些的衣服。

**层层加码**

抵御严寒的理想方式是里面穿一件贴身一些的薄一点儿的衣服，外面再穿几件厚一些的衣服，这样可以在身体周围圈住更多的暖空气。

# 天太热了！穿什么才能保持凉爽？

出汗是身体应对温度变化、散发热量调节体温的重要方式。因此，想要保持凉爽，穿一些容易让汗液蒸发的衣服就显得特别重要。

当气温高到在柏油马路上可以煎鸡蛋时，你流下的汗水就是你的"救命稻草"。通过出汗，身体可以散发热量，调节体温。通常来说，暴露在空气中的皮肤越多，汗液蒸发的速度就越快。

穿宽松的衣服、使皮肤大面积裸露都有助于汗液快速蒸发，因此天热的时候就不要穿厚实的或贴身的衣服了，否则会影响汗液蒸发，使皮肤表面变得黏糊糊的，影响热量散发出去。在艳阳高照的夏季，在裸露的皮肤上涂抹防晒霜是必要的，但是有一点值得注意：有一些防晒霜会影响汗液蒸发的速度，使人觉得更热。

深颜色的衣服更容易吸热，因此不适合天气炎热时穿着。不过，在阿拉伯半岛和北非沙漠地区生活的贝都因人经常会穿黑色的长衫。研究表明，虽然他们穿的长衫表面温度很高，但是因为穿起来松松垮垮的，所以皮肤也可以处于相对凉爽的环境中。

一些有特殊用途的服装是由特殊材料制成的，这种材料能够通过衣服纤维之间的微小间隙"吸走"汗液，有利于身体更好地调节体温。还有一些高科技衣物纤维在被汗液浸润时会膨胀，在膨胀的同时吸收热量。

穿新型塑性化纺织物的人的体感温度比穿棉织品的人的体感温度低约

## 2℃。

### 想在炎热的天气里保持凉爽吗？

1.穿宽松的由棉线或亚麻织成的衣物，这些材质透气，有利于汗液蒸发。
2.穿浅颜色的衣服，这样可以减少衣服吸收的热量。
3.运动时，最好穿吸汗的衣物。

上午

## 天冷时，身体会消耗更多的能量吗？

很多人说，身体在天冷时可以消耗更多的能量，因此冬天人会变瘦一点儿。这样的说法是有科学依据的，但是在实际生活中我们可能很难很快看到效果。

从理论上说，气温下降之后，身体中的棕色脂肪组织会被激活，它们会将大量的脂肪分子投入线粒体中，通过进行化学反应产生能量，供身体抵御寒冷。当室内温度从22℃降低至18℃时，身体每天会多消耗几十千卡的能量，如果这种情况维持一年，从理论上说，人能瘦好几千克。目前还没有长期的研究可以证明或反驳上述观点，从理论上看，该观点有希望成立。

然而坏消息是，天冷的时候，出于本能，我们会不自觉地多吃一点儿东西，以便储存脂肪，来对抗寒冷的天气，因此大多数人冬天会吃得更多，使得体重不减反增。

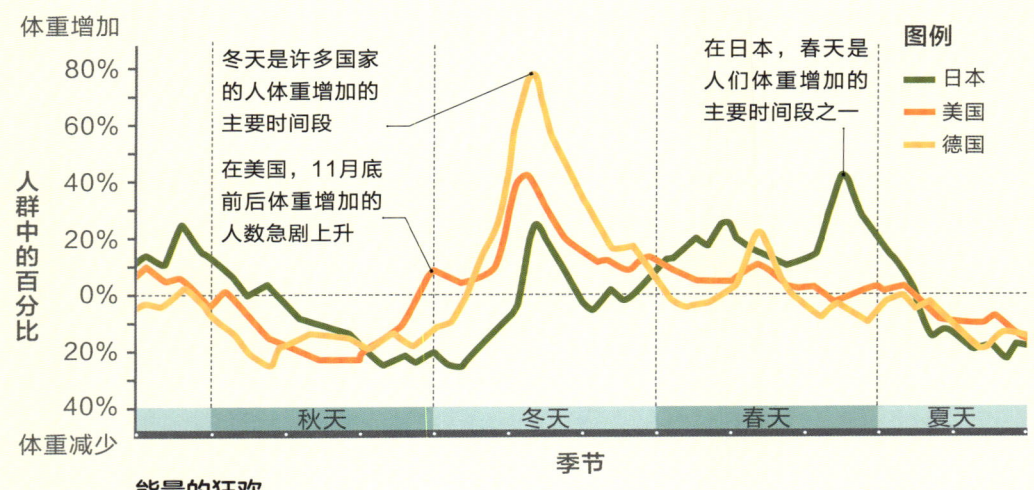

**能量的狂欢**

这个于2016年进行的调查的结果显示，在很多国家，冬天实际上是人们体重增加的季节，而不是降低的季节，这很可能与冬天有很多重要的节日有关。

> 打寒战能刺激肌肉组织产热，还能激活棕色脂肪组织，通过燃烧脂肪来产生热量。

上午

# 中央供暖系统对健康有害吗?

你知道吗?中央供暖系统可能是身体体温调节能力下降的罪魁祸首。

前文提到过,在寒冷的环境中,身体中的棕色脂肪组织会被激活,产生热量供身体抵御寒冷。而中央供暖系统会影响棕色脂肪组织发挥其功能。人在婴儿时期,体内的棕色脂肪组织含量较高,而随着年龄的增长,人学会了打寒战,身体调节体温的功能发育完全,棕色脂肪组织的用处变小,数量也减少了。但当人感觉寒冷时,体内的棕色脂肪组织仍然会分解引发肥胖的白色脂肪组织来快速产生热量。这一过程会消耗大量能量,促进新陈代谢。然而,中央供暖系统的存在使得棕色脂肪组织被调动起来的需求变小了,数量也减少了,从长远来看,这对健康有害。

**中央供暖系统会使棕色脂肪组织的数量减少,而棕色脂肪组织在预防肥胖方面能起到关键作用。**

为了激活棕色脂肪组织,我们可以有意识地锻炼自己的耐寒能力。研究表明,经常处于寒冷的环境中或者洗冷水澡(通常还要搭配运动)可以激活体内的棕色脂肪组织,让身体可以更好地应对严寒。因此,平时可以尝试将中央供暖系统的温度调低一点儿,这样可以逐步增强棕色脂肪组织的功能,从而消耗更多脂肪。

### 身体中的"脂肪熔炉"

人体内的棕色脂肪组织的数量比白色脂肪组织的数量少,女性的棕色脂肪组织的数量比男性的多。棕色脂肪组织主要存在于人体的锁骨、前胸等部位。

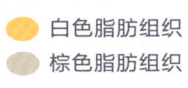

图例
● 白色脂肪组织
● 棕色脂肪组织

一项研究显示，用交流发光二极管（AC LED）消毒，可以杀死超过80%的有害细菌

**清洁的空气**
　　可将紫外线灯安装在空调出风口处，以净化空气，杀死微生物。

研究显示，紫外线灯可以去除高达75%的真菌

# 用空调也不健康吗？

　　对许多行业来说，空调是办公时必不可少的设备。问题是，我们是否在用健康来换取商品和舒适度呢？

　　空调的确有很多用处，例如：部分空调出风口可以过滤一部分空气中的颗粒物；使用空调有助于提高生产力，因为在舒适的环境中，人们的工作效率会提高；在炎热的夏季，空调能降低人们中暑的风险，等等。

　　然而，由于在装有空调的办公场所中，多种疾病的发病率确实比在不开空调的场所中的高，因此许多人都怀疑是空调影响了人们的健康，让人们生病。由于空调在运行过程中会带走空气中的水分，使空气变得干燥，因此长期待在空调房中，人们患皮肤病的风险会增加。此外，没有按时清洗和消毒的出风口会滋生很多微生物，还会堆积很多尘土，可能诱发多种疾病。因此，定时清洗和检修空调非常重要。

　　为了避免空调给身体带来的种种不良影响，长时间待在空调房中时，可以有意识地多为皮肤补水，并且按时去户外散步，避免长时间吹空调。

上午

# 女性比男性更怕冷吗?

关于家里和办公室中的空调应该设置成多少摄氏度的争论可能永远都不会结束。每个人都有自己偏爱的环境温度,但问题是,对环境温度的感受真的与性别有关吗?

---

女性确实更讨厌寒冷。既不是因为男性在支付取暖费用方面特别吝啬,也不是因为女性身体更柔弱、更容易感到不适,而是因为其他生理因素。

由于男性通常更健壮、肌肉更发达,因此男性的新陈代谢速度相对更快。而在新陈代谢的过程中,能量会源源不断地产生,因此男性通常比女性更能抵御寒冷。

另外,体形差不多、肌肉含量相同的男性和女性处于同一温度下时,女性的手指和脚趾往往会更凉一些。一部分原因是女性体内的雌激素水平更高,这使得她们的血液更黏稠,血液流动的速度更慢。

此外,女性皮肤中的冷感受器可以比男性的更快地感知到温度下降,她们回到温度较高的环境中时会比男性更容易打寒战。目前,我们并没有找到男性和女性存在这些差异的确切原因。有科学家认为,女性在进化中形成了可以更好地储存能量的模式,以便在怀孕时可以将能量供应给腹中的孩子。

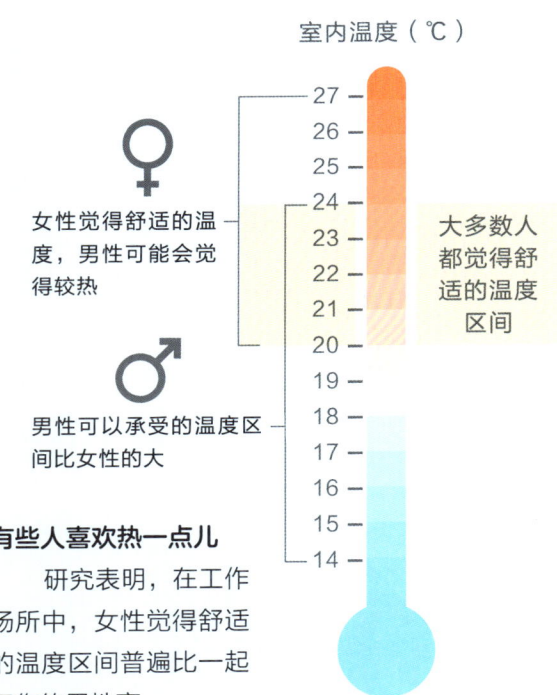

室内温度(℃)

女性觉得舒适的温度,男性可能会觉得较热

大多数人都觉得舒适的温度区间

男性可以承受的温度区间比女性的大

**有些人喜欢热一点儿**

研究表明,在工作场所中,女性觉得舒适的温度区间普遍比一起工作的男性高。

> 在回答"什么样的温度会让你觉得舒适?"这个问题时,确实存在性别差异。所以,在公共场合,适当妥协是维持和平的最有效的方式。

上午

## 在室内提前几分钟穿上外套是否意味着外出时会感觉更冷?

经常有人告诉我们,如果在出门前过早裹得严严实实,出门后反而会觉得冷。但是,这种"显而易见"的智慧却无法让科学家们信服。

在出门前提前几分钟穿上外套的好处或许并不明显,但它确实是存在的。不管是白天还是夜晚,你的身体都在不断地散失热量,因此出门前提前几分钟穿上一件外套可以帮你圈住身体周围的热量。当你提前几分钟穿上外套再出门时,你可能不会感受到温度的突然变化,因为你已经身处于一个舒适而温暖的"气泡"中了(详见本书第32页),但是这并不意味你的外套没有发挥保暖的功效。

**身体一天中释放的热量差不多相当于一只100W的钨丝灯灯泡一天中释放的热量。**

随着年龄的增长,皮肤浅层的冷感受器会逐渐退化,身体的其他各项机能也开始衰退,这使得老年人对温度变化的感觉不像年轻人那样敏锐,这就是为什么老年人更容易患低温症。所以,养成在觉得冷之前就开始保暖的习惯对老年人来说尤为重要。此外,对身体不舒服或者患有心脏病的人来说,出门前提前多穿几件衣服可以最大限度地减少温度骤降给心脏和循环系统带来的不良影响。

不过,穿得太多、觉得热也不是一件好事。你肯定不希望自己出门的时候,脸热得通红,身上汗如雨下,而且汗液蒸发会带走更多热量,使你更容易着凉。

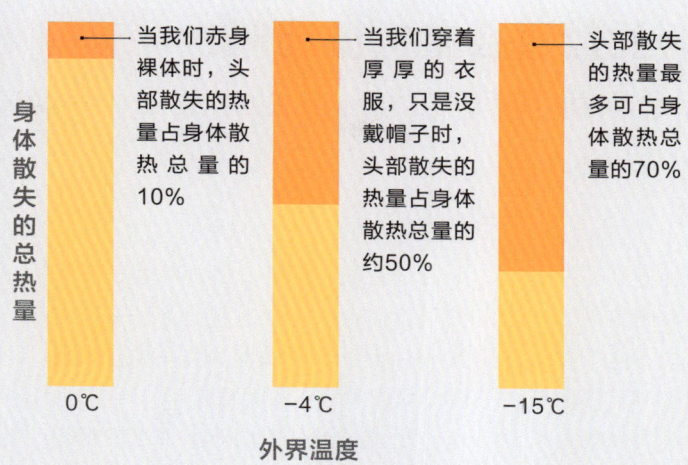

## 热量是否会从头部大量散失？

天冷的时候戴一顶帽子有助于御寒，其中的道理不难理解。但是如果必须在戴帽子和穿裤子之间做出选择呢？答案不言而喻。

《美军生存手册》中提道：人体40%～45%的热量是从头部散失的。但是把这句话单独拎出来看就有断章取义之嫌。

一般来说，天冷的时候，我们的头部会比天气暖和时散失更多热量，但是通常来说，这些热量不会占到身体散热总量的40%～45%，更别说在天气没有那么冷的时候了。当一个人赤身裸体时，大约10%的热量会从头部散失，更多的热量则会从躯干、四肢等部位散失出去。除非温度特别低，而且人还穿着特别厚的衣服，全身其他地方都捂得严严实实的，才会出现《美军生存手册》中所说的情况。也就是说，上述结论是建立在天特别冷，我们只是没戴帽子或耳罩，其他部位都裹得很严实的基础上的。

这样来看，有些父母冬天总是担心"热量会从头部大量散失"的想法也没错，只不过没错的前提是温度低于-4℃，并且人还穿得很厚实，但就是鬼使神差地忘了戴帽子，这时候才会出现书中说的"人体40%～45%的热量是从头部散失的"的情况。

## 上下班的行程会危害健康吗？

每天，全世界都有数不清的人在家和公司之间往返。那么，上下班的行程会危害健康吗？

自古以来，以某种方式往返于家与工作场所之间就是人们生活的一部分。虽然我们通常不喜欢这个过程，但研究显示，休息场所与工作场所之间有一些距离的模式对大多数人来说是可以接受的，甚至还有一定的好处。但是也有例外。我们往往把上下班的行程视为工作的一部分，如果这个行程让我们不开心，那么我们辞职的可能性会增加，这就是为什么多花20分钟上下班与减薪20%一样，都会降低我们对工作的满意度。

距离远近是我们对上下班的行程评价高低的主要影响因素。早上，我们的生物钟会调动大脑和身体快速运转起来，警觉性会慢慢提升。如果我们上班路上遇到堵车或者是车坏了的情况，那么一天中工作效率最高的时间段就可能白白浪费在了路上。一项研究表明，相对于上下班路上花费的时间短的人来说，每天要花90分钟以上上下班的人身体健康状况较差，体重较重，且血压较高。上下班花费时间过长还容易引发睡眠不足、倦怠、暴饮暴食等问题。此外，上下班路上还可能会遇到一些让人头疼的突发状况，从而影响人的心情。总之，在一定范围内，上下班花费的时间越长，对健康造成不良影响的可能性越大。

此外，交通方式对上下班的体验也有很大的影响。从精神层面来说，自己开车上下班是最累的。相比之下，乘坐公共交通工具上下班的体验

### 想做出改变吗？

1. 步行、跑步或骑车上下班，这样不仅有利于促进能让自己感到快乐的激素的分泌，还能促进血液流向大脑，从而提高工作效率。

2. 简化上班路线，如不要上班时顺便送孩子上学，这样做容易让人疲惫、紧张。

3. 做好每日规划，让自己在上班路上就进入工作模式，在下班路上就进入休息模式。

4. 如果上下班花费的时间超过90分钟，那么可以考虑找一份新工作，因为你可能已经在为工作牺牲健康了！

会好一些。

　　研究表明，合理的上下班时间应该是既能给人足够的时间完成从家庭生活到工作（或是从工作到家庭生活）的转换，又不会长到让人焦虑、无聊或疲惫。那些通常在家办公的自由职业者可以通过在开始工作前和结束工作后到楼下稍微走一走、跑一跑或者骑自行车转一转的方式来转换身心状态。

# 15 分钟是理想的上下班单程时长。

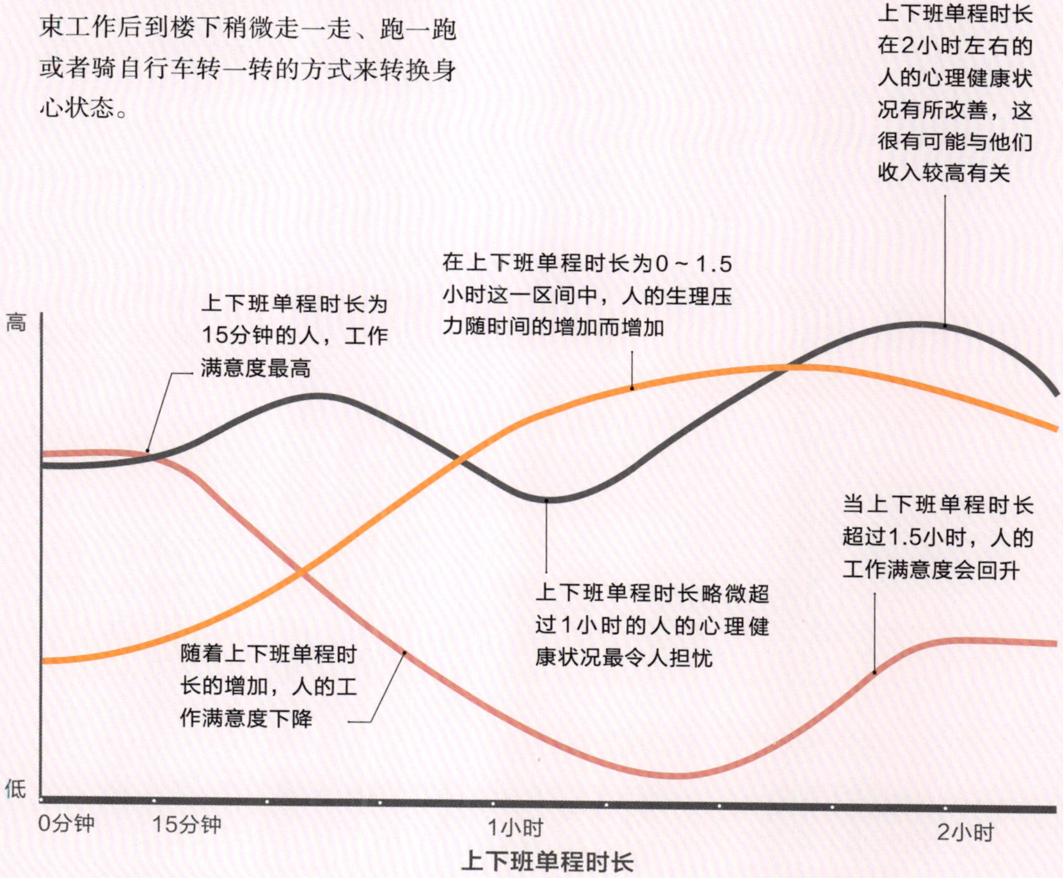

上下班单程时长为15分钟的人，工作满意度最高

在上下班单程时长为0~1.5小时这一区间中，人的生理压力随时间的增加而增加

上下班单程时长在2小时左右的人的心理健康状况有所改善，这很有可能与他们收入较高有关

上下班单程时长略微超过1小时的人的心理健康状况最令人担忧

当上下班单程时长超过1.5小时，人的工作满意度会回升

随着上下班单程时长的增加，人的工作满意度下降

高　　　　　　　　　　　　　　　　　　　　　　　　　　　　　　　　低

0分钟　　15分钟　　　　　　　　　1小时　　　　　　　　　2小时

上下班单程时长

**上下班时长的影响**

　　研究表明，我们的身心健康以及工作满意度与每天的上下班时长有密切关系。

图例
- 工作满意度
- 心理健康水平
- 生理压力水平

上午

# 为什么上班用时显得比下班用时更长？

在旅游或上下班时，不管是坐汽车、坐火车还是骑自行车，我们都会有一种错觉，那就是感觉去程的用时比回程的用时要长。

我们的大脑会无意识地借助一些细节来大致估算时长。相似的声音和画面会被大脑判定为不值得占据存储空间的东西，因此对于千篇一律的上下班行程，很多人会觉得其用时比实际上的用时要短。

心理学上有一个定律叫作时间错觉定律，指对时间的不正确的知觉。生活中，我们常常会在第一次去某个地方时，觉得行程的用时比实际上的长，这是因为大脑对新体验的印象更深。这也就是为什么每当驾车和家人一起去一个很远的地方时，坐在后座上的小孩子总是会不停地问父母到没到目的地，而在回去的路上则很少问。

此外，对于行程的期待以及突发事件带来的压力都会影响人对行程用时的知觉。当我们上班快迟到了，拼命往公交车上挤时，我们会本能地感到焦虑和紧张，此时我们的身体会分泌更多的肾上腺素，再加上早上人体的皮质醇水平本来就高（详见本书第5页），我们就会觉得上班的用时比实际上的长。而下班时我们很少会面临这些状况，因此觉得上班用时比下班用时长就不足为奇了。同时，我们的记忆回路会像海绵吸水一样吸收这些压力体验，当我们跟他人复述自己的经历或者再次经历这些场景时，这些充满了压力的回忆就会变成长时记忆，我们会时不时地想起并反思这些过往。这种对过去发生过的事件进行反思的本能曾帮助我们的祖先学会躲避饥肠辘辘的捕食者，现在则教会了我们如何最大限度地避免上班路上的突发事件。

不过，即使什么都没发生，我们也有可能产生错觉。任何会让我们注意到时间在流逝的事物都会让我们觉

**在压力状态下，我们感受到的上班用时会比实际上的长约 20%。**

得时间很漫长，如看手表。因此上班路上可以试着通过看视频或听音乐来转移注意力，换个心情，不要一直盯着手表看时间。这样就可以将注意力转移到其他事物上，有关此次行程的记忆也会变得模糊，说不定这样还能为原本枯燥乏味的早晨增添一些趣味性呢！

**关于时间错觉**

下面这个研究结果显示了我们在预测行程用时方面有多不靠谱：对于15分钟以内的行程，90%的人会高估其用时。

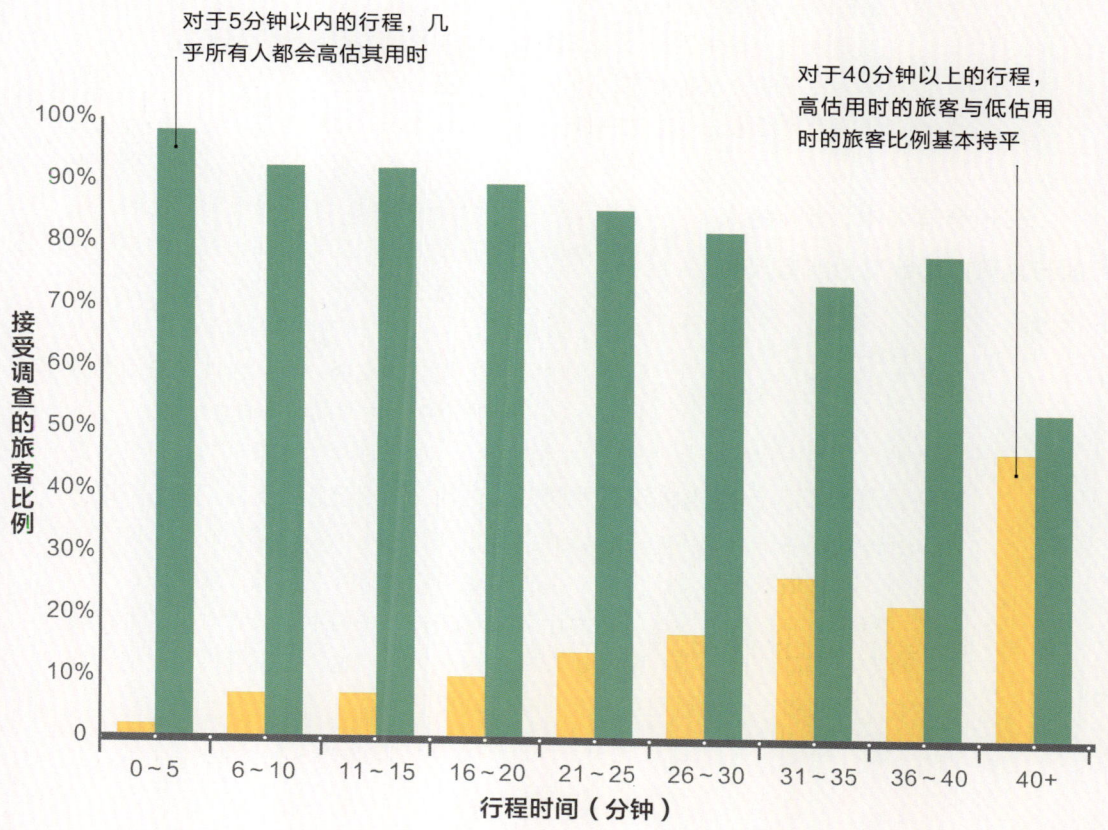

## 为什么城市里的很多人看起来很冷漠？

当你在城市里遇到需要帮助的情况时，可能会发现一个现象：你周围的人越多，有人伸出援助之手的可能性越低。这是因为生活在城市里的人都冷漠无情，还是有其他的原因呢？

生活在城市中的人很难找到人帮忙是真实存在的现象。很多人在独自行动时，遇到有人向自己寻求帮助会伸出援助之手，但如果周围有很多人，很可能就不会挺身而出。

这是人性中很矛盾的一点。紧急情况下，在场的旁观者越多，任一旁观者实施助人行为的可能性越低，这种现象叫作旁观者效应（bystander effect）。如果是个体被要求单独完成任务，个体的责任感会很强，会做出积极的反应，但如果是一个群体被要求共同完成任务，群体中的个体的责任感就会很弱，容易退缩或逃避。但是，正能量的行为具有传染性。这就是为什么一些慈善家的慷慨之举会引发他人的效仿。如果每个人在遇到别人求助的时候都伸出援手，就可能带动其他人也这样做。

此外，城市规划者也应该承担相应的责任。多种一些绿植，多加一些路标，城市就可以变得更加有温度。如今的很多城市建设都千篇一律，放眼望去都是清一色的柏油马路、混凝土和大玻璃窗建筑物，行人都行色匆匆、目不斜视。研究显示，如果街道两旁有绿植，墙面是五颜六色的，路面有更多的变化，那么行人的步行速度就会减慢，焦虑感也会减弱。而且，只要步行速度小幅下降，人与人之间开始交谈，个体在遇到求助者时伸出援助之手的概率就会增加。

如果你喜欢城市生活，但是对周围的人的冷漠感到不满，那么可以考虑住在充满色彩、绿化好的小区。你也可以亲自参与到社区建设中，为小区多种一些树木，或者对小区进行装饰和美化，这样做就有可能改变这种现象。

**在一个群体中，5%的人的行为可以影响其他所有人的行为。**

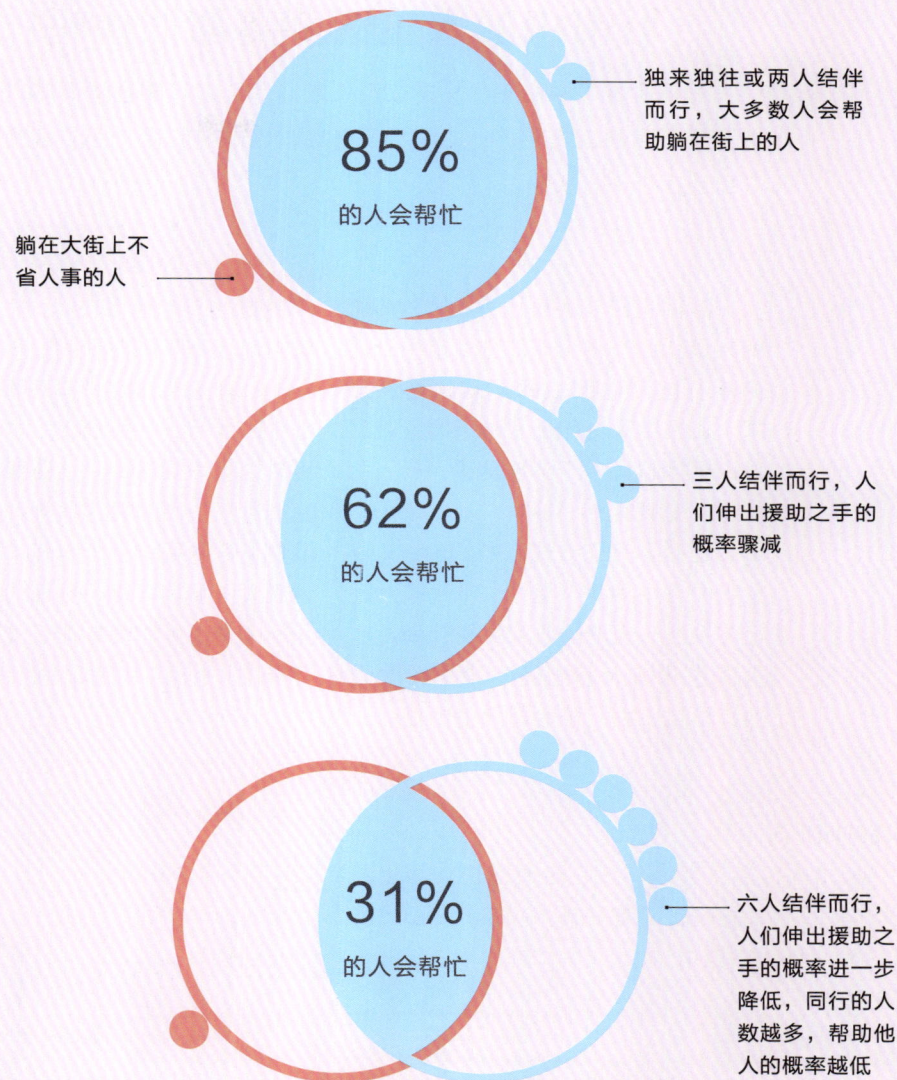

**旁观者效应**

当有人在大街上突然倒地、不省人事时，大多数路过的人不会立刻遵循内心想要去救助他人的本能，而是会去观察周围人的反应。如果其他人看上去都很镇静，个体就会认为情况不紧急而不去帮忙。没有人帮忙，因为没有人在帮忙。

上午

# 城市中的人生活节奏都很快吗?

见惯了城市中的车水马龙以及人潮汹涌,你可能会觉得城市中的人生活节奏非常快。是的,你的感觉没有错,城市中的人生活节奏确实很快,并且还在进一步加快。

在20世纪70年代,一些敏锐的研究人员就已经将全球部分城市中行人的步行速度以图表的形式绘制了出来。研究结果也印证了他们的猜想:城市规模越大、经济越发达,行人的步行速度就越快。

但是,为什么城市中的人如此着急呢?有一种观点是,城市规模大、经济发达,人们的收入往往较高,这也就意味着人们之间的竞争会更激烈,早点儿去上班的动力也就更强。

当身边的人走得很快时,人就很容易觉得自己太慢了、落后了。

当研究人员进一步观察生活在城市中的人后,还得出了一个更易懂也更有说服力的结论:城市居民步速很快似乎只是因为在这些规模更大、经济更发达的城市中,年轻人的数量较为庞大。高楼大厦、更现代的生活对老年人来说可能没有什么吸引力,但对年轻人来说可不是这样。

**精明的城市人**

城市人口越多,人们往往走得越快。截止到2018年,渥太华的人口总数占新加坡市人口总数的约23%,而新加坡市市民比渥太华市民平均步行速度快30%。

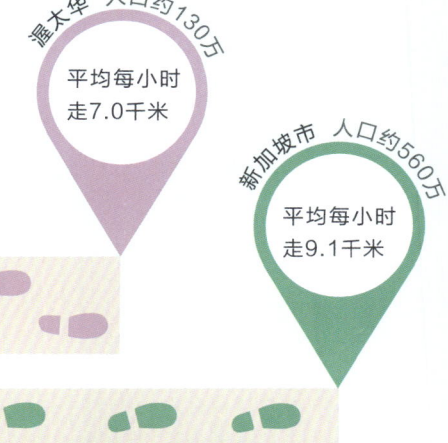

渥太华 人口约130万
平均每小时走7.0千米

新加坡市 人口约560万
平均每小时走9.1千米

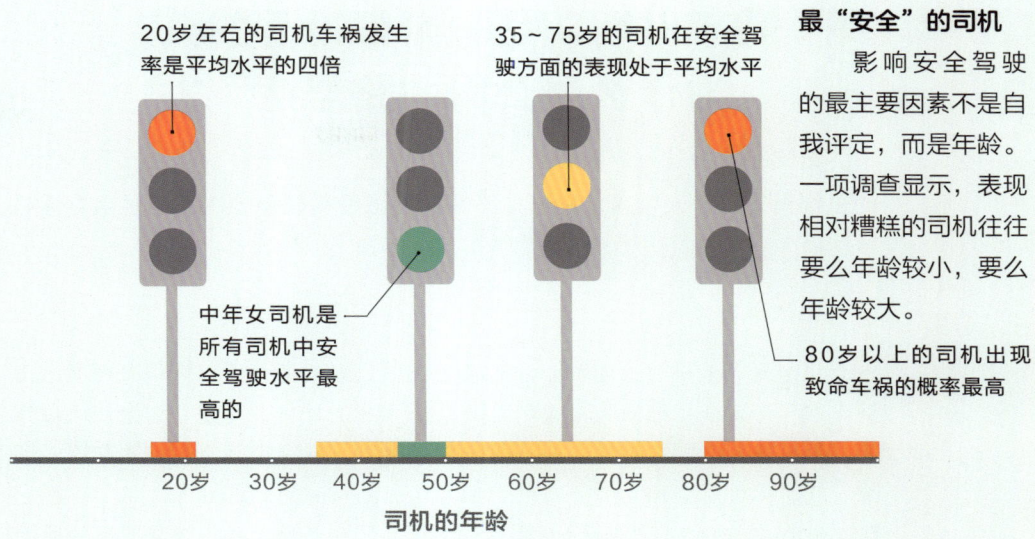

## 为什么其他人的驾驶技术都不如我?

很遗憾,你的驾驶技术很有可能不像自己想象中的那样出色。每当别人问到关于驾驶技术的问题时,大多数司机都认为自己的驾驶技术"高于平均水平"。但是显然,这是不可能的!

开车时,我们总是觉得马路上到处都是不合格的司机。这是因为我们摆脱不了一种认知偏差,这就是邓宁-克鲁格效应(Dunning-Kruger effect),即能力欠缺的人往往会错误地认为自己比真实情况中的更优秀。这种心理对我们的祖先来说或许有用,因为这可以给他们壮胆,让他们不至于一直躲在洞穴中。但是在今天,这种心理会让我们无法正确地认识自己。科学家的研究结果显示,能力差的人往往容易高估自己的表现,而能力强的人容易表现出一定程度的低估偏差。

我们很难摆脱这种心理。想要对自己的能力有一个清醒的认识,最有效的方法就是进行专门的评估。为什么不报名参加一门高级驾驶课程,去看看其他司机是否真的像我们想象中的那样笨拙呢?

上午

# 我平时明明是一个很冷静的人，为什么还会得"路怒症"？

驾驶的独特性——被隔离在一个金属外壳中——会暂时地改变一个人的思维模式，让人容易做出一些不客观的假设和轻率的决定，甚至会造成更可怕的后果。

早上开车上班时，你可能常常遇到出租车毫无征兆地插队，或是前面的司机在遇到红绿灯时猛地刹车的情况。这时你可能会和大部分司机一样猛按喇叭、握紧拳头，甚至忍不住骂人。

那么，是什么让你一反常态，变得容易暴跳如雷呢？其中一个原因是，当你在被隔离开的空间中时，既看不到其他司机的肢体语言，也听不到他们说的话，所以你很有可能做出不客观的评价，比如"这个司机可真差劲"。有一个理论叫基本归因错误（fundamental attribution error），指的是人们在考察某些行为或后果的原因时，存在高估倾向性因素、低估情景性因素的双重倾向，也就是说人们常常把一个人的行为归因于人格或态度等内在特质，而忽略了他们所处的环境。例如：你可能会认为前面的司机突然刹车是因为他驾驶技术不行、没有公德心，而不会想到他可能只是因为后座上的孩子正在哭闹而分了心。

总而言之，在汽车这样一个私密、隔音的空间中，你往往不会去压制内心的怒火。如果你是在路上走着时被人撞到，表现可能会完全不一样。

除了这些心理方面的因素，还有生理方面的因素。当你在前往目的地的过程中突然碰到"拦路虎"时，身体的或战或逃反应会被激发。此时，你体内的肾上腺素水平飙升，心率提

### 我怎样才能让情绪平复下来？

1. 前往某地时，要预留出充足的时间，以应对可能出现的突发状况。当时间紧迫时，你更容易失去理智。

2. 播放舒缓的音乐，缓解或战或逃反应给身心造成的影响。

3. 把心爱的人的照片放在车内显眼的位置，这样有利于保持同理心。

升,肌肉变得紧绷,这会使你无暇顾及其他事物,变得更为专注。虽然大脑前额皮质会像往常那样发出"镇静下来"的信号,但是在这种情况下,这种努力往往无济于事。在面对捕食者时,这种或战或逃反应是一种有效的让人能够保护自己免受伤害的本能反应,但是在开车时,这种反应就显得有些过激了。

如果你的"路怒症"经常发作,

**80**%的司机承认自己曾经在开车的时候发脾气。

---

那么可以参考本书第50页的小贴士来尝试控制自己的情绪。相信自己,你可以的。

有49%的司机会因为被其他司机扰乱注意力而生气　　有16%的司机会因为城市的交通状况差而生气　　有20%的司机会因为遇到施工而生气

有24%的司机会因为遇到堵车而生气　　有16%的司机会因为当天心情不好而生气　　有39%的司机会因为其他司机影响到了自己而生气　　有39%的司机会因为赶时间而生气

**理由啊,理由!**

在一项调查中,有"路怒症"的司机列出了很多让自己生气的理由,上面的这些百分比代表的是每种理由的占比。

上午

# 怎样才能摆脱坏心情?

我们总是认为,我们对待客观事物的情绪能反映其真实情况,但实际上,情绪是一系列主观认知和经验的集合,是思想的产物。

上班路上,在拥挤的公交车上,有人挤到了你,你的手机掉到了地上,但是那个人没有道歉。"真没素质!"你生气地想。这种生气的情绪可能会影响你一上午的心情。

然而,情绪并不像海上的天气一样完全不可控。实际上,情绪是人对内外信息的态度体验以及相应的行为反应,是以个体的需要、愿景等倾向为中介的一种心理活动,除了与客观事物有关外,还受到个体过往经历的影响。

并不是每个人都知道人有一种叫作"内感受"(interoception)的感觉。内感受指的是对身体内部生理状态的感觉。这种感觉对你保持身体内部的生理平衡至关重要。你的大脑中好像有一只向内观察的眼睛,会持续不断地描绘内部器官和组织的图像,确保身体的每个系统都处在最佳状态,以便你在感到口渴时去喝水,感到热时脱下外套。

坏心情

中断

延迟

意料之外的工作

刺激

**身体内部会发生什么?**
受到外部刺激时,作为或战或逃反应的一部分,身体会释放肾上腺素和皮质醇,导致心率提高、肌肉紧绷。

不愉快

转化成某种心情或情绪

当大脑试图理解正在发生的事时，情绪就会产生。研究表明，当人们摄入某些会导致心率提高、血压上升的药物时，他们会愤怒、感受到威胁。可以说，这些身体上的感觉是情绪产生的基础。

当你在车上被其他人撞到时，你的身体会立刻产生或战或逃反应，释放多种激素。这种反应不是你能控制的，但是你可以决定是不是要立刻发脾气。你和情绪的关系是相互的，你可以有意识地去影响它甚至改变它。

### 如何摆脱坏心情？

1. 进行快步走或其他运动，这样能刺激大脑释放内啡肽（endorphin），使你开心起来。

2. 找人倾诉。当你得到来自他人的支持、理解，抒发了不快的情绪时，身体中的多巴胺水平会上升，你的心情也会好起来。不过请注意，发短信并不能起到这种作用。

3. 自己动手制作一些物品。相比于使用数字产品，这样做可以促进多巴胺以及5-羟色胺的分泌，从而让你心情愉悦。

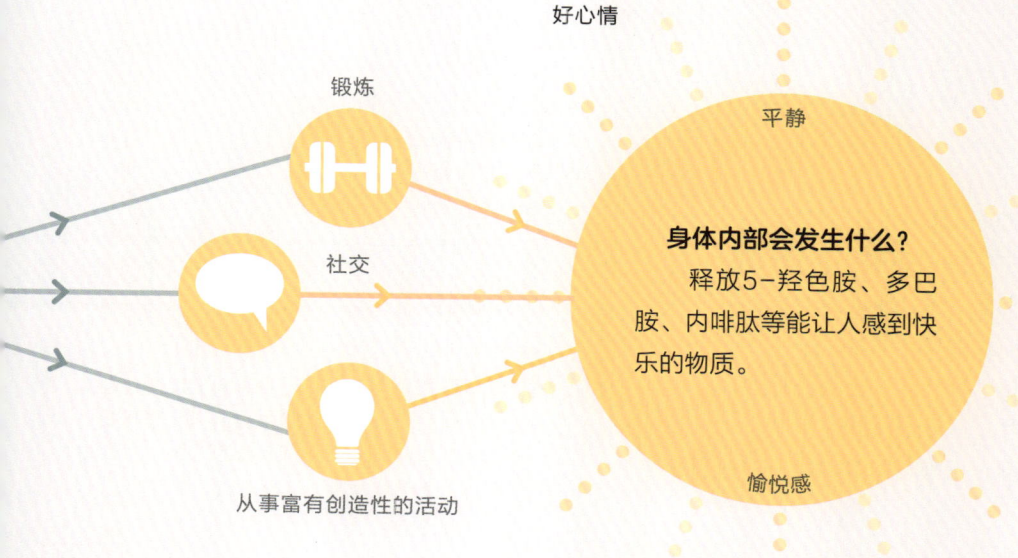

上午

## 工作日如何实现效率最大化？

如果你在刚上班时查看邮件，那就大错特错了，因为上午九十点钟是大脑工作的"黄金时间"，你最好能用这段时间来处理一些有挑战性的任务。

大多数人在上午解决问题的能力最强，此时人能够不受外界干扰，专注于手头的工作。把这段黄金时间用来删除垃圾邮件、回复邮件，或者是沉迷于社交媒体，都不是明智之举。你在某个时间段干什么不应该由你的老板决定，而应该由你的生物钟来决定。实际上，上午开长时间的会议是在浪费大多数人思维最活跃的宝贵时间。如果可以的话，还是用这段黄金时间来做一些有价值的事情吧。当然，如果你是"夜猫子"，请记住，你的"黄金时间"在下午。

总的来说，对大多数人来说，上午是处理需要专注的任务的黄金时间，例如做预算、制订长期规划、撰写报告等。也可以利用这段时间做一些需要全神贯注以及快速反应的工作，如操控机械设备。

你还可以通过优化自己的工作场

**效率最大化的一天**

你的生物钟决定了你什么时候自然醒，什么时候思维最活跃，什么时候为锻炼做好了准备，什么时候充满睡意，等等。只要遵循身体内部的节奏，工作效率就会有所提升。

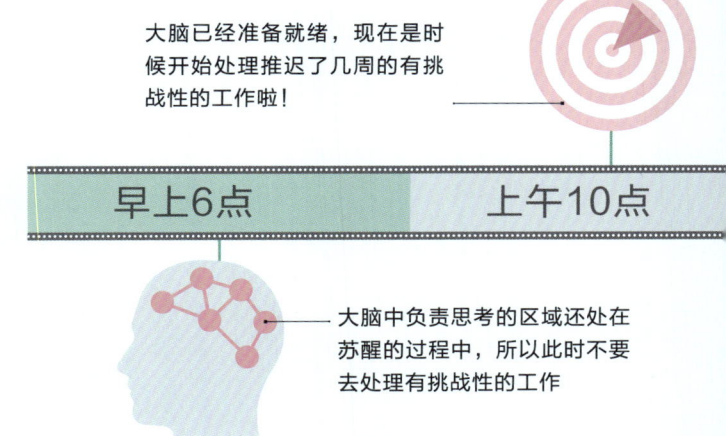

大脑已经准备就绪，现在是时候开始处理推迟了几周的有挑战性的工作啦！

早上6点 | 上午10点

大脑中负责思考的区域还处在苏醒的过程中，所以此时不要去处理有挑战性的工作

所（详见本书第56页至第57页），来提高工作效率。在开始工作前做少量运动也有助于提升活力和专注力，乃至工作表现。此外，一些会分散你注意力的东西，如电脑上弹出的通知、突然的来电等，都会降低你的工作效率。

午餐时间临近时，工作效率最高的时间段也快过完了，此时喝咖啡或者吃零食并不能让你找回之前那种专注的状态。因此，此时你可以做一些单调的日常文书工作，开例行会议、电话会议。吃午餐时，你可以跟同事一起讨论一下工作，想一些好的创意，这些都是当你的大脑处于"漫游状态"（详见本书第60页）时适合做的事。

身体的最佳工作状态比大脑的最佳工作状态到来的时间要晚一些，因此最好把对体力要求较高的任务安排在下午处理（详见本书第140页）。

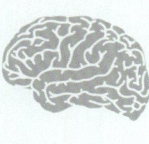

**对于75%的人来说，每个工作日的前2~3小时是大脑工作的黄金时间。**

此时，大脑逐渐放松下来，反而容易"灵光乍现"，想出一些好点子，即便你没有在思考工作

| 下午2点半 | 晚上7点半 | 晚上10点 |

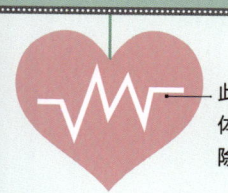

此时，你的身体已经为体力劳动做好了准备，除非你起床很晚

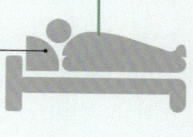

此时，大脑中的腺苷水平高，你会感觉到困倦，精神上也很疲惫，反应也会变得迟缓

上午

## 什么样的工作场所能让人提高工作效率？

理想的工作场所既有助于你提高专注力，也能让你更有创造力。想要通过打造理想的工作场所来提高工作效率，你要做的事情可不少呢。

不管你是在公司办公、在家办公，还是在其他地方办公，工作场所都会影响你的工作效率。工作场所混乱会让人感到不舒服，但扼杀个性、千篇一律、过分整齐的空间实际上更糟糕。有研究表明，千篇一律的工作场所会扼杀员工的创造力，降低员工的工作效率，加剧员工的焦虑感。如果员工可以自己设计、装饰工作场所，那么他们的表现会更好。

不过，使工作场所保持整洁也有好处。一些研究表明，一张干净、整洁的办公桌可以让员工更有逻辑性，更有可能慎重地做出理智的决定，还有益于员工的身体健康。比如，在面对选择高热量的巧克力棒还是健康水果苹果作为零食的问题时，在杂乱无章的环境中工作的人选择巧克力棒的人数是在整洁的环境中工作的人的三倍。

除了整洁程度，工作场所的声环境对员工的工作效率也有影响。周围过于吵闹不利于员工集中注意力，而过分安静又会扼杀许多创意。实际上，一些背景音，如钟表发出的嘀嗒声、收音机中的音乐声，都有可能帮

**理想的工作场所**

对大多数人来说，既能让自己集中注意力，舒适度又很高的空间可以算作理想的工作场所。自己设计和装饰工作场所有助于实现这一点。想想看，周围都是自己喜欢的、熟悉的东西，一定能让人觉得更自在。

舒适的"第三空间"可以让人卸下压力，进行放松、休息、思考和回顾

充足的日光会让人心情愉悦，变得更加积极

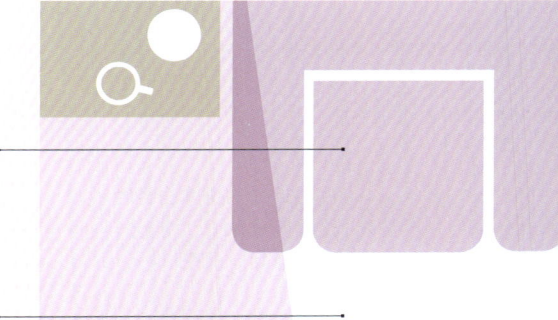

助员工保持专注。对一些人来说,雨声等声音还能使他们平静下来。

在较为嘈杂的环境中,性格外向的员工的表现相对更好,而性格内向、更善于反思的员工可能不太适合在这种环境中工作。对他们来说,降噪耳机是一种很有用的东西,但它的缺点是会让人失去与同事交流的宝贵机会。在公共办公区域,在噪声和整洁程度方面,员工之间需要相互妥协,相互让步。

如果你可以自由选择工作时间和地点,就可以根据自身需求和待完成的工作的类型来做出选择。如果你需要赶快写完一份报告,那么最好尽量选择能够避免注意力分散的场所,如单间或小一点儿、人少一点儿的房间(房间最好是个性化的),并且最好从刚上班时就开始写(详见本书第54页至第55页)。

如果你需要和合作伙伴进行交流,更好地发挥创造力,可以试着下午和合作伙伴一起去舒适的花园或咖啡店坐坐,这些非正式的公开场所被称为"第三空间"。在那里,你们可以卸下压力,放松、休息一下,碰撞出更多火花。

**当员工可以自己装饰工作场所时,他们的工作效率能够提高约 30%。**

放置绿植有助于提高工作效率

将文件有序地归置起来有助于提高逻辑思维能力

戴耳机或者收听广播有助于集中注意力

在办公桌上摆一些照片,有助于提高工作效率

将中央空调设置在22℃,对久坐的上班族来说,这是最理想的环境温度

上午

# 在同时处理多项任务的过程中，我变强了吗？

是时候把真相公之于众了：科学表明，你的大脑根本不适合同时处理多项任务。

我们总是错误地认为，大脑与计算机一样，可以同时处理多项任务。但是实际上，尽管可以尝试，但是我们的大脑不可能像计算机那样同时用不同的程序来处理不同的任务。

大脑需要花费少则几毫秒，多则几分钟的时间来初步确定自己应该如何处理一项新任务，所需时间的长短取决于任务的复杂程度。如果我们像蜜蜂扎进花丛中一样扑到如山的任务上，大多数情况下，最后的结果肯定是哪项任务都没有完成好，我们犯的错误会更多，记忆力也会下降。由于关注点在不停转变，我们可能会忽视自己的效率有多低。而且，考虑到邓宁-克鲁格效应的存在，那些觉得自己可以游刃有余地同时处理多项任务的人，实际上的表现往往非常糟糕。

为了顺应大脑的运行规律，我们需要根据任务的优先级来一项一项地完成任务。处理某项任务时，要屏蔽外界干扰，不要因为其他任务而分心。

**工作效率的比拼**

实际上，一项一项地按任务优先级高低的顺序完成任务的人，比同时处理多项任务的人的工作效率高很多。

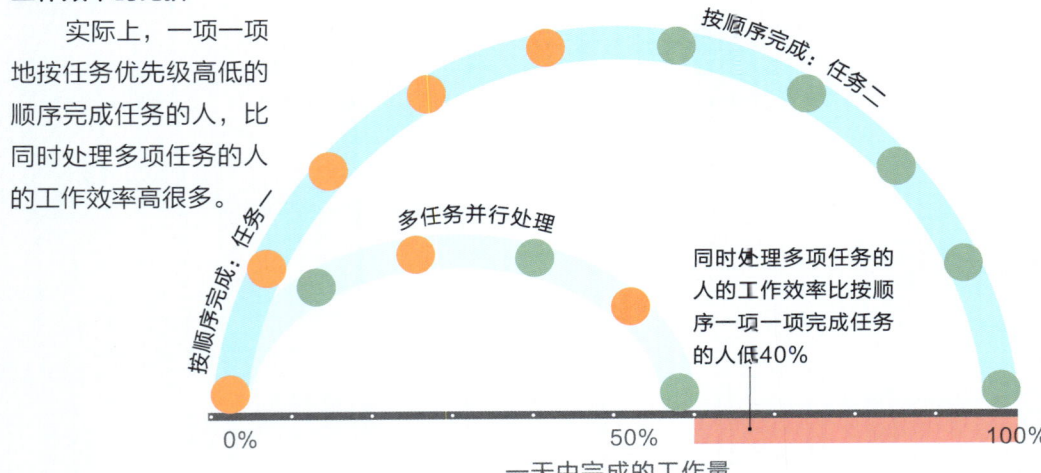

**超级多任务并行处理者**

大概有2.5%的人是真正意义上的超级多任务并行处理者，他们有能力管理医院的急诊部门，不会因为候诊区有满满一屋子的患者而头大，不会因为有一大群病人家属在叽叽喳喳吵个不停而烦躁，也不会因为下一辆救护车还有五分钟就要到医院而惊慌失措。

不知何故，他们大脑中负责决策的部分能够以极高的效率启动并运转，因此他们可以用更少的精力完成更多的工作。他们还可以过滤掉不必要的干扰，轻松地记住工作的各个细节和关键信息，面对压力时也能保持冷静。

你可能希望自己能够成为这样的人，但靠后天练习来获得上述技能几乎是不可能的。实际上，这类人的这些特性可能是由基因决定的，拥有这种基因的概率大概跟连续掷两次骰子，两次都得到六点的概率差不多。

# 听音乐会让我的注意力更集中吗？

对一些人来说，在处理烦琐的工作时听音乐可以改善他们的工作状态。但也有人说听古典音乐能让人变聪明，这种说法就有些夸张了。

20世纪90年代进行的一项实验表明，与不听音乐的学生相比，听了一会儿音乐的学生在随后进行的测验中的表现有所提升。这种现象就是后来在全世界广泛传播，并且产生了很大影响的莫扎特效应（Mozart Effect）。媒体人也很喜欢这个故事，他们将研究结果归纳为"听莫扎特会让你更聪明"。

此后的一些研究表明，部分音乐对人的空间推理能力的提升有一定作用，但并不是所有的音乐都有这样的效果，不同的音乐对测试者在不同类型的测试中的表现的影响也不同，这种影响是暂时的还是长远的也尚无定论。对某些人来说，不仅是古典音乐，任何悦耳的背景音乐都可以帮助他们保持专注。因此，你可以根据自己的情况，在完成某项任务时选择自己喜欢的曲目，来达到保持专注的目的。

上午

## 我应该多久休息一次？

事实上，早出晚归的"工作狂"的工作效率并不像他们自己吹嘘得那样高。像肌肉一样，大脑也需要时间来休息和自我修复。更重要的是，我们要意识到大脑存在局限性。

当我们要做某件事时，大脑会飞速运转，而且会根据不同需求选择不同的运转模式，调动大脑中的不同网络。

当某个事物引起了我们的注意时，突显网络（salience network）就会启动，让我们为展开行动做好准备。突显网络的主要功能是对信息进行评估，对外部刺激进行分类，决定下一步该怎么做。这种警觉性较强的状态只能持续很短的时间。

在我们集中注意力执行任务的时候，中央控制网络（central executive network，也叫执行控制网络）会启动，以便我们分析和解决问题。这种专注状态最多可以持续约80分钟，之后大脑的反应就会开始变得迟钝。

当我们从工作中解放出来时，大脑就会进入一种"漫游状态"。此时，默认模式网络（default mode network）开始增加活动。只有在这种放松的状态下，大脑才能开始进行自我修复。

因此，每当完成一项工作后，最好给自己留出休息的时间，让大脑"喘口气"。如果没时间休息，就去做一项需要换一种思维方式来处理的工作。虽然这样做的效果不如完全放松下来好，但至少可以让大脑得到片刻的休息。

### "停机"时间

左图展示的是在表现变差之前，你可以执行不同类型的任务的时长。混合任务指的是需要调动以上三种大脑网络的任务。

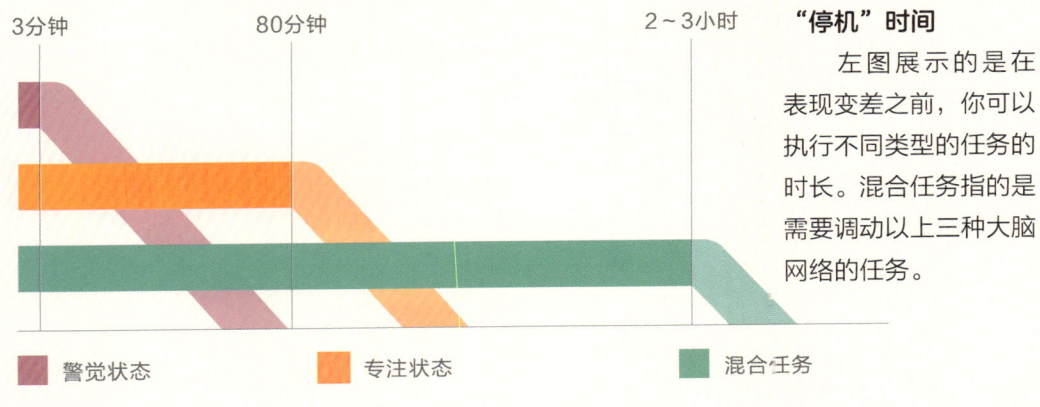

# 我为什么这么容易分心？

容易分心是我们的天性，外界突然传来的任何响动都会导致我们下意识地去看看发生了什么。这种行为叫作定向反应。

定向反应（orienting response）是指突然遭遇刺激（特别是新异刺激）时，动物迅速转身将眼或耳朝向刺激方向，从而提高警觉、准备防御的行为。我们的祖先需要这种行为来立即将注意力转向灌木丛中隐藏的猛兽。今天，这种定向反应依然可以帮我们躲避危险，保护自己。但对于上班族来说，这种天性就有点儿让人困扰了：由于无法关闭这种本能的反应机制，因此上班时我们很容易分心，这也就是为什么工作时我们最好屏蔽电脑上的各种弹窗。

此外，开放式的工作场所中充满了包括噪声在内的各种干扰，这些干扰会不断刺激大脑中的突显网络，造成中央控制网络不停地中止再重启。因此，完成对专注度要求高的工作时，最好到一个相对独立的空间中去，这样可以尽量减少外界的干扰。

不过，分心有时也是有用的。单调、重复的工作，如流水作业、数据输入等，会让大脑进入漫游状态。此时，适当的分心（如听一会儿音乐、在纸上涂鸦）可以重新激活其他网络，使自己重回警觉或专注状态，这样可以减少犯错的可能性。

**不要查看通知！**

当你全神贯注做某事时，如果突然分心，让大脑切换到另一网络模式中，那么你可能需要长达25分钟的时间才能重新集中注意力。

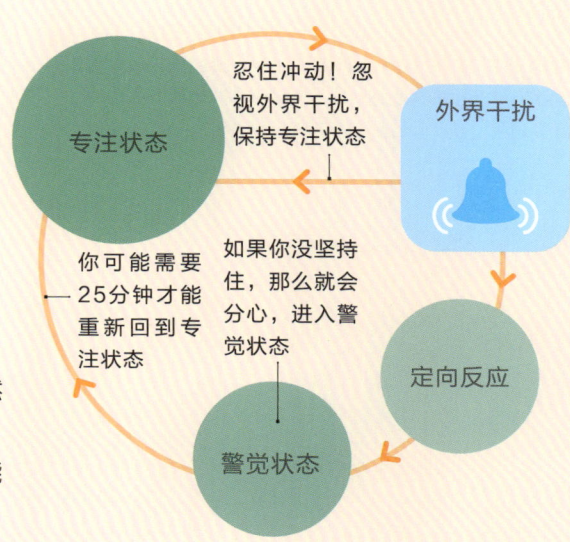

上午

# 为什么我会在非工作状态下想出最好的点子？

你可能曾经有过这样的体验：当你正在公园里散步时，突然想出了一个解决复杂问题的方法。为什么会这样呢？这是因为，当你放松下来的时候，大脑也比较放松，此时反而容易萌生一些很棒的想法。

当你没有去思考某一件特定的事情时，你的大脑并非无所事事，而是进入了漫游状态。在这种状态下，不同脑区之间的联系会增强，你的思维会更活跃、更不受限制，你可以谈古论今，畅想未来，与他人产生共鸣。人类许多伟大发现的背后都有这样灵光一闪的瞬间。

焦虑和压力是漫无目的地思考的敌人。受到威胁的感觉会抑制大脑进入漫游状态，促使其进入警觉状态。例如，作家在担心自己没有灵感、没法按时交稿时，就会感到焦虑，这种焦虑会使作家更难有灵感，这又会进一步加剧焦虑，从而形成恶性循环。

如果你觉得自己一筹莫展，那就休息一下、放松放松吧，这样大脑才会进入漫游状态。此时，单调乏味的任务，如洗衣服、开车等，可以让人平静下来，突然"顿悟"。这就是为什么很多人在开车的时候会想出非常棒的点子。

内侧前额皮质（medial prefrontal cortex）：负责思考、分析、决策

后扣带回皮质（posterior cingulate cortex）：平衡向内与向外的注意力

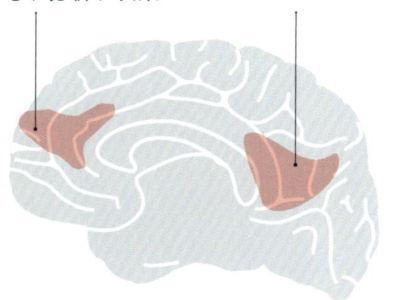

默认模式网络下大脑中的活跃区

### 做"白日梦"的大脑

当大脑进入漫游状态时，会开始"胡思乱想"。此时，你可能会突然萌生一些很棒的想法。

# 我如何才能将创造力发挥到极致？

你可以通过多种方式来增强创造力,创造力的强弱与时间、空间以及你如何对待自己有关。

与你的预期相反,当你觉得自己状态很差时,实际上往往正处于创造力较强的状态。当大脑中的默认模式网络启动时,你的创造力和横向思维能力会被激发出来。而这种状态更有可能出现在你的专注力下降,即中央控制网络不活跃时。一般来说,"夜猫子"在早上的创造力最强,而"早起鸟"在晚上更容易想出好点子。

学习新技能有助于大脑形成新的神经回路,促使默认模式网络、突显网络和中央控制网络更有效地协作。通过加强三种网络的协作,你可以更好地发挥创造力。想要发挥创造力,就要为自己留出放松下来的时间,并在一个有助于激发创造力的空间中工作,而不是强迫自己一定要想出些什么、创造些什么。定期休息和充分的睡眠可以促进大脑跳出思维的桎梏,因为充分休息有助于压力的排解,而压力会扼杀创造力。

**创造性思维运行过程**

富有创造力的想法以及横向思维会按照一定的顺序在大脑的三个网络中穿行,而起点正是默认模式网络,所以让自己放松下来非常关键。

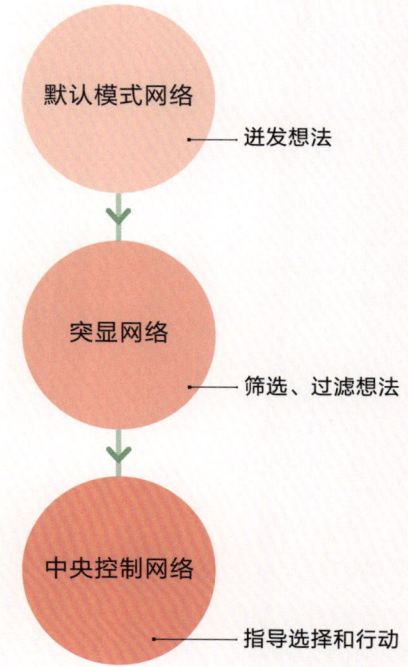

上午

# 办公室会让我生病吗？

相比于矿井和施工现场，办公室似乎是一个安全的避风港。但实际上，糟糕的空气质量也会影响健康。那么，你应该如何应对呢？答案是买一两盆植物！

通风不良的办公室很有可能诱发病态建筑综合征，其症状包括出皮疹、头痛、打喷嚏、咳嗽、恶心、易疲劳等。家具、地毯、清洁剂中释放的挥发性有机化合物对员工的健康也是有害的，长时间暴露于挥发性有机化合物中，会诱发多种疾病。此外，办公室空气中的灰尘、细菌、真菌的浓度很有可能比你想象中的高，这些"脏空气"也会影响你的健康。

澳大利亚的研究人员曾测试过一些植物去除办公室空气中的有害物质的能力。研究发现，在办公室，平均为每个员工配置至少三株大型植物可以有效去除空气中一半的挥发性有机化合物和绝大部分一氧化碳，从而改善空气质量。

**净化空气**

植物和土壤中的微生物能够吸收许多潜伏在你身边的有害物质，右图中列出的是其中一部分。

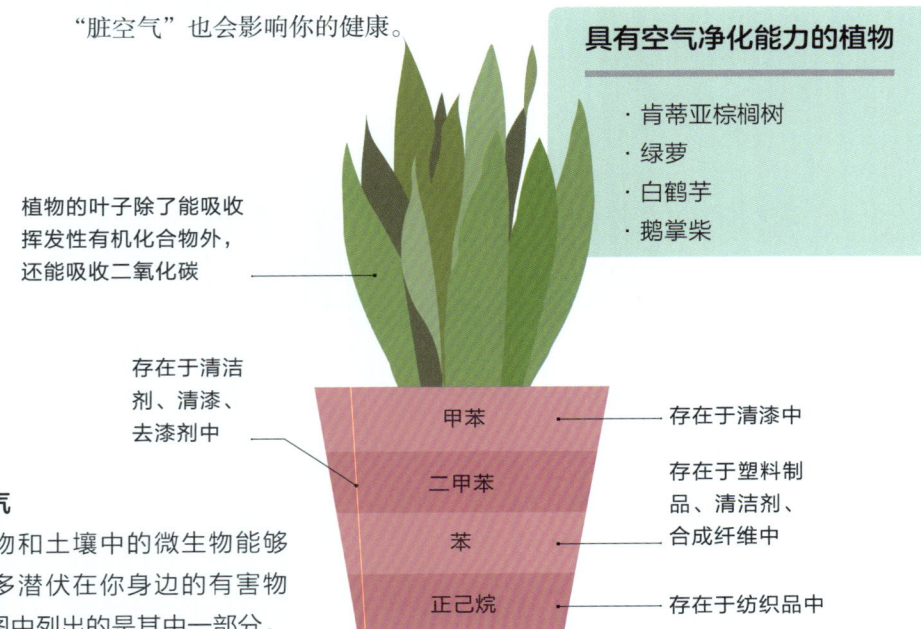

植物的叶子除了能吸收挥发性有机化合物外，还能吸收二氧化碳

存在于清洁剂、清漆、去漆剂中 —— 甲苯 —— 存在于清漆中

二甲苯 —— 存在于塑料制品、清洁剂、合成纤维中

苯

正己烷 —— 存在于纺织品中

**具有空气净化能力的植物**

· 肯蒂亚棕榈树
· 绿萝
· 白鹤芋
· 鹅掌柴

> 研究表明，长时间待在办公室中的员工只需每天花三分钟的时间观察、触摸或打理办公桌上的植物，就可以缓解压力。

上午

# 为什么我开会时总是坐在角落，一句话也插不上？

这种被边缘化、被忽视的感受几乎每个人都有过，女性经历的次数要比男性多一些。

---

一些跨文化研究的结果显示，男性在人际交往中会更多地主导谈话走向，更频繁地打断别人，提出的意见更容易被包括女性在内的其他人认真对待。在由男性占主导地位的工作场合中，女性的决断力更有可能被视为"专横""粗暴"。相反，当男性有相同的表现时，他们很有可能被视为是"果断"和"坚定"的。

许多励志大师以及金融界权威人士曾表示，女性的观点受到不公平对待、被边缘化，是因为女性的言论过于"女性化"，比如女性的言论中通常夹杂着一些比较柔和的词语（如"有点儿""只是想""很抱歉，但是……"），这类词语会显得人犹豫不决、优柔寡断。然而，研究表明，上述观点并不客观，实际上，男性发言中上述词语出现的频率和女性发言中的不相上下。

那么，为什么男性能够占据谈话的主导权呢？这与语言习惯和生理因

**性别不平等**

在一个有男有女的讨论组中，只有当男性与女性的人数比为1∶4时，女性才能获得差不多相等的发言时间。

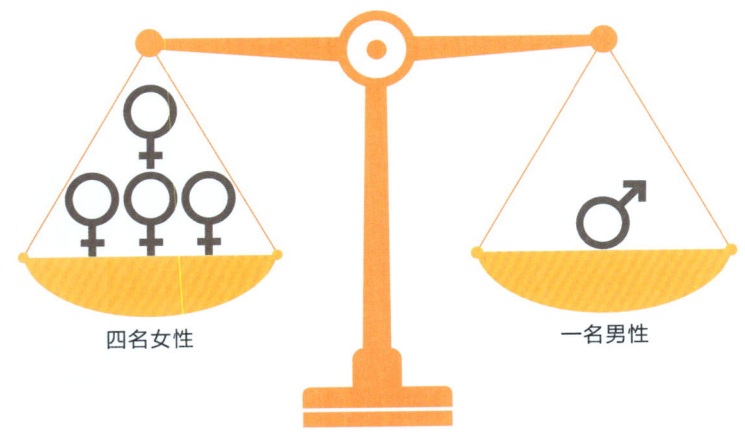

四名女性　　　　　　一名男性

素关系不大，主要是与根深蒂固的"职场中男性更具备领导能力和权威性"的观念有关，而女性通常被认为更应该以家庭为中心。男女在工作和生活方面分工不同的历史已有上万年，不管我们喜不喜欢，对某些角色的刻板印象都已经深入人心：当看到主刀医生是男性，患者会更放心一些；当飞机上的乘客听到机长的声音是男中音而不是女高音，乘客会感到更放松。

尽管如此，研究表明，实际上，男女搭配的团队工作效率最高，强大的女性（尤其是居于领导岗位的女性）的表现常常会打破人们的刻板印象。

> **女性并不比男性更健谈：** 一项调查显示，女性和男性每天平均说的单词量均约为 **16000**个。

## 性别差异心理学

想要铲除普遍存在的人们潜意识中的偏见，需要一个漫长的过程。人类是群居生物，数万年以来，一个个不成文的社会规则把个体联系在一起。每个人都被要求遵守社会规则，也都期待他人遵守规则。如果没有这些规则，就不会形成如此稳定的社会。

虽然我们的社会正在朝着性别平等的方向迈进，但社会规则仍然发挥着强大的作用。不管是谁有与现有的规则不相符的行为，都有遭到他人抨击的风险。

此外，在证真偏差的影响下（详见本书第160页），我们会更重视和欢迎那些遵守社会规则、符合刻板印象的人，忽视那些特立独行、与刻板印象相冲突的人。

即使我们的想法集体发生转变，这与改变我们的实际生活和工作方式之间也还有一定的距离。然而，我们今天做出的每一个选择，都会对社会规则产生一定的影响，我们的每一个决定，都有可能是推动社会向理想状态发展的一小步。

上午

# 男性的大脑与女性的不同吗？

很多人喜欢指出男性和女性的不同之处，但提到大脑，研究表明：男性大脑和女性大脑的相似之处远多于不同之处。

人们常说，男性和女性之间的差异很大，大到男性和女性仿佛来自不同的星球。人们对于"来自火星"的男性的刻板印象是目标明确、自信、方向感好，而对于"来自金星"的女性的刻板印象是有更强的同理心、更会照顾人、更擅长一心多用。但实际上，关于男性和女性大脑差异的论述更多的是基于科学幻想，而不是科学事实。

网络和新闻媒体已经将这些看似有科学依据的理论渗透到了普通人的认知中，例如：人们普遍认为女性在听取信息的时候要调用两个大脑半球，而男性只需要调用一个；男性和女性在辨认方向时会使用完全不同的大脑区域；有些人甚至声称大脑有"男性大脑"和"女性大脑"之分。

上述观点中的大部分基于早期的实验，这些实验看似发现了男性和女性大脑的差异，但这些差异后来被证实要么微不足道，要么根本就不属实。

**大脑差异**

右边的这两张图表显示了男性和女性左侧和右侧杏仁核大小的差异。此外，科学家比较两性大脑不同区域的差别时发现，男性和女性大脑大部分区域的大小是相似的。

图例
—— 女性
—— 男性

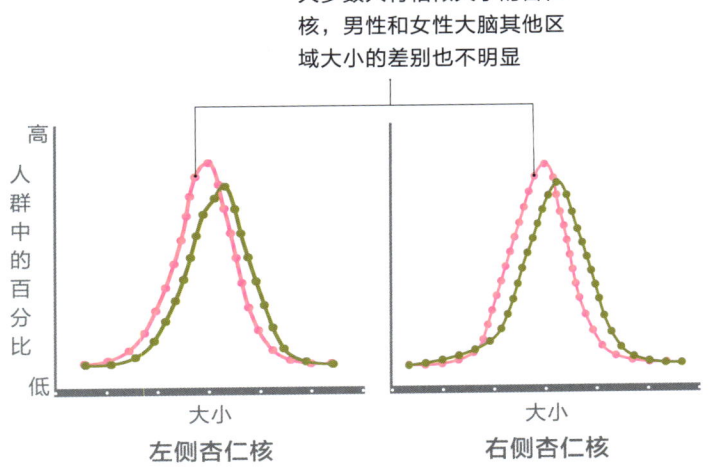

大多数人有相似大小的杏仁核，男性和女性大脑其他区域大小的差别也不明显

实际上，胎儿在子宫内发育至八周时，就开始出现微小的差异。在人的一生中，睾酮、雌激素、孕酮等激素会影响每个人的身体发育和情感发展。激素水平的差异（如青春期睾酮水平的差异）会造成个体性格上的差异，如侵略性、攻击性、抗压能力、疼痛阈值等方面的差异。这些差异确实存在于两性之间，但不能直接与两性大脑存在差异画等号。每个人都是如此独特，因此不能单从性别这个角度来分析人和人之间的差异。

大脑体积的大小是目前已知的男性与女性大脑之间为数不多的差异之一，但是这或许与身体比例有关。确实有少数几项研究还发现男性和女性大脑中的某些区域存在差异，但这种差异非常细微，不足以作为将大脑划分为"男性大脑"和"女性大脑"的依据。

## 两性之间的差异是先天形成的还是后天形成的呢？

最近的研究指出，传统的性别界限是由社会因素而非生理原因决定的。当"科学放大镜"揭露出大脑的运行机制时，长期存在的性别方面的刻板印象大部分会不攻自破。

现在也有一些科学家认为男性和女性大脑之间的差异（如在看地图、辨认方向方面的差异）不是由生理原因导致的，而是由数千年来的脑力训练导致的。但是好消息是，大脑在学习新事物方面的表现非常出色，在一生中，人可以通过不断学习来掌握许多新技能。因此，如果有机会，男性和女性都可以学会那些在刻板印象中对方所擅长的东西。例如：让儿童玩乐高玩具可以促进其大脑发育，提高其空间想象能力、观察力、专注力，不管是男童还是女童。

上午

# 为什么我吃完早餐没多久就饿了？

你可能觉得饥饿是胃告诉你它已经空了的一种方式，但实际上饥饿不只与看似永远都填不满的胃有关。

在进化史上，我们的祖先通过尝试吃一切可食用的东西而幸存下来，抵御了潜在饥荒带来的危机。至今，我们在生理上依然保留着这种对于食物的渴望。

从胃开始将消化的食物"推入"肠道的那一刻起，我们就会再次产生进食的冲动。饭前，由胃底黏膜分泌的胃促生长素（ghrelin，又称食欲刺激素）的水平升高，它对能量摄入、食欲控制等有一定的调节作用。它会像糖浆一样附着在大脑中控制食欲的区域，激发人进食的需求。随着胃促生长素水平不断升高，我们的饥饿感也逐渐增强。长期处于高压状态以及缺乏良好的睡眠也会促进胃促生长素的分泌，从而使人的食欲增加。

当我们吃的早餐很容易消化时，胃促生长素分泌的速度就会更快，我们就会更容易产生饥饿感，以至于还没到午饭时间就想吃东西。如果我们早上多补充一些粗加工的碳水化合物及富含膳食纤维的食物，就能使饱腹感持续的时间更长一些（详见本书第26页至第27页）。

**膨胀的胃**

饭前，胃促生长素水平升高，它会告知大脑"该吃东西了"。随着食物的摄入，胃促生长素水平回落，我们的食欲也会降低。

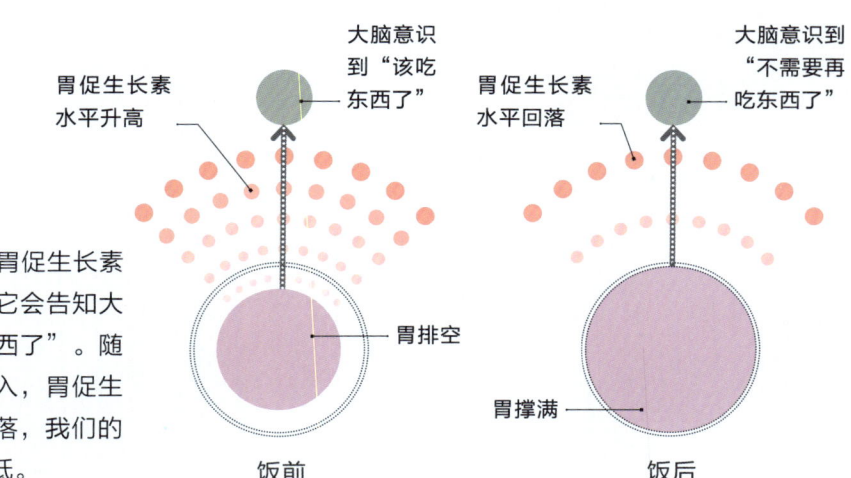

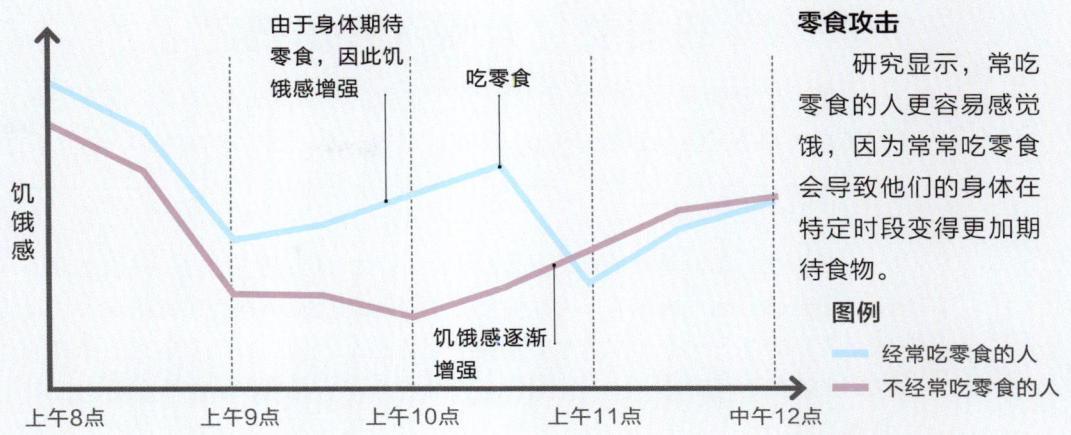

## 在正餐之间吃零食是健康的饮食方式吗？

许多人都认为每隔三至四小时就吃一点儿东西是保持大脑和身体健康的最佳方式。那么，在正餐之间吃零食真的是保持健康的关键吗？

以前，保健贴士经常在支持吃零食和反对吃零食之间来回摇摆，但如今，鼓励人们在正餐之间吃一点儿零食俨然已成为一种趋势。很多燕麦棒生产商在广告中宣称自己的产品能让人保持良好状态，而饥饿通常意味着状态不佳。但类似于如果我们每隔三四小时不吃东西就会"崩溃"的说法，就完全是无稽之谈了（详见本书第86页）。

最新的研究表明，全天一直在吃东西与免疫系统过度活跃呈相关性，但对于这是否会危害健康，目前尚无定论。

零食本身既不会帮助我们减肥，也不会导致体重增加，影响体重的是身体摄入的能量与消耗的能量之间的差值。当我们感到特别饿的时候，下丘脑（hypothalamus）释放的信号会让我们失去理智，我们会抓起任何可以立刻为我们提供能量的东西，如藏在桌子抽屉里的薯片、巧克力棒等，然后大口吞下，而长期摄入过多能量的结果可想而知。

上午

# 我需要每天喝八杯水吗?

如今,随身携带一瓶水已经被视作健康生活方式的标志了,而且,我们还被告知每天至少要喝8杯水。然而,这样的建议其实存在漏洞。

美国食品和营养委员会曾于1945年发布建议,称"成年人一天的适宜饮水量是2.5升"。如果对养生非常迷恋的人们能够再耐心一些,他们就会发现这句话还有下半句:人每天摄入的水分中有很大一部分来自食物。然而,下半句话多年来一直被忽视,瓶装水生产商始终在不遗余力地向大众传播"每天要喝2.5升水"的理念。

实际上,在日常生活中强迫自己喝那么多水是没有必要的,也不利于身体发挥自我调节能力。一般来说,大脑中的渴觉中枢会在身体缺水之前发布信号,使人有渴的感觉。虽然正常情况下,过量饮水很少会造成生命危险,但是在某些特殊情况下,喝大量水会将身体中的盐分稀释到很低的水平,从而造成危险,甚至会对人造成致命伤害。还有研究表明,过量饮水对健康没有任何好处(除非身体损失了过多水分)。

有医生建议,生活在温带并且经

**隐藏的水分来源**
从日常饮食中,我们可以获得大量水分。

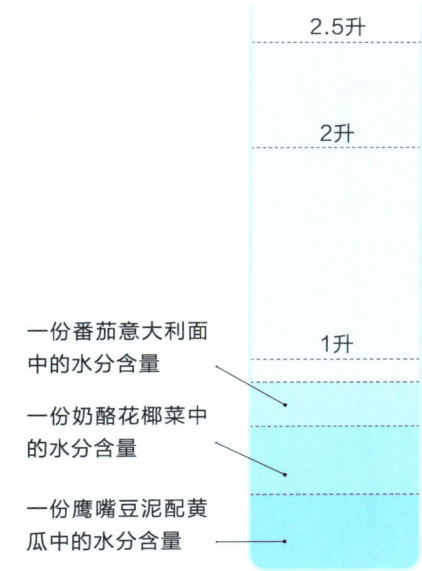

- 一份番茄意大利面中的水分含量
- 一份奶酪花椰菜中的水分含量
- 一份鹰嘴豆泥配黄瓜中的水分含量

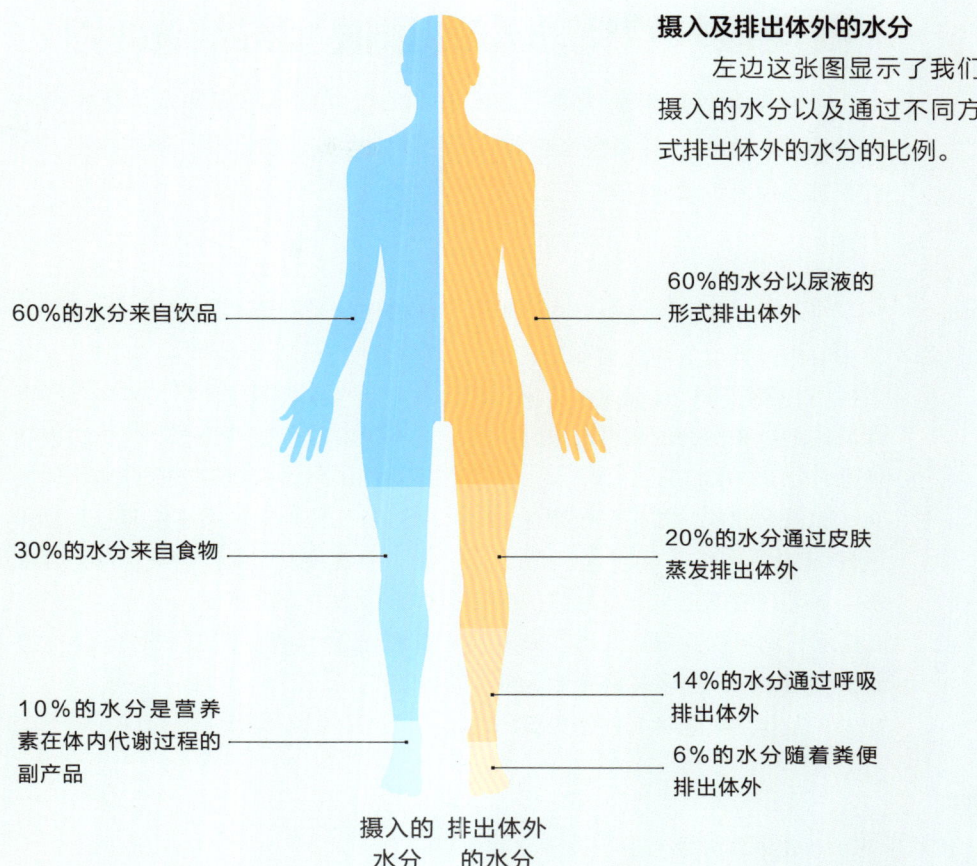

**摄入及排出体外的水分**

左边这张图显示了我们摄入的水分以及通过不同方式排出体外的水分的比例。

60%的水分来自饮品

30%的水分来自食物

10%的水分是营养素在体内代谢过程的副产品

60%的水分以尿液的形式排出体外

20%的水分通过皮肤蒸发排出体外

14%的水分通过呼吸排出体外

6%的水分随着粪便排出体外

摄入的水分　排出体外的水分

常久坐的成年人每天应当饮用1.5升水（包括主要成分是水的饮品和汤），来弥补身体因排尿、出汗、呼吸等而流失的水分，而身体所需的其余水分可以从饮食中获取。

如果运动后或因天气炎热而大量出汗，或是生病时出现发烧、腹泻、呕吐等症状，就需要适当多喝水。此外，应当鼓励老年人适当多喝水，因为老年人大脑中的渴觉中枢的灵敏度不及年轻人。同样，孩子们对于自己是否口渴的感觉可能也没有那么敏锐，所以家长需要定期提醒孩子补充水分。

## 我应该一直喝水直到尿液变得清澈吗？

你可能听过这样的说法：尿液的颜色可以显示出你的饮水量是否达标。因此，你也许会将尿液清澈或颜色浅视为追求的目标，但实际上，你并不需要过分追求这一点。

你可能在医院或是健身房的更衣室中看到过类似下面这幅关于尿液颜色的图，该图可以让你通过对比自己尿液的颜色和图例的颜色，来判断身体是否处于缺水状态。

该图表建议，如果尿液颜色与颜色较深的图例相匹配，则应该多饮水；如果尿液颜色与颜色最浅的图例相匹配，则可以少喝点儿水。该图表非常实用，可以向身体缺水的人发出警告，尤其是对老年人、体弱多病的人及婴幼儿来说。

但有一点要说明的是，一直秉持"追求尿液颜色浅""要一直喝水直到尿液颜色变得清澈"的想法也是不对的，因为这样做很有可能导致饮水过量。另外，如果尿液颜色非常清澈，那就代表你的肾脏一直在努力将多余的水分排出体外，可能存在肾脏负担过重、超负荷工作时间过长的问题。

**颜色匹配**

比较理想的状态是尿液颜色与下图中从左边数第二个和第三个图例的颜色相匹配。

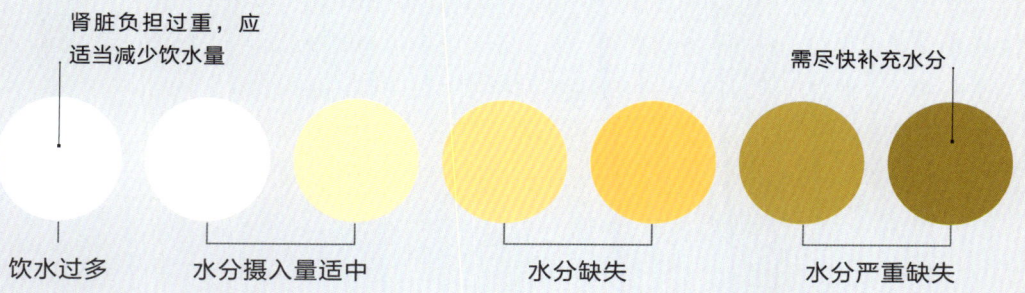

> 清澈的尿液表明你的身体正在努力工作，以排出多余的水分。

# 下午

当太阳从头顶掠过时,我们身体中不断运行的"齿轮"也开始减速。热带大草原上,大型猫科动物在午后会四处溜达,随后酣然睡去。我们也无法摆脱生物钟的影响:到了午餐时间,我们不仅需要补充能量,身体和大脑也需要进行短暂的休息。随后,我们会重整旗鼓,开启一天工作的后半程。

## 何为好的午餐？

吃午餐是补充丰富的营养素的好机会。丰盛的午餐不仅对身体有益，也能让你心情愉悦。

关于午餐吃什么的问题，唯一确定的标准是要确保你的膳食中包含各种营养素。吃午饭前，你的决策能力相比于早上刚醒时有了很大提升，因此更有可能从健康的角度出发，理智地做出选择。不过，当你感到很饿的时候，下丘脑中与摄食调节相关的区域可能会让你失去理智。伴随着血糖水平下降，皮质醇和肾上腺素水平上升，身体的或战或逃反应被激发。

因此，不要等到很饿的时候再去

调查结果显示，**77%** 的英国工人每天吃同样的午餐。

买午餐，因为在饥肠辘辘的状态下，你会下意识地寻找可以快速为身体供能的食物，如蛋糕、饼干、巧克力等。为了避免这种情况的发生，你可以提前备好午餐。

由于食物以及胃肠道的状况与人的情绪密切相关，因此午餐多样化可以使人的心情更好，而且，相比于早餐，午餐能带给你更多快乐，因为中午你的味蕾更加敏感，胃口也更好。这也就是为什么日复一日地吃同样的午餐容易让人不开心。

营养学一直在发展，人们对于吃什么更有利于健康这个问题的认识也会随着时间的推移发生变化。但不管怎么变，只要你摄入的食物种类丰富、天然、加工程度低，就不会有多大的问题。从营养学层面来说，食物

### 重要的营养素

以下四种营养素在维持身体健康方面都发挥着重要作用：

1. 膳食纤维对保持肠道健康非常重要，多吃富含膳食纤维的食物有利于降低胆固醇。
2. 碳水化合物是身体主要的能量来源。
3. 蛋白质中的氨基酸对身体的自我修复至关重要。
4. 不饱和脂肪酸有利于降血脂、清理血栓、提高身体的免疫力。

加工工序越少、调味料添加越少，对健康越有益。例如，相比于精制谷物，全谷物保留了天然谷物的全部成分，可以提供更多的B族维生素、矿物质、膳食纤维等营养成分及有益健康的植物化学物。在加工的过程中，食物中原有的膳食纤维和其他营养素可能会被破坏，导致食物会被更快地消化，人的饱腹感持续的时间变短。

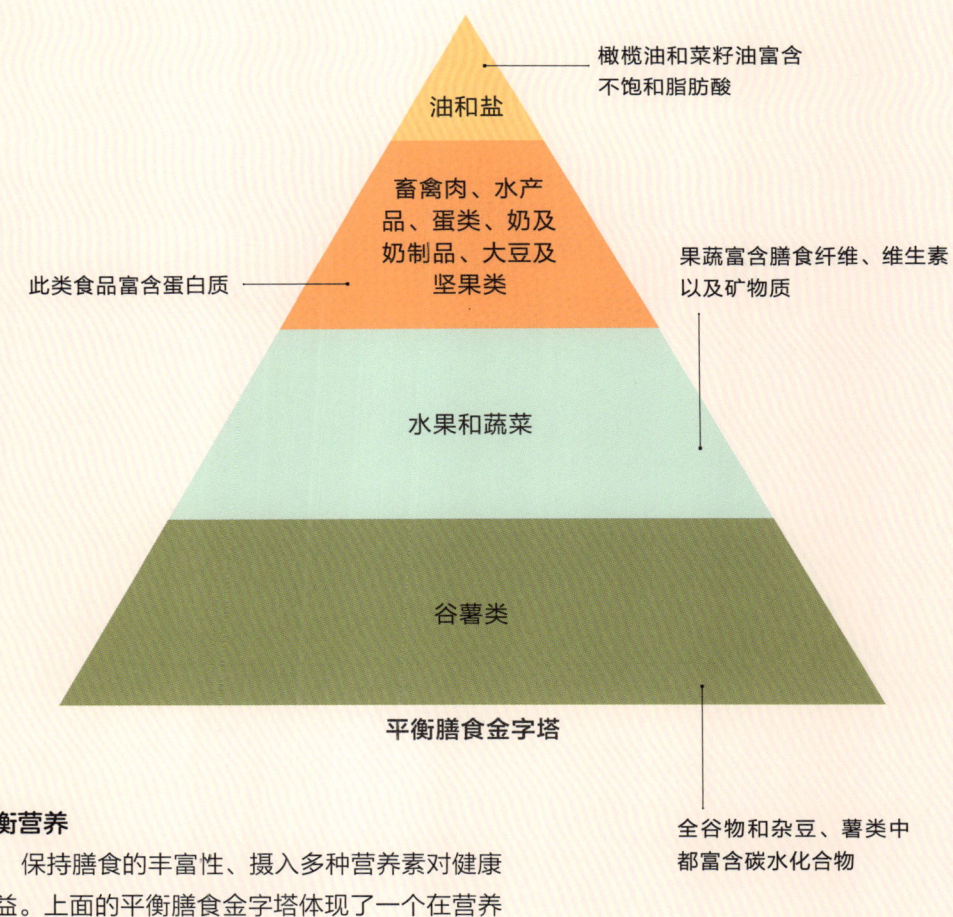

平衡膳食金字塔

**均衡营养**

保持膳食的丰富性、摄入多种营养素对健康有益。上面的平衡膳食金字塔体现了一个在营养学上比较理想的膳食的基本构成。

下午

# 我可以边工作边吃午餐吗?

实在忙不过来的时候,你可能会腾不出时间来吃午餐,以至于不得不边工作边吃午餐。但是,从长远来看,这样做并不好。

可悲的是,如今,抽不出时间好好吃午餐的上班族比比皆是。研究表明,边吃午餐边工作会导致上班族坐立的时间增加,而长时间坐立对健康的伤害非常大(详见本书第90页至第91页)。此外,这样做还会导致下午的工作效率下降。一边查看邮件一边狼吞虎咽地吃下三明治并不意味着高效,因为在午休时间,比填饱肚子更重要的是暂时放下工作,离开工作环境,好好放松一下。从长远来看,如果养成了边吃午餐边工作的习惯,很可能导致身体疲劳、情绪低落、睡眠出现问题,请病假的次数也会增加。

在午休时间放下工作,既可以让身体放松下来,也能使紧绷了一上午的神经放松下来,从而缓解压力。因此,可能的话,去户外吃个午餐,休息一下,绕着花丛走一走吧!老板们还应该知道一件事:组织员工一起吃午餐可以促进团队合作,提升团队士气,提高员工的工作效率。

**一笔不划算的买卖**

在办公室一边办公一边吃午餐可能会让你觉得干的活更多了,但是这只是短期效益。研究表明,实际上,边吃午餐边工作会导致工作效率下降。

图例
— 利用午餐时间休息
— 边吃午餐边工作

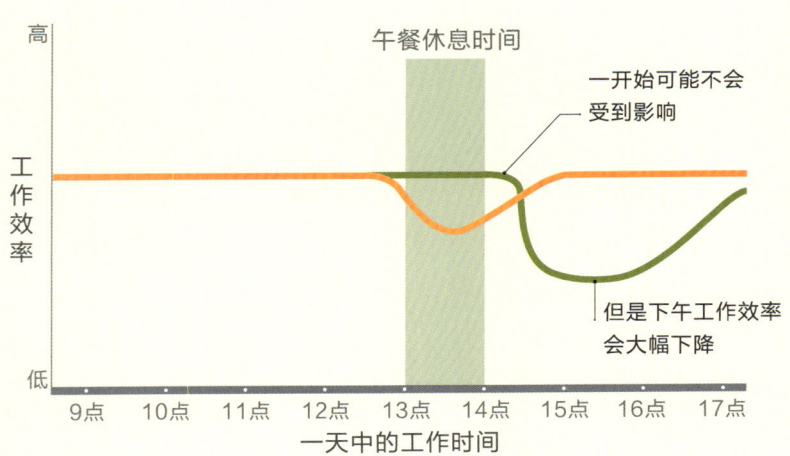

# 细嚼慢咽真的更好吗？

妈妈们的这句口头禅是对的。在"吃完饭"和"感到饱"之间有一个时间差，如果你在这段时间里一直在吃，就很有可能吃撑。

胃的功能是容纳食物，对食物进行机械和化学的消化，并将内容物送入十二指肠（位于胃幽门与十二指肠空肠曲之间的部分小肠）。胃的蠕动开始于食物进入胃后约5分钟。随着胃逐渐被撑满，胃部的神经元会向大脑释放"吃饱了"的信号。随着胃开始排空，"吃饱了"的信号会减弱。

一般在食物入胃后5分钟即有部分食糜被排入十二指肠，稀的流体食物比稠的食物或固体食物排得快，颗粒小的食物比大块食物排得快。当食物被排入十二指肠时，肠道内的神经元开始向大脑发出"吃饱了"的信号，人的胃口随之下降。

由于口腔吃下食物与大脑回应肠道里的神经元发出的"吃饱信号"之间存在一定的时间差，因此狼吞虎咽很容易导致吃得太多。最好的方法是放慢进餐速度，细嚼慢咽，给大脑留出更多的反应时间。

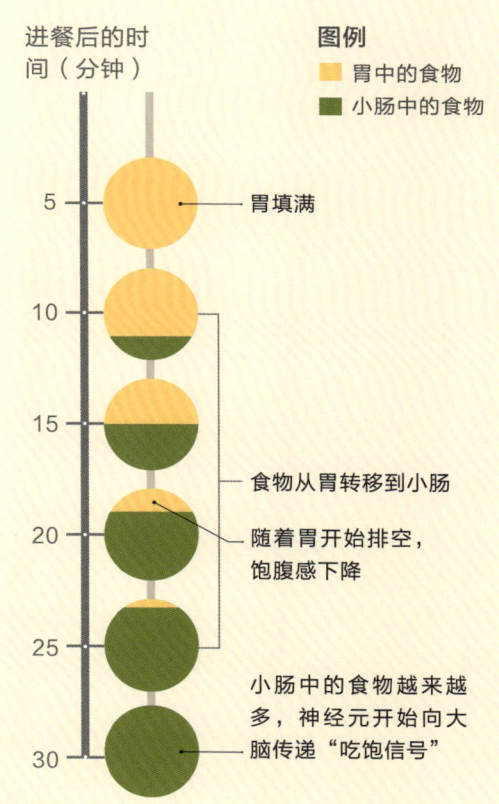

**延迟反应**

上面的图展示的是胃的排空和食物进入小肠的过程（十二指肠是小肠最前端的一段）。吃完饭后的20~30分钟内尽量不要吃东西。

下午

## 我明明想要吃得更健康，但是为什么还是想吃高脂肪高热量食品？

人往往很难抵挡快餐的诱惑，因为这些食品中包含了身体最渴望的东西——糖、脂肪和盐。因此，别对自己太苛刻。

我们的身体天生就渴望糖、脂肪和盐。糖容易被消化吸收，能为身体快速提供能量；脂肪能为人体提供和储存热能；盐分对维持体液平衡至关重要。对我们以狩猎为生的祖先而言，获取食物是一件很困难的事，而且几乎没有一种食物可以同时包含这三种物质。所以，当我们面对一个既有甜面包、酱汁，又富含盐和脂肪的牛肉

一个超大汉堡中的脂肪含量超出每日脂肪推荐摄入量约

## 22%。

汉堡时，一种强烈的渴望会油然而生，我们很难抵抗这种诱惑也是人之常情。

不仅如此，这类食物还会促使我们的身体分泌多巴胺——在中彩票、看到喜欢的球队赢球之后，我们的身体也会分泌这种物质，它能让人感到快乐，还容易导致成瘾，这也就是为什么吃高脂肪高热量食品的习惯很难改掉。

### 想要抵挡此类食品的诱惑？

1. 确保饮食中包含大量富含膳食纤维的蔬菜，这样可以增加饱腹感。
2. 避免在压力状态下进食，因为在压力状态下，人体的内分泌系统会发生变化，导致食欲增加，这也就是为什么度过了紧张的一天后，人会胃口大增。
3. 选择一条诱惑少的回家路线，因为哪怕只是看到快餐店的标志，都会让人对那些食品产生欲望。

更糟糕的是，我们越饿，就越难以抵挡住那些包裹着糖衣的甜甜圈的诱惑。我们渴望吃这类食品，就像小狗渴望吃带肉的骨头一样。当我们习惯了将这类食品作为零食后，身体就会习惯性地产生期待，因此有时还没到"零食时间"时，我们就会开始期待吃完零食后由多巴胺的分泌带来的美妙感受。

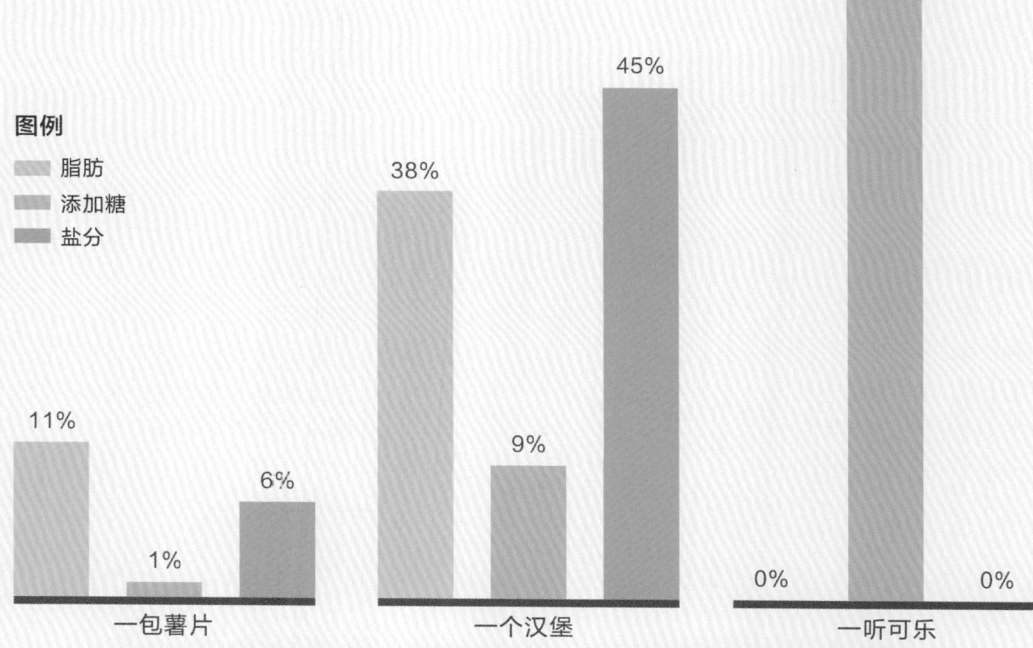

常见高脂肪高热量食品中的营养素含量占成年人每日营养素推荐摄入量的比例

### 视情况进食

吃以上食品时，我们会发现这类食物会很快被吃完，但是很难填饱肚子。而且，这类食物中部分营养素的含量会占据每日营养素推荐摄入量的很大一部分，例如：一个汉堡含有的盐分占成年人每日盐分推荐摄入量的近一半，一听可乐含有的添加糖占成年人每日添加糖推荐摄入量的四分之三还要多。

下午

# 为什么糖如此令人难以抗拒？

无法拒绝甜食不是我们的错。在漫长的人类进化史中，我们已经习惯了将吃糖作为对自己的奖励。

糖对人类来说是一种神奇的物质，我们说不清自己是否需要它，但几乎每个人都喜欢它。人类在吃糖的时候会产生强烈的愉悦感。为什么会这样呢？这与艰难的消化工作有关。一个苹果提供的能量与一大勺白砂糖差不多，但是苹果提供的能量会被缓慢分解，在数小时内源源不断地产生稳定剂量的葡萄糖，而白砂糖能够快速地被吸收。

在现代社会，我们对糖的摄入量猛增，但是我们的身体并不能承受糖的持续猛攻。我们中的很多人都过着久坐不动的生活，再加上糖的摄入量过大，因此很多人肚子上的赘肉越来越多。糖的摄入量过大还会导致许多严重威胁身体健康的疾病，如糖尿病、动脉硬化、阿尔茨海默病等。

**糖分飙升**

有些食物释放糖分到血液中的速度比其他食物快，渴求能量的大脑很难抵抗这类食物的诱惑。

**图例**
— 白砂糖、糖果
— 白面包、通心粉、米饭
— 全谷物、水果、豆类、蔬菜

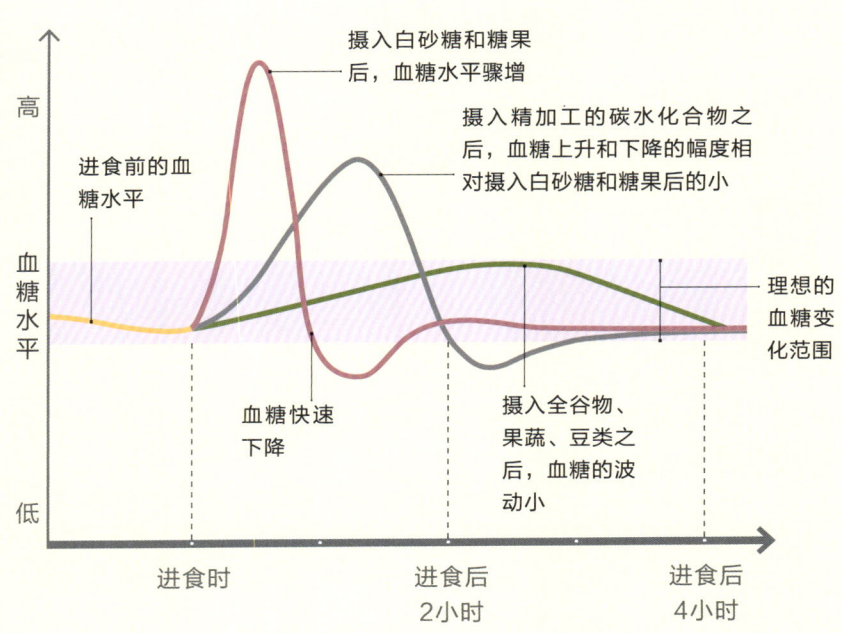

摄入白砂糖和糖果后，血糖水平骤增

摄入精加工的碳水化合物之后，血糖上升和下降的幅度相对摄入白砂糖和糖果后的小

进食前的血糖水平

血糖快速下降

摄入全谷物、果蔬、豆类之后，血糖的波动小

理想的血糖变化范围

进食时　　进食后2小时　　进食后4小时

鉴于我们生来就喜欢糖,那么有没有办法能够既摄入糖,又不影响健康呢?适量摄入天然存在的糖是一种很好的方法,天然存在的糖包括牛奶中的乳糖、新鲜水果中的果糖等。真正容易引起健康问题的糖是添加糖,即在食品生产和制备过程中被添加到食品中的糖及糖浆,包括白砂糖、绵白糖、红糖、果葡糖浆等。有研究者指出,过量的果葡糖浆在代谢中会直

**自1700年以来,美国的糖消耗增长了 2255%。**

接被肝脏吸收转化为脂肪,容易诱发脂肪肝、血管堵塞,增加糖尿病的发病风险。

如果真的无法抗拒甜食的诱惑,那就试着在饭前吃一点儿吧,因为糖能够在一定程度上抑制食欲,所以餐前食用少量含糖食品可以让人在吃正餐时少吃一点儿。

## "危险"的糖

1972年,英国营养专家约翰·尤德金出版了著作《甜蜜的,致命的》,书中提出了"糖摄入过量会危害健康"这一观点。但是,他的这一说法遭到了营养学家和食品工业从业者的驳斥,他也因此名誉扫地。

当时,糖业研究基金会聘请科学家极力弱化糖与心血管疾病之间的关联,试图让公众相信脂肪才是导致人患心脏病等疾病的元凶,其中的代表人物是安塞尔·凯斯。研究人员声称富含脂肪的膳食会造成血管堵塞,引发心脏病。

在这些人不遗余力的宣传下,脂肪在人们眼中成了健康的头号敌人,糖的危险程度则大大降低,人们对"油炸食品会危害健康"这一观点深信不疑。

## 我该如何避免低血糖？

许多人担心三小时不进食会有低血糖的风险，但是实际上大多数健康的成年人的身体还是可以应付三小时不进食的状况的。

在20世纪中叶，每天吃三顿饭被视作理想状态，但现在很多人认为应该在两顿正餐间定时补充能量，以避免能量供应不足。与此同时，零食文化大行其道。有赞助商支持的研究显示，吃零食（包括买零食）可以让人的状态变得更好。

人体血糖含量低于正常范围（成年人空腹血糖浓度小于等于2.8 mmol/L）称为低血糖。正常情况下，人即使长时间保持空腹状态，血糖也很少低于3.9 mmol/L（除非有糖尿病或剧烈运动1小时以上），这是因为身体具有自我调节功能。胰腺（pancreas）会分泌两种有用的激素——胰高血糖素（glucagon）和胰岛素（insulin），这两种激素会根据身体需要，调节血糖水平。当血糖水平升高时，胰岛素能促进葡萄糖进入细胞被氧化利用提供能量，或以糖原的形式储存起来。当血糖水平降低时，胰高血糖素作用于肝脏使肝糖原分解，促进氨基酸在肝内经糖原异生而转变为葡萄糖，使血糖水平升高。总之，在正常情况下，身体的调节功能能够使血糖水平维持在正常状态。

### 血糖水平的调节

胰岛素和胰高血糖素在维持血糖水平稳定方面扮演着重要角色，它们与其他激素一起发挥作用，根据食物摄入和能量消耗的情况来保证血糖水平处于正常区间。

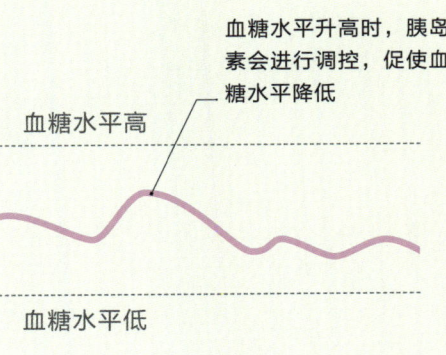

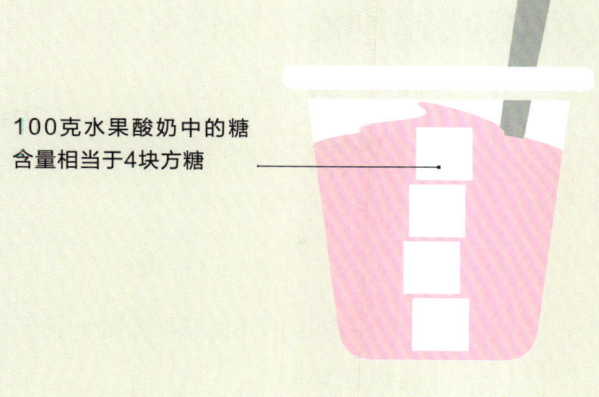

100克水果酸奶中的糖含量相当于4块方糖

**神秘的糖**

加工食品中糖的含量之高可能会让你大为震惊。事实上，喝一杯市售的水果酸奶，就已经摄入很多糖了。

## 那么，我到底能吃多少糖呢？

世界卫生组织（WHO）建议，成人和儿童游离糖的摄入量应控制在摄入总能量的10%以内。生活中有些糖很容易被发现，但有一些糖的存在不容易被察觉。

糖本身并不是恶魔，过多的剂量才是。世界卫生组织所说的游离糖并不包括新鲜水果和蔬菜中的内源性糖，而是指食品中添加的糖以及天然存在于蜂蜜、果汁中的糖分。

任何形式的添加糖都可以看作游离糖。一般建议健康的成年人每天摄入不超过50克添加糖，最好控制在25克以下。对于番茄酱、面包等食物，你应该也很清楚它们的糖含量比你想象中的要高，很容易让你一天的添加糖摄入量超过推荐值。实际上，超市中超过三分之二的包装食品中都添加了糖。糖能够以很多种形式存在，你在营养成分表中看到的葡萄糖、白砂糖等物质，本质上都是糖。

虽然，现在有很多人，甚至包括一些专家，都把糖和可卡因等毒品相提并论，认为糖对身体健康百害而无一利，但是这种说法是有失偏颇的。甜味是一种基本的味道，能够带给人快乐和满足感。你需要做的是尽量控制添加糖的摄入量，少喝含糖饮料。在这个基础上，适量摄入糖是可以的。

下午

# 我可以通过训练，
# 戒掉吃甜食的爱好吗？

基因决定了一个人是否能够抵抗甜食的诱惑。对很多人来说，对甜食的爱是刻在骨子里的，但是这并不意味着这种爱好是不能改变的。

---

大多数人的肝脏会分泌一种叫作成纤维细胞生长因子21（FGF21）的肝细胞因子，它可以降低人吃甜食的欲望。然而，由于基因原因，有一些人的肝脏分泌的成纤维细胞生长因子21的数量会比一般人少。如果你就是其中一员，那么你爱吃甜食的概率就更大，还能从酒精中获得更多的快乐。

你的舌头上密密麻麻地分布着成千上万个味觉感受器（即味蕾），它们对于某些特定味道（包括甜味）的敏感程度就像你的指纹一样，是独一

**舌头上的味觉感受器每十多天就会更换一次。**

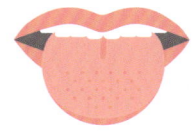

---

无二的。不过，你对甜食的偏好程度也是会改变的。味蕾每十多天会更换一次，随着年龄的增加，味蕾的敏感度会显著降低。

人能够记得自己从任何特定食物中获得的愉悦感。如果你在某个特殊时刻和心爱的人一起享用了一份巧克力甜点，那么这种愉快的记忆很可能把一个以前只是偶尔吃甜食的人变成一个甜食的狂热爱好者。因此，想要戒掉对甜食的热爱，可以尝试在不甜的食物和美好的记忆之间建立联系。

> **如何控制吃甜食的欲望？**
>
> 1.减少糖的摄入量，坚持一至两周，慢慢你就会养成习惯，发现低糖食物也能给自己带来很多快乐。
>
> 2.找一款最喜欢吃的咸味零食，吃掉它，细细品味并记住它带给你的快乐，这样你很有可能下次还想吃它。

> 那些对甜味很敏感的人需要多感受其他味道给自己带来的愉悦感,这样才能戒掉对甜食的热爱。

下午

## 久坐是新型的"吸烟"吗?

有一些学者指出,久坐会导致多种疾病的发病风险增加,还会影响寿命。久坐到底有什么害处呢?

很多人会在听到诸如"久坐和吸烟对身体健康的危害程度一样"之类的说法时马上站起来,有意识地活动一下,但这样做的用处着实有限。就像吸烟的人无法通过戒烟来完全修复长期吸烟对肺部造成的伤害一样,我们也无法通过在久坐后做一些运动来完全抵消长期久坐带来的不良影响。不过,用吸烟来类比久坐的危害是否合理还有待商榷。很少有吸烟者可以在吸了几十年烟的情况下幸运地没有换上任何肺部疾病,而许多长期在办公室坐着办公的人还是比较健康的。有研究指出,吸烟会使人过早死亡的风险增加180%,相比而言,长期久坐超过8小时会导致人患某种慢性疾病的概率增加10%~20%。

发达国家的大多数人一天中大部分醒着的时间都是坐着的,这对他们的身体健康造成了很大影响。即使坚持每天锻炼45分钟的人,也可能在剩下的醒着的十五六个小时中基本上

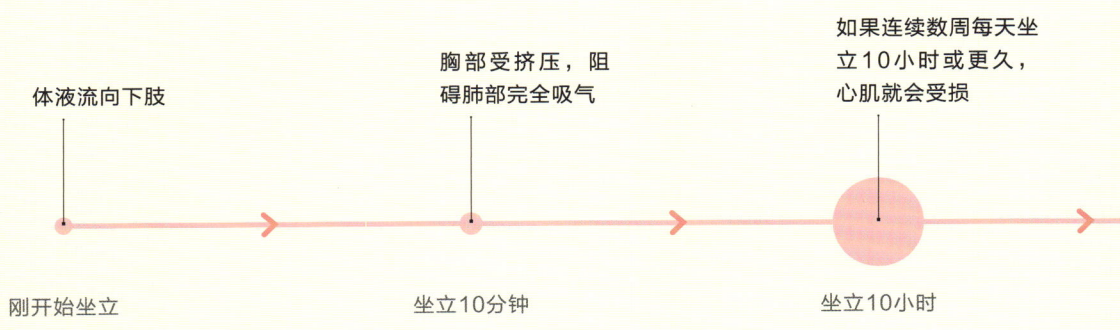

刚开始坐立 — 体液流向下肢
坐立10分钟 — 胸部受挤压,阻碍肺部完全吸气
坐立10小时 — 如果连续数周每天坐立10小时或更久,心肌就会受损

**久坐的风险**

在漫长的进化过程中,人类逐步形成了直立行走的特征。上面的图展示的是坐立时间延长对身体造成的多方面影响。

是坐着的。很多人在上下班的路上、工作时、吃饭时都在坐着,晚上也会坐在屏幕前放松一下。殊不知,坐着的时间越长,对身体的伤害就越大。

研究表明,长期久坐会降低我们

坐姿给腰椎施加的压力比站姿多 **40%**。

的专注力,使我们更加容易疲劳,还会使我们的脂肪更容易堆积。久坐时间还与全因死亡率增高、糖尿病发病风险增高等相关。

### 想要减少坐立的时间吗?

1.尝试选用站立式办公桌,这样可以促进新陈代谢。如果没有条件,请抓住一切机会站起来,如和同事说话的时候、打电话的时候、喝水的时候。

2.每小时都花五分钟散步,这样可以减少久坐对身体健康造成的不良影响。

3.寻找其他休闲、放松的方式,如做瑜伽、做饭,以便减少在沙发上度过的时间,这样做还能促进身体分泌更多的多巴胺,产生愉悦感。

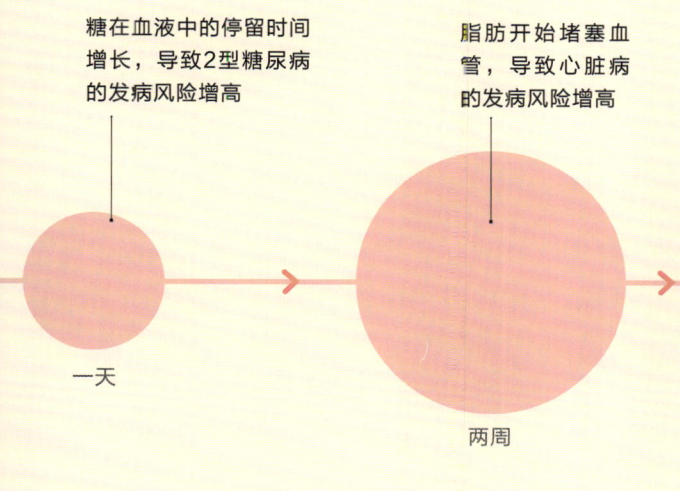

糖在血液中的停留时间增长,导致2型糖尿病的发病风险增高

一天

脂肪开始堵塞血管,导致心脏病的发病风险增高

两周

### 长期影响

长时间久坐会导致骨密度降低,肌肉力量减弱,腰椎受到压迫,新陈代谢减慢,使体重更容易增加。

## 如何避免吃完午餐后感到困倦？

中午大吃一顿后，我们的消化系统开始加紧工作，我们则有些昏昏欲睡。这是很正常的现象，不过，还是有一些方法能帮我们和睡意对抗的。

饥饿感会让人处于警觉状态，这是我们从祖先那里继承的生存本能，因为我们的祖先需要在感到饥饿时寻找食物。如今，这种本能会让我们的注意力在吃午餐前略微地更加集中。

吃完午餐后，身体中的大量血液会集中于胃肠道，用于消化和吸收食物。有一些科学家认为，由于流向大脑和身体其他系统的血液减少，大脑的工作会放缓，人的睡意就会增加。餐后感到困倦的现象还与人体的激素水平有关。餐后，由于血糖水平上升，胰岛素会大量分泌，这会促进让

**中午吃完大餐后，睡意最多可以持续三小时。**

人产生睡意的激素的分泌，胆囊收缩素在餐后也会明显增加，这种激素与睡意存在正相关的关系。

吃完丰盛的午餐后，睡意会在数分钟之内袭来，并且可以持续数小时，因此在下午刚上班时进行思考是一件很有挑战性的事情。此外，吃完午餐后最好避免外出，开车的时候也要小心。有研究表明，午餐时段是交通事故高发的时间段，这都要"归功于"那些昏昏欲睡的司机。

还有一点需要说明的是，吃完午餐后进行锻炼并不会让人清醒过来，装满食物的胃来回晃动只会让人觉得恶心、难受，不会减弱睡意。

---

### 想避免在办公桌前睡着吗？

1.午餐少吃一点儿，这样可以减少胰岛素的分泌。

2.饭后到户外走走，多晒太阳有助于保持清醒。

3.当然，也可以顺其自然地稍微休息一会儿。研究表明，即使只休息五分钟，对身体也有好处。

想要减少睡意，比较有效的方法是中午少吃一点儿，因为吃得过饱会导致身体分泌更多胰岛素，从而导致身体分泌更多与睡意呈正相关的激素。所以，在确保能量摄入充足的前提下，可以通过午餐少吃一点儿来改善餐后犯困的情况。

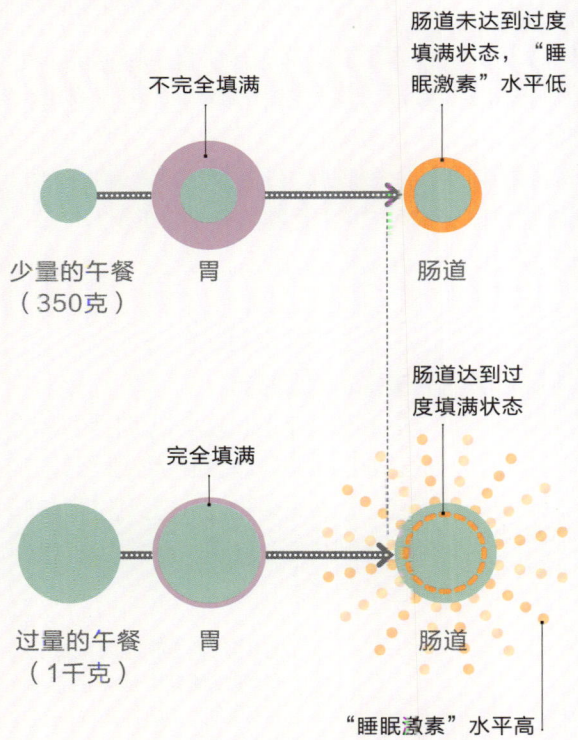

**小改变带来大差异**

上图显示了食物进入身体后的去向以及食物摄入量对睡意的影响。中午吃得少一点儿、清淡一点儿，有助于我们在餐后乃至下午保持清醒。

### 不那么罪恶的午休

朝九晚五的工作制并不符合人类的生物钟，实际上，人类适合每天睡两次觉，而不是只睡一次。每过6~8小时就睡一觉在自然界是常态，黑猩猩就是如此，就连部分昆虫中午都会"停工"一段时间。这种生命节奏是写在人的基因里的，和所在地区的气候条件无关。况且，在中午最热的时间段工作会有中暑和脱水的风险。

世界上的很多国家历史上都有"午睡文化"。然而随着社会的发展，人们工作的时间越来越长，全新的工作伦理使人们从渴望闲暇转向鄙视懒惰，对很多员工来说，午睡成为一种奢侈品。但是也有很多人觉得，不午睡会使自己的头脑变得不清醒，且无法享受到午睡带来的种种益处（详见本书第94页）。

下午

# 午休的理想时长是多久？

如今，中午小睡一会儿的做法似乎有重新流行起来的趋势。对此，想必你的身体会表示欢迎。不过，午休的时长不同，带来的益处也不同。

在很多地方，中午睡一会儿或者下午小憩一会儿是人们日常生活的一部分。研究表明，中午哪怕只是单纯地闭一会儿眼，对身体也有不小的益处。有专家提出，午睡的理想时长是15分钟。而且，睡前可以喝一杯咖啡，这样可以使人睡醒后更快清醒过来，不过学术界对这种说法正确与否尚无定论。

如果中午午休对你来说不现实，那么至少也要在这个你本应该休息的时段安排一些强度较小的工作或风险较低的工作，如开非正式会议、坐火车、整理收纳，或者是做一些推迟了很久的单调乏味的重复性工作。

**合理规划休息时间**

午休时间的长短决定了它对身体的益处。午睡最理想的状态要么是短而香甜，要么是长而舒适，这样既能让人得到休息，又可以避免人从深度睡眠阶段醒来。

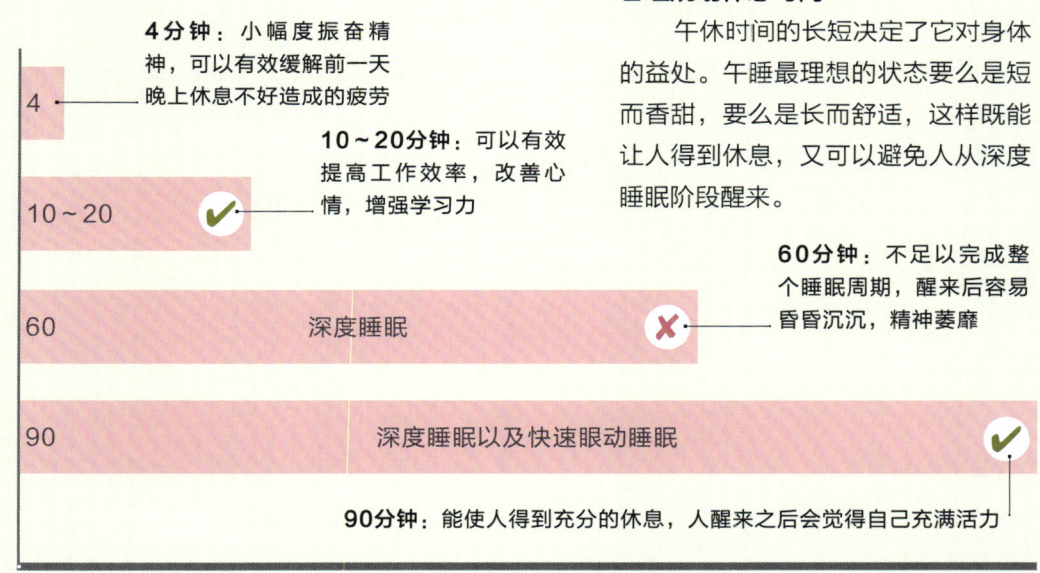

- 4分钟：小幅度振奋精神，可以有效缓解前一天晚上休息不好造成的疲劳
- 10~20分钟：可以有效提高工作效率，改善心情，增强学习力
- 60分钟：不足以完成整个睡眠周期，醒来后容易昏昏沉沉，精神萎靡
- 90分钟：能使人得到充分的休息，人醒来之后会觉得自己充满活力

睡眠时间（分钟）

> 一天中最适合小憩一会儿的时段是下午1点到3点之间。下午4点之后再休息容易影响当天晚上的睡眠。

下午

# 我应该相信直觉吗?

当面临两难境地时,你有时候会觉得自己是被指引着选择了其中一种方案的,你自己也说不出这样选择的原因。你可能会把这种情况称为"相信直觉"。其实,直觉的产生是有科学依据的。

相信自己的直觉常被视为有勇气、有天赋和成功的标志。其实,直觉与以往的经验和知识积累有关。有学者认为,直觉是来自脑岛与杏仁核的信息。近代认知心理学则把直觉看成一种再认识过程,是在过去经验的基础上,从长时记忆中提取具有问题解决意义的答案的过程。有时,你会觉得自己的某些想法"不知道是从哪里冒出来的",但实际上它们的产生是有迹可循的。这也就是为什么在熟悉的场景下,相信直觉是比较好的选择。例如,假如你是房地产公司的老板,那么你的脑岛与杏仁核会根据你在当地市场摸爬滚打总结出来的经验为你提供"直觉"。然而,当你进入一个自己完全不熟悉的领域,如食品销售领域时,你的直觉很可能会误导你。

## 决策,决策

右边的图表展示的是决策的复杂性与直觉的准确度之间的关系。有研究显示,面对生活中的琐事时,决策越复杂,直觉越有可能是正确的。

图例
 理性思考
 直觉

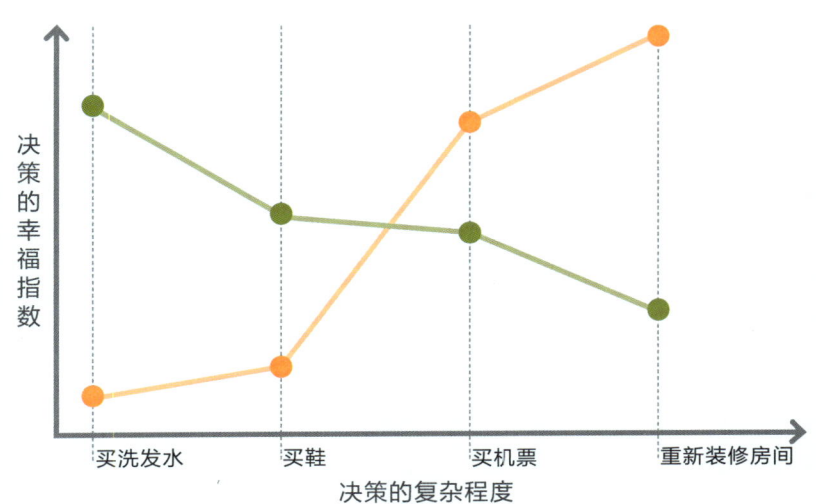

由于你的直觉实际上与以往的经历、知识等有关，在完全不同的领域中，你的经历和知识可能都派不上用场，直觉的可靠性也就无从谈起。因此，在不熟悉的领域，最好还是先听一听其他比你更有经验的人给出的建议再做决定，不管这些人比你年轻还是年长。

另外，直觉还可以用在可预测及重复性高的领域，如驾车、下象棋、玩电子游戏等。但如果不可控的变量太多，过分依赖直觉可能会让你屡屡受挫，例如，有些股市投资者就经常被自己的直觉带入歧途，因为股票市场本身就是变化无常、难以捉摸的。

在某些情况下，最好对直觉置之不理。例如，很多人在考试或参加智力竞赛节目遇到拿不准的题目时，会认为依靠第一直觉得到的答案更准确。但是有研究发现，按概率统计，做题人在更改答案时，更多时候是把答案从错误的（靠直觉选出的）改成正确的，而不是相反。

随着时间的推移，人的直觉可以变得更准确。有经验的主厨在同时处理多项任务的时候还是可以凭直觉说出应该什么时候关火，因为他们拥有丰富的经验。相比之下，新手厨师的直觉一开始可能没有那么准，但随着时间的积累，他们也可以拥有这种直觉。

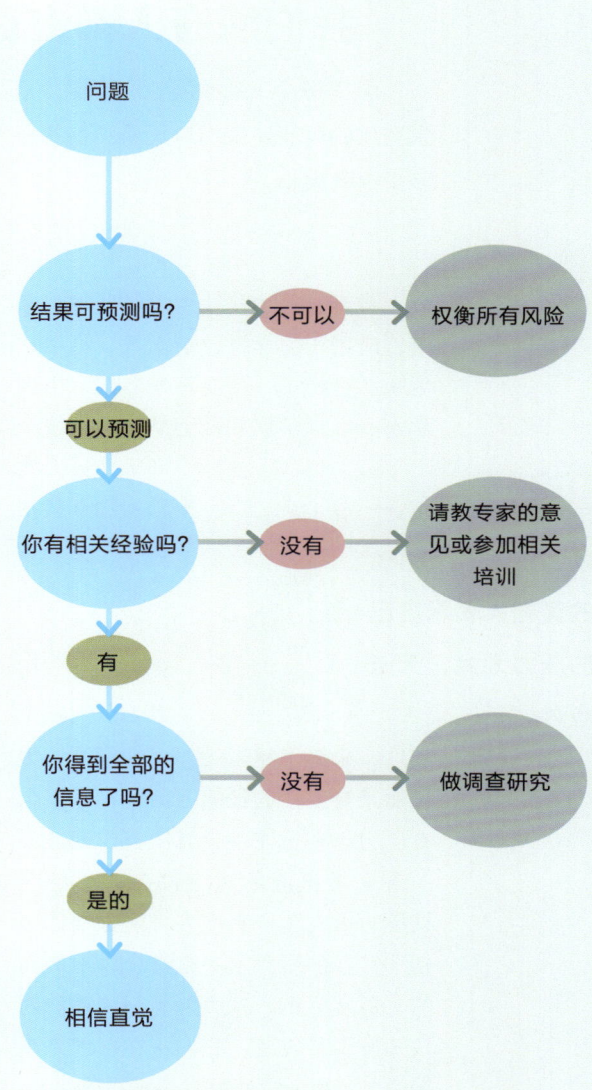

**可以相信直觉吗？**

即使是看似最不可思议的直觉，实际上也是有迹可循的。你可以参考上面的流程图，来决定是否相信直觉。在决定是否相信直觉的过程中，考虑各种影响因素不失为一种好策略。

# 我们所有人都在面对更多压力吗?

似乎每个人都觉得自己面对的压力一直在增加,但科学研究表明,发生变化的可能是我们今天所承受的压力的性质和我们的认知,而不是压力的多少或者大小。

曾经,压力是一个单纯的物理术语,应用于力学、建筑学等学科中。后来,它成了一个心理学名词。生理学家、心理学家和社会学家借用这个词来描述人类和动物在紧张状态下生理、心理和行为的反应。

> 2018年,一项调查显示,74%的英国人表示自己的压力太大,无法应对。

如今,压力的范围越来越广,来源也越来越多,人们的压力可能来自生活的任何方面:在家里会有压力,在工作中会有压力,就连去医院和考试前的焦虑都会让人感叹"压力山大"。有些人可能觉得如今整个社会的压力水平是有史以来最高的,但实际上,这可能是因为我们的认知发生了改变:我们正在把越来越多的东西视为压力源。

在任何一本关于压力管理的书中,或者是任何一个健康生活类网站上,我们都可以找到许多经典的应对压力的故事。有些人可能会觉得,不同的压力源触发的身体反应都是一样的,都会让我们的皮质醇、肾上腺素水平飙升,触发或战或逃反应。然而,我们的身体远比我们想象中的复杂。压力的来源多种多样,有的压力来自担心账单逾期,有的压力来自与邻居吵架。不同的压力源会激发身体不同的反应,例如,急性限时压力或短暂自然压力会导致人呼吸急促、心率加快、血压升高,而持续性的压力会导致人的健康水平下降,引发2型糖尿病、心血管疾病、肠胃问题等。身体的反应机制会因年龄、过往经历、整体健康状况以及医疗条件而异。只有在生命安全受到威胁或身体受伤时,最强烈的或战或逃反应才会被激发。

压力一词如今已经成为一个非常模糊的概念,因此也难怪我们会觉得压力越来越大。虽然这可能是我们保护自己的方式,但将每一次负面经历和自己面临的困难都打上压力源的标签,可能会使得我们远离很多事物,从而使我们的生活变得平淡。

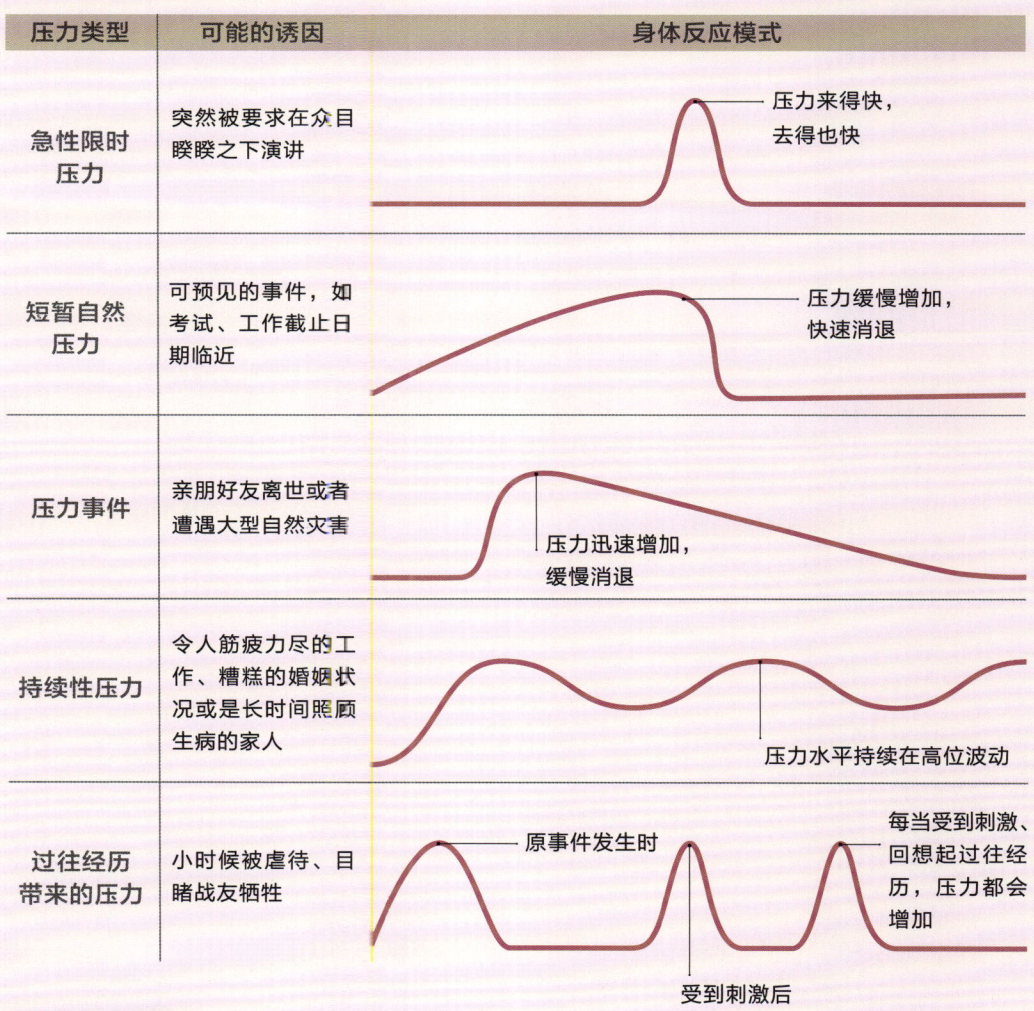

**压力的多重面孔**

上面这个表格列出了五种不同类型的压力,主要的划分依据是它们是如何影响人们的,以及影响的持续时间。

下午

# 有没有可以快速缓解
# 紧张情绪的方法？

当我们想要抑制身体的或战或逃反应，使紧绷的肌肉放松下来时，可以深呼吸几次，以便安抚我们的大脑。

杏仁核是位于侧脑室下角前端上方的神经核团，呈杏仁状，具有参与情绪和情感的调控、学习和记忆、联合注意等功能。当外界环境对身体乃至生命安全产生威胁时，杏仁核会被激活，拉响警报，促进肾上腺素的释放，使血糖水平升高，让肌肉做好应对的准备。这种反应机制对我们的祖先来说很有用，可以帮他们在遇到捕食者时快速逃跑，但是在我们参加驾驶考试，想要放松下来以便正常发挥水平时，这种反应机制就显得用处不大了。

通过做一些动作，使大脑意识到当前的威胁并不会对生命安全造成危险，进而使身体放松下来，这样的思路是可行的。最简单的方法就是做深呼吸：先吸气四秒，再屏住呼吸四秒，随后呼气四秒，再将这个过程重复几次。与不受人为控制的心率及血压水平不同，呼吸是可以控制的。我们可以主动地使肺部缓慢地收缩和扩张，在这个过程中，"警报解除"的信号会被传递到杏仁核，我们就会慢慢平静下来。

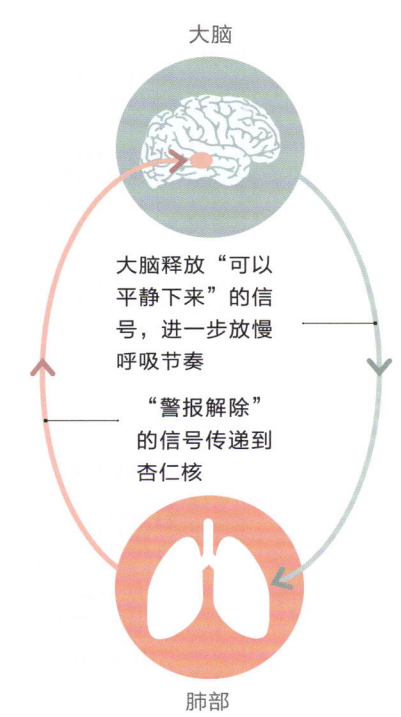

**试着放松下来吧！**

当我们有意识地放慢呼吸节奏时，我们就开启了一个良性循环：大脑接收到"警报解除"的信号，释放"可以冷静下来"的信号，促使肾上腺素水平回落，呼吸节奏进一步放慢。

# 我该如何应对焦虑？

即使已经制订了很好的计划，但是当考试或某项工作的截止日期临近时，我们还是会心烦意乱、焦虑不已。不过，我们可以说服自己的大脑停止胡思乱想，以缓解焦虑。

---

在精神医学中，焦虑的定义是对未来或可能的风险过分担心和害怕的情绪状态。对即将发生的事件持续不断的担忧会提高包括杏仁核在内的大脑部分区域的敏感度，让我们陷入周而复始的焦虑中。当这部分大脑区域处于高度警戒状态时，负责理性思考、分析和解决问题的中央控制网络会暂时停止工作，让我们陷入非理性的思维模式中，为想象中的可能不会发生的灾难而烦恼。

此外，对本可以做成的一些事、犯过的错误、错失的机会的不断回忆，可能会让人陷入绝望。当某个想法重复出现时，它就在我们的神经通路上留下了印记，而一个神经元的活动会影响其他神经元的活动，也就是神经科学家常说的"一起激发的神经元连接在一起"。简而言之，随着某个想法重复出现，相关的记忆就会被强化，思维模式也会进一步加固。长此以往，这种思维模式就会像人们经过草地时踩出的小路一样，成为一种固定的存在，就好像是我们的第二天性。

我们可以通过迫使负责理性思考的中央控制网络启动的方式来摆脱焦虑的漩涡，哪怕这种容易焦虑的思维模式已经根深蒂固。与此同时，我们还可以有意识地进行缓慢而深沉的呼吸；睡前努力让自己平静下来，以保证良好的睡眠。这些方法都可以帮我们消除害怕和担心的情绪。

---

**想要缓解内心的焦虑吗？**

1. 平时有意识地让自己学会冷静思考，尝试遇事时先镇静下来再思考和解决问题，以便养成固定的思维模式。

2. 感到焦虑时，尝试做点儿什么。研究显示，解决问题的过程可以提升逻辑思维能力，减弱焦虑感。

3. 感到焦虑时，将注意力集中到周围有形的事物上，如数一数某种植物有多少片叶子，这样可以帮助你冷静下来，理智地思考。

/ 下午 /

# 如何应对持续性的压力？

你可能正在面对来自多方的压力：各项任务的截止日期，哭闹不止的孩子，复杂的人际关系……注意了，你正在遭受伤害。

持续的压力、他人提出的不合理要求以及生活的不确定性确实会损害人的身体健康。身体的或战或逃反应原本是强有力的对抗来自外界威胁的工具，正是这种反应的存在使人类的祖先可以在面对各种紧急情况时迅速做出反应。但是在现代社会，面对一件件小而麻烦的事件时，这种反应机制就显得不合时宜了。

处于压力状态时，你的身体会做出一系列的反应，激素水平也会发生变化，如果这种反应机制在数天或数周内反复被触发，你的大脑、消化器官等都会受到伤害（详见本书第103页）。

面对持续性压力，你可以采取一些策略来帮助身体平复过激的反应，以便放松下来，进行思考。这些策略包括制订待办事项清单、做运动、做瑜伽、冥想、进行呼吸训练等。不过这些策略就像是发烧时敷冰袋一样，都是治标不治本。针对持续性压力，最佳的处理方法是找到压力存在的根源，重新构建你对引发压力的问题的看法。

当持续存在的巨大压力使你的身体处于高度戒备状态时，你很有可能无法冷静地思考，把精力集中到解决眼前的问题上。此时，你可以向自己非常信任的朋友或家庭成员寻求帮助，征求他们的意见，这样做可以让你听到不同的观点，从而换一个角度看问题，找到解决问题的方法。

此外，你还可以向心理医生等专业人士寻求帮助。研究表明，向专业人士寻求帮助有利于你摆脱负面的情绪和不好的思维定式，采取切实可行的方法来缓解持续性压力。

**45%**
的人认为容易愤怒是长时间处于压力状态的表现。

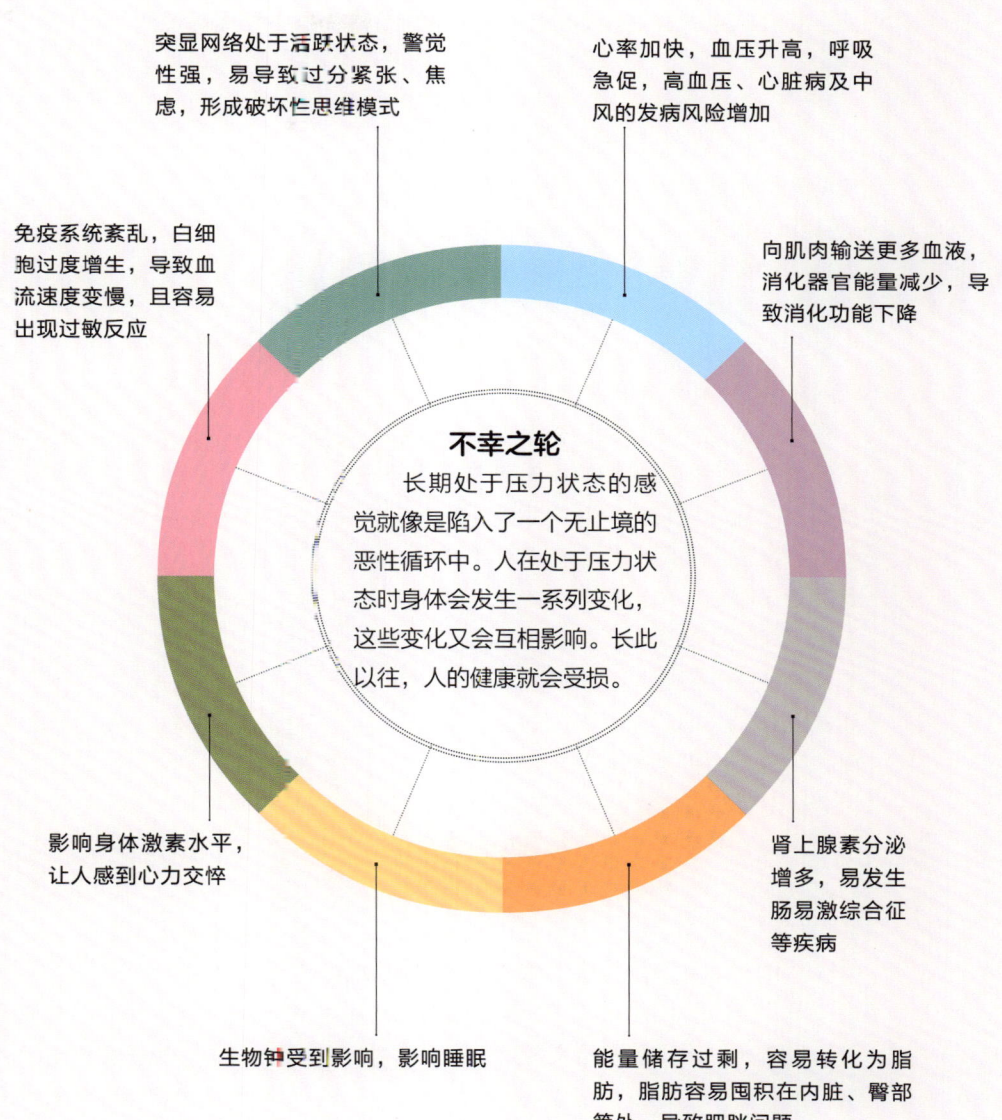

# 压力有好的一面吗?

如果你曾经感受过压力对自己的推动作用,就会知道压力也有好的一面。重要的是,要在压力的正面影响和负面影响之间找到平衡。

当我们感受到压力时,体内的皮质醇和肾上腺素水平会上升,大脑会进入警觉状态,准备应对挑战。皮质醇能调动更多的能量,提高血糖水平和血压,对身体有保护作用,而肾上腺素有使心肌收缩力加强、兴奋性增高等作用,有利于人快速做出反应。

身体的这种本能反应是人类生存下来的关键,因为我们的祖先随时都要面对凶猛的动物、敌对的部落等各种威胁,他们必须有能力在面对各种紧急情况时迅速做出反应。如今,面对压力时的本能反应会激发身体的潜能,使我们充满能量,更加兴奋,效率和专注度也会提高,以便应对挑战。因此,当压力在可承受范围之内时,压力会给人带来一定的正面影响。

但是,长期处于压力状态对人体的健康是有害的(详见本书第102页至第103页)。此外,很多人还会在完成一项工作、结束一段高压生活之后大病一场(详见本书第105页)。因此,我们也需要重视压力带给人的负面影响,注意缓解压力。

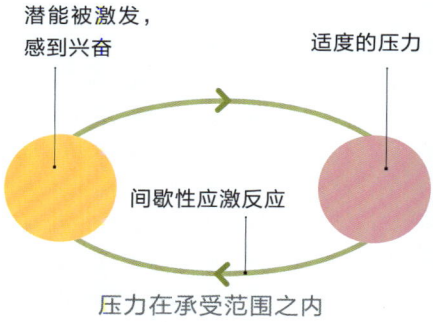

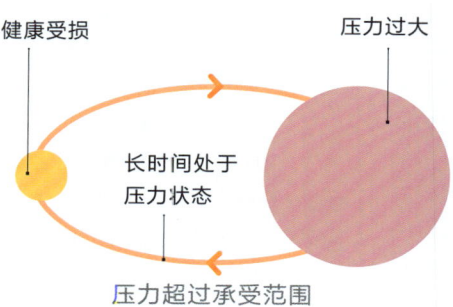

## 保持平衡

当压力在承受范围之内时,我们面对压力时的本能反应能够带来正面的影响。但是,当压力超过了承受范围时,我们会长期处于皮质醇和肾上腺素飙升的状态,这显然对身体健康有害。

# 为什么完成一项工作后，我总是会大病一场？

当我们完成一项大工程，好不容易可以休息一下时，可能会出现咳嗽、肌肉酸痛等类似感冒的症状，有学者将这种疾病称为"休闲病"。

当电话不停地响、项目的截止日期就在眼前、孩子们大声尖叫的时候，我们的身体会处于一种应激状态，分泌大量的皮质醇和肾上腺素。肾上腺素不仅有助于人体快速做出反应以应对压力，还能增强免疫系统的功能。而当我们终于可以放松下来休息休息时，身体的激素水平会发生变化，这会使我们的免疫力下降，较容易生病。

肾上腺素以及皮质醇都有助于我们集中精神应对挑战，也会使我们忽略眼下的疼痛和疾病。当我们非常忙碌时，身体可能已经存在一定程度的不适，只是因为此时我们的注意力都集中在应对各项事务上，所以对此浑然不觉。直到压力散退时，我们才能感受到身体上的不适。

这种反应机制实际上是我们祖先的一种很好的生存策略：当面临危险时，我们的祖先会忽视自身的不适，将全部的注意力集中在眼前的紧急情况上；而当需要与疾病做斗争时，他们会躲在安全的远离凶猛的野兽的地方，用所有的能量来与疾病做斗争，直到康复。在此期间，我们的祖先会远离其他人，以免将疾病传染给别人。他们能够清晰地感受到身体上的痛苦，这使得他们可以将全部的注意力集中在自己的病痛上。

尽管研究人员并没有给出休闲病发病率的确切数字，但我们和我们身边的人遇到这种情况的频率并不低。

**完美主义者患休闲病的概率比一般人高约28%。**

每到假期就生病，可能是身体在用自己的方式警告我们，我们的工作强度和承受的压力已经超过了极限。如果还一味地埋头苦干，我们的身体健康和心理健康都会受到伤害，包括抑郁、倦怠及患上慢性疲劳综合征。此时，我们需要做的是找到压力源，并考虑改变生活方式，例如换一份工作。

下午

# 我应该花多长时间晒太阳？

和植物一样，人的生长也需要阳光，但是我们需要在晒太阳和保护皮肤免受紫外线的伤害之间找到平衡。

晒太阳时，我们的皮肤可以利用紫外线来合成人体必需的维生素D。但是，对合成维生素D起主要作用的是中波紫外线（UVB），它可以到达皮肤的基底层，导致皮肤晒红、晒伤，乃至衰老。防晒霜可以起到一定的保护作用，但是相应地，它也会影响维生素D的合成。

黑色素是决定皮肤颜色的最主要因素。黑色素是机体内的生物滤光器，能吸收大部分有害的紫外线，减轻由日光引起的急性和慢性皮肤损伤。人的肤色越深，意味着黑色素抵抗紫外线损伤的能力越强，例如黑种人一般生活在阳光比较充足的地区，黑色素的大量分泌能够帮助他们抵抗紫外线的侵害。皮肤较黑的人可以比皮肤较白的人多晒一会儿太阳，促使人体合成充足的维生素D。此外，生活在光照不足的地区的皮肤比较黑的人可以适量服用维生素D补充剂。

**黑色素的屏蔽作用**

晒太阳的时长有一个合理的范围，时间太短可能导致维生素D合成不足，太长则会导致皮肤受到损伤。皮肤颜色较深的人相对地可以多晒一会儿太阳，但黑色素的保护作用也是有限的。

图例
- 肤色较白的人
- 中等肤色的人
- 肤色较深的人
- 安全区间

# 为什么天气炎热的时候头脑容易不清醒?

我们的大脑在维持日常运作的过程中会消耗大量的能量。在特别炎热的时候,大脑很容易"崩溃"。

---

大脑是一个要求很严格的器官,这也体现在它对温度的要求上。当体温上升2～3℃时,很多脑细胞就会无法正常工作,甚至受损。

大脑的前额皮质涉及复杂认知行为、决策及社会行为调控等复杂的功能,这一区域实际上特别脆弱,对温度的变化很敏感,这也就是为什么中暑会导致人思维混乱。天气炎热的时候,我们的反应时间不会有大幅度的降低,也能记住一些简单的事物,如电话号码,但是想要处理比较复杂的情况、解决比较困难的问题,就会显得有些力不从心。小朋友的大脑对温度的变化会更敏感。

如果一个人生活在较为温暖的地区,那么他的身体通常能够更好地散发热量。在高温环境中,血液会流向表皮帮助散热,人就会出汗。随着汗液从皮肤蒸发,热量也会被带走,身体就能够保持适宜的温度,但大脑想要散热就没有那么容易了。

此外,不仅大脑不喜欢高温,肌肉也是如此。在高温环境中,肌肉容易痉挛,无法发挥全部功能。因此,最好在温度降低至20℃以下的时候再进行艰苦的体力劳动。

气温到达25℃之后,每升高1℃,人的心智水平会下降2%。

### 如何在天气炎热的时候保持头脑清醒?

1.多喝水。出汗会让你的身体丢失更多水分,因此需要及时补充水分。

2.慢下来。锻炼以及体力劳动会给身体造成额外的压力,让体温进一步升高。

3.找有风的地方待一会儿。吹风扇或开窗通风有利于汗液蒸发,从而帮助身体更好地散热。

## 为什么孩子在十几岁时会突然像变了一个人似的？

当孩子到了十几岁时，家长可能会觉得他们像变了一个人一样，变得喜怒无常。科学告诉我们，这是因为在这个年龄段，孩子的大脑发生了显著变化。

很多家长和孩子的关系会在孩子十几岁时面临考验，这是因为在这个阶段，青少年的大脑发生了显著变化。有学者指出，人的大脑要达到成人状态，需要的时间远远不止18年。在很多国家，法律上规定18岁以上的自然人为成年人，但实际上在18岁的时候，人的大脑仍然处于发育期，会经历巨大的变化。借助磁共振成像（MRI）我们可以发现，青少年的大脑在灵活性以及学习能力方面具有独特性。

青少年的大脑就像一台非常容易兴奋又非常敏感的机器，可以吸收各种知识及生活经验。在童年时期，大脑表层的灰质的体积会增加，生长出数百万条互相连接的神经通路。到了12岁至14岁，大脑灰质需要做出一些调整，为思维模式变得更成熟、更高效做准备。随着未使用的神经通路被切断，大脑灰质的体积会相应减少，这与修剪花丛可以让剩下的枝条长得更粗壮的原理差不多。在大脑发生巨大变化的这段时间，青少年容易做出误判，变得容易冲动。

性激素常常饱受诟病，因为人们认为是性激素水平的变化导致青少年情绪不稳定，但这只是其中一部分原因。在大脑发育的过程中，与情感和情绪相关的区域发育得比额叶中与自我控制相关的区域早，这导致青少年情绪变化的程度与成年人无异，但欠缺自控能力。

在这个阶段，青少年可能会突然冒出一个想法，如"我想在比利家过夜"，但是他们并不能像成年人一样说出想要这样做的原因。所以家长和

> 就像带宽升级一样，青少年大脑中的髓磷脂组织处理信息的能力是小时候的约 **3000** 倍。

青少年之间可能会发生下面这样的对话："为什么呢？你昨天才见过他啊。""我就是想去！"

通过研究大脑额叶的变化，我们可以理解为什么青少年在人际交往和情绪感知方面缺乏敏锐度，而且他们也缺乏通过观察他人的表情来洞悉他人情绪的经验。结果就是青少年常常表现得不够圆滑，一些不合时宜的话常常会脱口而出，他们也听不出他人言语之间的细微差别。例如，老师训斥学生说："你确定要这样做吗？"得到的很可能是令人讨厌的回答："当然确定啊。"研究显示，在与青少年交流时，老师和家长需要将自己的意思表达得更明确，例如可以说："停下！别这样做了！"

### 想和叛逆的青少年相处得更好吗？

1.要理解青少年的行为，他们喜欢冒险和追求刺激的行为是受大脑驱动的，并不是存心和你作对。

2.要用直白的语言与他们交流，不要在语句中采用修辞手法或使用讽刺性的语言，否则他们可能理解不了你的意思。

3.给青少年思考的时间，他们是能够感受到他人的情绪的，只是速度会慢一些，他们也需要更多的时间来做出合理的决定。

## 对青少年的批评和指责屡见不鲜

有记载显示，古希腊人视青少年为"行为粗鲁、蔑视权威、不尊重长辈、喜欢在训练场地闲聊的人"。一位古希腊先哲曾这样形容"傲慢"的年轻人："（他们）觉得自己无所不知并对此深信不疑。"

如果你认为新媒体应该为带坏了青少年而受到谴责的话，那么你就加入了焦虑的成年人的大军。有人曾表示："许多年轻人可以轻易接触到爱情小说和戏剧，实际上这些内容毒害了他们的思想。"实际上，《科学美国人》杂志曾刊登过一则报道，报道中写道："相比于下棋所获得的有害的刺激感，电子游戏可能并没有什么害处。"

有些事情永远都不会改变，那就是对所有人来说，放松下来都是好的。想想看，虽然你父母那一代人指出了你的那么多缺点，对你有那么多的不满，结果你还是活得好好的，对吗？

下午

## 为什么我年轻时更爱冒险？

随着时间的推移，你家中各种极限运动的装备上可能已经落满了灰尘。你可能会好奇：为什么这些极限运动对你不再有吸引力了？其实，这与你的大脑有关。

你可以问问自己：你一生中最美好、最难忘的回忆是什么？有研究显示，这样的回忆往往来自青春期，那时，你的大脑正处于无比渴求各种生活经历的阶段。

在探险欲望更强的青少年时期，大脑中的一个参与多巴胺能奖赏系统的部分——伏隔核（nucleus accumbens）也特别活跃。此时，人更容易受到即时奖励的吸引。在多巴胺的驱动下，青少年的欲望非常强烈，但同时又缺乏前瞻性。因此，青少年很容易冲动，容易有"先行动后思考"的表现。

而成年后，大部分人不会再像以前那样轻易地受到情绪和多巴胺的支配，因为此时大脑中负责分析和规划的区域已经发育完全了，所以人能够充分评估风险，进而做出更明智的决策。

当然，许多成年人还保留着喜欢寻求刺激的习惯，这可能与基因有关。当他们在飙车、跳伞或滑雪时，相比于其他人，这些人可以获得更多的快感。

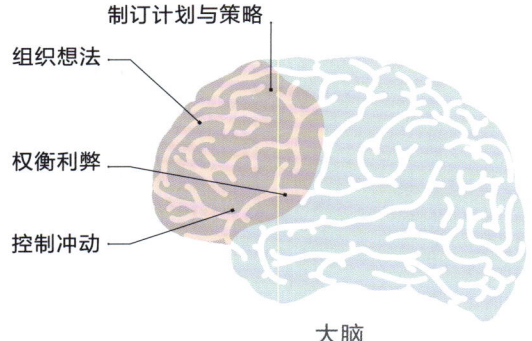

制订计划与策略
组织想法
权衡利弊
控制冲动

大脑

**有序地工作**

额叶区（左图中的红色区域）的主要功能是思考和计算，这里就是人评估想法和情绪，权衡欲望和冲动的风险的地方。在青春期，该区域会进一步发展和变化（详见本书第108页至第109页）。

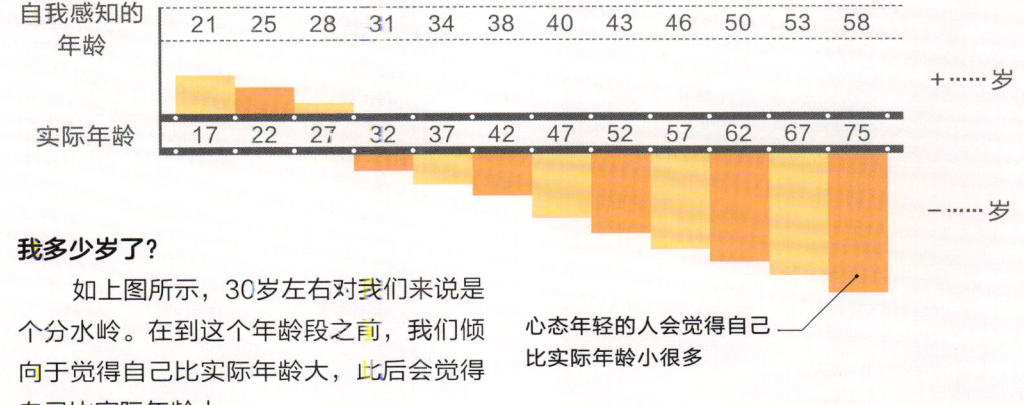

**我多少岁了？**

如上图所示，30岁左右对我们来说是个分水岭。在到这个年龄段之前，我们倾向于觉得自己比实际年龄大，此后会觉得自己比实际年龄小。

心态年轻的人会觉得自己比实际年龄小很多

# 为什么我觉得自己要比实际年龄更小一些呢？

如今，大多数人会觉得自己比实际年龄要小。此外，还有非常多的证据表明，人类不擅长关注时间的变化。

研究显示，我们很少能正确地感知自己的年龄（见上图）。这种自我感知的年龄与实际年龄不匹配的现象在我们身边随处可见。很多觉得自己才40多岁的人，实际上要大得多。一些研究人员认为，由于我们觉得年龄太小或年龄太大都不好，因此会不自觉地转变自己的思想，让我们觉得自己正处于想要的年龄段。此外，随着生活质量提高、吸烟人数减少、医疗保健水平提高、营养水平提高，现在的人们比20年前的人们在同龄时，在生理上平均要年轻一岁。更令人难以置信的是，我们自我感知的年龄似乎会影响我们的健康水平及寿命——有研究显示，觉得自己年轻的人更少患病，心理健康状况更好，阿尔茨海默病的发病风险更低，其中的很多人直到进入老年阶段，身体仍然很健康。

下午

# 为什么有些已经过去了很久的事，对我来说仍然历历在目？

你可能常常会有这样的感觉：某件事明明已经过去很久了，感觉却像是昨天才发生的一样。这种感受可以归咎于大脑的计时故障。

有时，我们会想起印象中不久之前才发生的一件颇有戏剧性的事，然后开始计算这件事情已经过去了多久。我们可能会发现，自己低估了这件事发生的年头。

不管是看一部电影、读一本书、举行一次家庭聚会，还是看到某一条社会新闻，我们都有可能觉得这件事是刚刚发生的，尽管这件事已经过去很久了，这是一种叫作伸缩效应（telescoping effect）的认知偏差的体现。没有人能确定这是因为我们的长时记忆系统就是这么工作的，还是因为大脑开始衰老了。总之，这种认知偏差既有可能让我们觉得最近才发生的事情已经过去了很久，又有可能让我们觉得已经过去了很久的事情是最近才发生的。

当我们意识到某位名人去世已经是十年前发生的事情时，我们可能会突然觉得自己老了，但这也可能会让我们意识到，不管是过生日还是发生自然灾害，我们以为的发生频率可能都比实际上发生的频率要高。

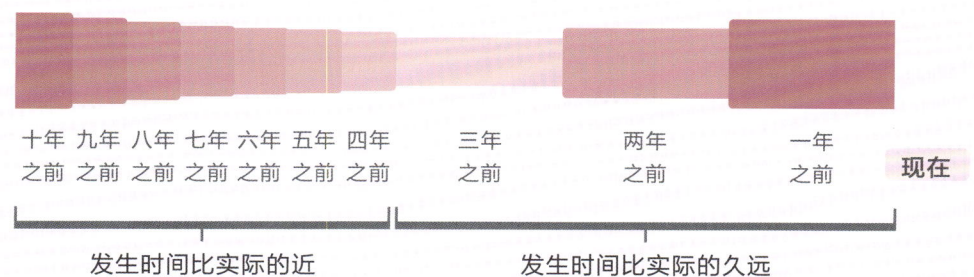

十年之前 九年之前 八年之前 七年之前 六年之前 五年之前 四年之前 三年之前 两年之前 一年之前 现在

发生时间比实际的近　　发生时间比实际的久远

"真的有那么久了吗？"

伸缩效应是一种认知偏差，以三年为界，人们常常认为近三年发生的事情发生的时间比实际上的久远，而三年前的事的发生时间比实际上的近。

# 为什么我脑海中关于童年的记忆如此模糊？

在人生的不同阶段，大脑功能发挥的优先级不同。在某些时候，包括存储记忆在内的一些功能不得不"退居二线"，以便大脑发挥更重要的功能。

你很可能会发现，自己对于3岁之前发生的事情毫无印象，对7岁之前发生的事情的记忆也是零碎和模糊的。这是因为，在人出生后的头几年，脑部的海马还没有发育完全，这使得人的记忆无法转变为长时记忆。海马的各个部分直到人3～5岁时才会全部发育成熟，因此在此之前的记忆基本上会被丢失。即使是记忆恢复领域的专家也无法改变这种情况。

幼儿阶段是大脑发育的关键期。在这个阶段，幼儿会学会进食、走路和说话，大脑会致力于程序记忆、情绪情感和语言的早期发育。研究表明，大脑此时的学习能力比人生中其他任何阶段都要强。

由此来看，你不必觉得记不清小时候发生的事是因为自己的记忆力出了问题，这说明你的大脑把全部精力都放在了为你的未来做准备上。

**儿童的大脑**

当你还是个孩子的时候，大脑需要优先处理的任务是让你学会说话、走路及了解周围的世界。脑部的海马的各个部分直到你3～5岁时才会完全发育成熟。

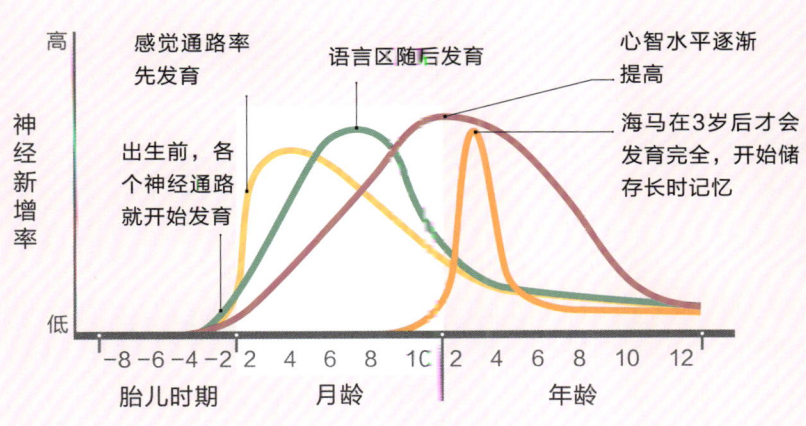

下午

# 对于同一件事，为什么我的记忆和别人的不一样？

在对于同一件事的记忆存在分歧时，双方往往都会坚持认为自己对该事件的记忆才是真实的。实际上，记忆很容易出错，想要记得更准，需要借助一些工具。

我们的大脑还没有强大到可以记住生活中发生的所有事情的地步。不管发生的是大事还是小事，大脑不会把全部细节都记录下来，而是会像摄影师一样只抓拍值得记录的瞬间。当我们复述这件事的时候，这些瞬间就会被拼凑和重组在一起，就像是拍摄了一部纪录片一样。

**66%的冤假错案基于目击者的证词。**

大脑不喜欢不完整的故事，所以在回忆一件事情时，大脑会不由自主地调动存储的记忆，把模糊的环节补充完整。

对于过去发生的某件事，如果我们对自己或其他人的说法深信不疑，那么我们的记忆回路有可能会拼凑出一个所谓的"真实"记忆，并且让我们对此信以为真。在一项实验中，受试者被要求看一张所谓的他们小时候在热气球上的照片，其中约有一半的人表示自己可以回想起当时的一些状况。但是实际上，这些照片是假的，

## 记忆空白

你的大脑很难记住关于某件事情的全部信息和细节。对于那些空白的部分，大脑会填充上个性化的内容，这就导致对于同一事件，不同目击者的记忆会有细微的差别。

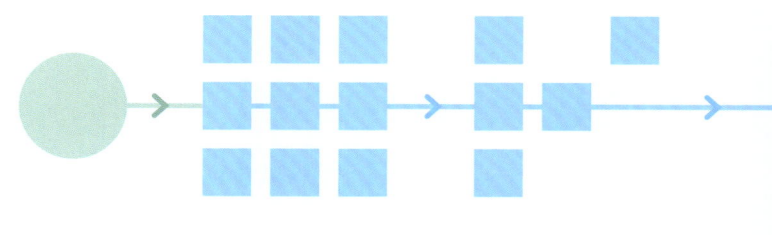

你　　　事件　　　你的记忆

研究人员只是将他们的脸拼接在了原先的照片上。

记忆的不完整和模糊有时会让人沮丧，但是正是这些记忆使我们的人生故事充满了独特性。由于与强烈的情绪相关的经历更容易被记住（详见本书第122页至第123页），而与这些经历相关的回忆会影响我们填补记忆空白的方式，因此我们的"纪录片"总是很有个人特色。

如果想找一些东西来印证自己的记忆，那么最好找一些确凿的证据，如文本或未经编辑的照片。当谈到谁在争吵中说了什么之类的事情时，最好对谁的说法都不要全信或者完全不信，因为记忆是不可靠的"证人"，真相总是介于两种说法之间。

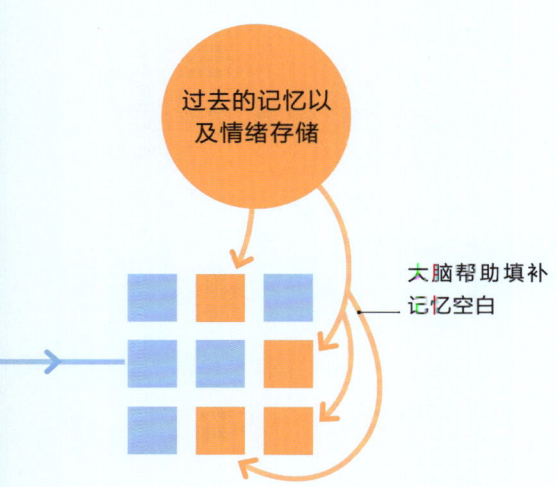

过去的记忆以及情绪存储

大脑帮助填补记忆空白

## 错误的"真实"记忆

记忆会带来麻烦，甚至导致悲剧。

2015年，美国全国广播公司新闻主播布莱恩·威廉姆斯因为被曝光在报道中说谎而陷入丑闻并被停职，最终丢掉了工作。他曾在公开场合表示，在2003年报道伊拉克战争时，自己乘坐的直升机被火箭弹击中，只能紧急迫降。但后来，该说法遭到了士兵的否认，士兵称威廉姆斯并不在他们的直升机上。后来，威廉姆斯承认自己的说法不属实，表示自己对当时发生的事件已经记不清了。

关于威廉姆斯是有意说谎还是真的记错了我们不得而知，只能说他确实有可能是在重复回忆该事件的过程中，将自己的经历与其他的新闻报道混淆在一起，将错误的细节加进了对真实事件的回忆当中。

## 什么是似曾相识？我该为此担忧吗？

觉得某件事似曾相识（déjà vu）并不是你的记忆系统出了问题，也不是记忆力衰退的象征，而是大脑中知觉系统和记忆系统相互作用的结果。

相信大多数人都有过这样的感受：来到一个从没有去过的地方时，直觉告诉自己曾来过这个地方；正在和陌生人交谈，但总觉得类似的对话之前已经发生过了。这就是"似曾相识"，指的是一种对未曾经历过的事情或场景产生仿佛在某时某地经历过的错觉。

你的大脑每分每秒都在筛选你的每一种感觉和每一个想法，确认其中熟悉的部分，为接下来发生的事情做准备。当某个情景、声音或感觉被打上熟悉的标签时，海马会像图书馆管理员一样立刻调动自己存储的长时记忆，找出与之相似的经历。如果没有找到，无法在熟悉的感觉和过去的记忆之间建立联系，那么这种似曾相识的感觉就会出现。这种感觉常常在你到达一个从未去过的地方时出现，因此，如果你经常到处旅行，那么这种感觉出现的次数会更多。

然而，有时候这种感觉的产生没有任何的现实依据，只是大脑发生了

**人到25岁的时候，大约每个月会有一次"似曾相识"的感觉。**

一点儿故障。当海马附近的颞叶中的神经通路发生错误时，就会出现这种情况。有时候，这种似曾相识的感觉还会伴随一种令人不可思议的感觉，即你会觉得自己知道将要发生什么，尽管从科学的角度来说这完全是你自己想象出来的。

也有科学家认为，这种似曾相识的感觉源于某次经历意外地绕过了短时记忆，直接被转移到长时记忆中储存起来，因此你会突然有一种"刚刚发生的事情很久以前也发生过"的感觉。

有似曾相识的感觉完全正常，尤其是在人刚成年时，而儿童和老年人有这种感觉的次数要少得多。

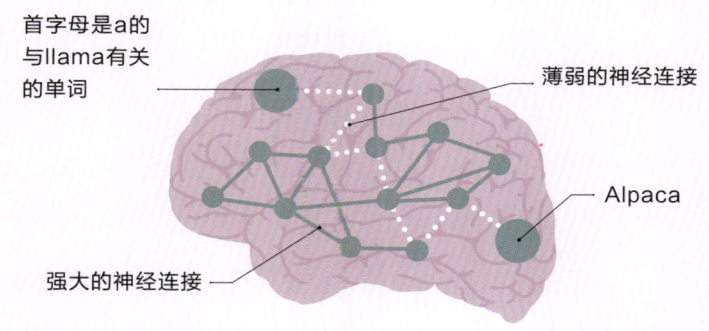

**缺失的连接**

你的大脑是由神经元组成的网络系统，神经元网络通过电和化学信号利用突触进行交流。有一些神经元之间的连接比较薄弱，需要额外努力才能得到加强。

# 我为什么会经常"话在嘴边却说不出来"？

你正在试图回忆考试时自己所写的某个答案，但就像轮胎陷入泥坑中怎么都出不来一样，你怎么努力也想不起来。这种令人沮丧的记忆卡顿是因为对于不熟悉的话题，大脑中的神经元之间的连接比较薄弱。

"和美洲驼或者骆马（llama）有关的首字母是a的动物叫什么名字？"你或许知道这种动物的名字，但是距离上次去动物园已经有好几年了，所以记忆中有关其名字和特征的连接已经很薄弱了。对语词的意义、语法规则、物理定律、数学公式以及各种科学概念等知识的记忆称为语义记忆（semantic memory）。相比于对故事和真实经历的记忆，语义记忆要薄弱很多。

当你对某个名称有过一次"话在嘴边却说不出来"的感受后，下一次，你很可能还会有同样的感觉。每当你试图回忆起这个名称时，可能都会经历一次这样的曲折，除非你可以将这个名称与现有的知识库中的某个事物联系起来。

另外，很多时候，放松下来可以让你解锁尘封已久的记忆。当大脑中的默认模式网络处于活跃状态时，你可能更容易想起问题的答案。例如，某一天晚上，当你正躺在床上时，突然灵光乍现，想到上面那个问题的答案："啊！我知道了！是羊驼（Alpaca）！"

# 我为什么有时候会忘记自己为什么要进入某个房间？

当你走进一个房间，却无论如何也想不起来自己为什么要走进来时，你的大脑可能正处于节能模式。

---

门口效应（doorway effect）是专门用来描述上述现象的术语，它描述了类似于"出门就忘事"的短暂失忆的情况。

你的大脑时刻都在处理大量的信息。因此，为了让自己能够正常运行，大脑必须删除一些在它看来没用的信息。当你进入一个空间时，大脑会记住这个空间中的很多信息，其中有一些记忆会被存储到短时记忆中，保存为"备用信息"。当大脑认为这些记忆不再有用时，就会将其删除，为迎接新的信息做准备。当你进入一个新空间时，短时记忆会重置，为了释放空间以便存储新的信息，大脑有可能将之前存储的信息删掉，"门口效应"就会产生。这是大脑有效利用容量有限的短时记忆的一种模式。

门口效应很常见，出现这样的情况时不必担心，你的记忆力并没有衰退。只要回到之前的房间或者把刚刚做的事回忆一遍，通常你就能回想起来为什么要进入这个房间了。

**门口效应**

当你开始做一件事情时，大脑会释放空间以便存储新的信息。你试图记住的信息越多，门口效应发生的概率就越大。

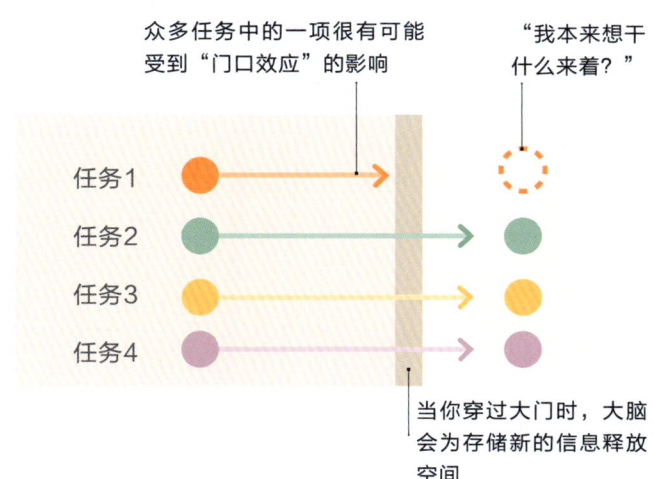

**"我看见人脸了!"**

人对于面孔识别的偏好意味着我们可能会在各种奇怪的地方识别出人脸,哪怕是无生命的物体上。

# 为什么我更容易记住面孔而不是名字?

你可能经常会有这样的感觉:这个人看上去很面熟,但是你就是想不起来这个人的名字。不要觉得尴尬,这很正常,因为大脑在记面孔方面的能力天生就比记名字的能力强。

---

从没有聚焦的模糊照片中识别出人脸是人生存的本能。刚出生时,我们就必须找到和记住妈妈的面孔,因为妈妈是我们的营养提供者及首位保护者。研究显示,新生儿在出生仅几小时之后就可以识别面部信息了,即便周围并没有真正的面部信息待识别——很可能周围只有一条曲线加两个圆点。

这种对于潜在面孔信息的识别偏好会跟随我们一生。我们的祖先需要用这项技能来识别朋友,谋求团队合作,以及辨别潜在的竞争对手。大脑后方的视觉处理中心拥有一套复杂的"面孔词汇表",可以存储成千上万张面孔的信息。然而,我们可能不太容易叫出其中一个人的名字,因为大脑会将名字作为语义记忆单独存储起来,与其对应的面孔信息之间并无明显的联系。

如果我们在记忆某张面孔的时候附加了情绪信息,那么我们更有可能长久地记住这个人。相反,如果我们与一个人只是偶然遇见,没有进行过深入的交流,那么我们很可能很快忘记他的名字,但是当我们在几个月之后在公交车上再次遇到这个人时,我们还是会觉得他很面熟。

下午

# 为什么过了很多年之后我仍然记得之前学过的技能？

对于学过的技能，尤其是那些涉及重复动作的技能，你的大脑可以清楚地记住它们。

从你上一次骑自行车到现在，可能已经过去了十年、二十年、三十年，甚至是更久，但是你仍然没有忘记如何骑车。与之类似的还有写字、游泳、驾驶车辆、在键盘上打字。即便你已经不记得学习的过程，但是这些技能会一直跟随着你。有时候这被称为"肌肉记忆"，其实正确的说法应该是程序记忆（procedural memory），因为肌肉似乎与该现象没什么关系。

程序记忆与小脑等部分有关。小脑后部有一片很大的褶皱区域，受基底神经节（basal ganglia，又叫基底节）的一个弯曲的蝌蚪形结构控制。

每当你学习了一项新技能，大脑中就会缓慢而稳定地形成一条神经回路。通过重复练习，这些能力就像是在你的大脑中建立了一条条人迹罕至的通道一样，随着时间的推移，这些通道可能会慢慢被杂草掩盖，但是哪怕过了很多年，你还是可以找到这些通道。

**清晰的焦点**

在学习一项新技能（如弹钢琴）的时候，大脑会经历三个不同的阶段。强大的神经回路可以存在很多年。

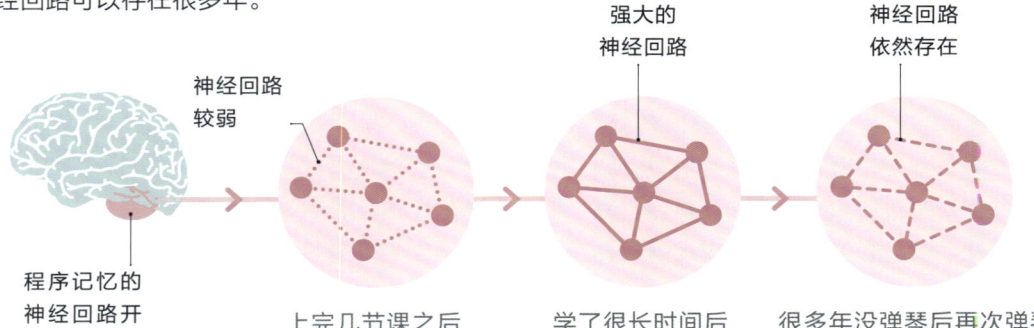

程序记忆的神经回路开始形成 → 上完几节课之后（神经回路较弱）→ 学了很长时间后（强大的神经回路）→ 很多年没弹琴后再次弹琴（神经回路依然存在）

人大约需要20小时专门的、完全集中注意力的训练，才能初步学会一项新技能。专业的工匠及运动员在精通从事的专业之前，可能要花费大约10000小时来巩固大脑中的神经回路。

生活中，大多数人每天做大部分事情时都开启了"自动驾驶模式"，如穿衣服、刷牙。人做这些事时几乎不需要动脑和思考，因为在这个过程中，人的行为不是受大脑负责决策的

**古典音乐家需要**
# 25000
**小时的练习才可能达到行业顶尖水平。**

区域的控制，而是与小脑、基层神经节等部分的运行有关。如果没有开启"自动驾驶模式"，那么即使是系鞋带这样的小事，人都必须全神贯注地去做。

这些不需要花费时间思考的技能在你的大脑中根深蒂固，因此如果你有意识地去做这些事，反而会有相反的效果。当你过多地去思考擅长的某些事情应该如何做时，可能会突然不知道该怎么做了，这也是许多运动员在重大比赛上发挥失常的原因之一。

### 亨利·莫莱森的大脑

1953年，神经外科医生威廉·斯科维尔为亨利·莫莱森做了脑叶切除手术。在整个手术过程中，接受了局部麻醉的莫莱森是清醒的。为了治疗莫莱森频繁发作的癫痫，斯科维尔最终将莫莱森左右脑的内侧颞叶组织（包括海马等部分）一同切除了。在那个年代，人们还不知道海马等结构的功能。因此，做完手术之后，这位27岁的患者不能形成新的记忆了。

好在莫莱森的癫痫治好了，而且他的神志是清醒的。通过后来的测试，研究者发现，虽然莫莱森会很快忘记刚刚学过的内容，但是他还是有学习新技能的能力。

通过研究莫莱森的大脑，科学家发现，记忆不仅有长时记忆和短时记忆之分，还有种类之分。这也让更多的人开始关注大脑中的不同记忆系统。也是由于研究了莫莱森的大脑，科学家才发现，针对某些丢失了记忆的病人，可以通过向他们传授新技能的方式来帮助他们恢复记忆。

# 我该如何提高记忆力？

有些人天生记忆力超强，而有的人就很容易忘事。提高记忆力的关键是重复、重复再重复，有感情地重复。

海马（hippocampus）是人类等脊椎动物大脑内一个形似海洋生物海马的结构，位于侧脑室下角底及内侧壁，与长时记忆的形成密切相关。

情绪与记忆的形成和增强有关。一般来说，你不会记得上个星期三早上吃了什么，因为这件事并不令你兴奋。但是如果你的爱人在那天早上单膝跪地向你求婚，那么你可能会将那天早上喝了一碗燕麦粥的事情记一辈子，就像这件事就发生在昨天一样。

这就是为什么枯燥无聊的讲座、单调乏味的新闻以及无聊至极的书，对你来说都是听过了、看过了也就忘了。当你读完一本历史书，可能会在过了一段时间再次翻开书时发现，你没有记住书里的任何一句话，例如拿破仑·波拿巴是1769年出生的，因为这与你毫不相干，你对此也不感兴趣。然而，如果你对与火车有关的一切都很感兴趣，那么你可能会知道1769年是瓦特改良蒸汽机的年份。这样一来，通过在两者（拿破仑的出生年份和瓦特改良蒸汽机的年份）之间建立联想，你就更有可能记住拿破仑的出生年份。新的记忆会从已经建立的记忆中延伸出来，就像老葡萄藤上长出的新枝条一样。

值得一提的是，短时记忆转化为长时记忆的条件是复述。短时记忆保存的时间很短，只有经过复述的短时记忆才能转化为长时记忆。每个人都喜欢故事，听故事是人了解世界的重

> **想要提高记忆力吗？**
>
> 1.坚持写日记。在记忆被情绪或模糊的回忆"污染"之前，尽可能先将它记下来。
>
> 2.讲故事。向他人反复讲述奇闻轶事有助于将积极的情绪与事件本身联系起来，这样短时记忆更有可能转变为长时记忆。
>
> 3.绘制思维导图。在你要学习的内容之间建立联系对记住这些内容有帮助。同一主题下，内容之间的联系越多，你越有可能记住这些内容。
>
> 4.编顺口溜，在字母、数字和物品之间建立联系。例如：你拍一，我拍一，一个小孩坐飞机；你拍二，我拍二，两个小孩丢手绢。

要方式之一。人们和朋友在一起时也会叙叙旧，一起回忆美好的往事，感叹"还记得那时候……"。每当人们回忆起过往的经历，与之相关的记忆就会更加深刻，更有可能经受住时间的考验。

记忆力的强弱还与生物钟有关。对大多数人来说，一般在傍晚的时候会处于精力不济的状态，此时人们的记忆力也相对较差。而对"夜猫子"

**一件事发生6个月之后，其中大约25%的细节会被不实的信息取代。**

来说，这样的情况常常出现在早上。

尽管记忆是出了名的爱出错（详见本书第114页至第115页），但是你还是可以参考上一页中的内容来提高记忆力。这些方法还可以帮你在考前更好地复习，以及更好地记住各项任务的关键信息。

## 糟糕的记忆

遇到极端事件，如暴力袭击这样的危及生命安全的事件时，与之相关的记忆会深刻地印在我们的脑海中。在之后的几年时间里，这些记忆可能都会在我们的脑海中挥之不去，深深地困扰我们，严重时会导致我们患创伤后应激障碍（post-traumatic stress disorder, PTSD）。这是一种由突发性、威胁性或灾难性生活事件导致的个体延迟出现和长期持续存在的精神障碍，基本症状是焦虑、抑郁、过分恐惧、担忧，并伴有睡眠障碍。

而且，这些遭遇创伤的人还需要接受来自他人的关怀或盘问，而这些都会强迫他们重温当时发生的事情，导致回忆中的情绪和感受被进一步放大，从而使症状更加严重。

如今，医生常采用认知行为治疗等方法来治疗创伤后应激障碍，具体做法是通过了解触发症状的因素并进行有效处理，来降低记忆强度，减少当事人回想起当时的事件的频率。

## 我应该一直相信自己看到的一切吗？

当你环顾四周，可能会觉得你周围的世界看起来就像是一个清晰、全彩的在宽屏上播放的视频。但实际上，你看到的很多东西都包含自己的想象。

2015年，一张裙子的照片在社交媒体上引起了广泛的热议，并把人们分成了两部分：一部分人表示自己看到的是白色和金色条纹相间的裙子，另一部分人则坚称自己看到的是蓝色和黑色条纹相间的裙子。为什么会出现这样的情况呢？答案在于我们的视力存在局限性，而大脑为我们弥补了这种不足。

中央凹（central fovea）是黄斑（视网膜后极部的一块浅黄色区域）中央的椭圆形凹陷，只有色素上皮层与视锥细胞，后者与双极细胞和节细胞形成一对一的连接，是视觉最敏感的部位。当我们直视道路，随着道路两旁一排排的绿色树木从视线中心往视线两旁移动，我们对它们的颜色的分辨力会越来越弱。

将两只眼睛接收到的不完整的模糊图像转化为三维世界中的图像，需要调动大量的脑细胞，做很多繁重的工作。电活动是神经系统最主要的信息载体，而视网膜中一部分细胞的任务就是将光信号转变为电信号。这些电信号经过视网膜其他细胞的加工后，最终会被传递至视皮质，经过更进一步的信息处理与整合，进而形成视觉。视皮质会系统地分析我们所看

**视觉很敏锐吗？再想一想！**

当你把本书放在离你一臂远的地方时，你的大脑会认为书上的一切内容对你来说都是清晰的。但事实上，你的眼睛能真正聚焦的只有你视野中央约一个指甲盖大小的区域，即右图中绿色的区域。距离这个区域越远，事物对你来说就越模糊。

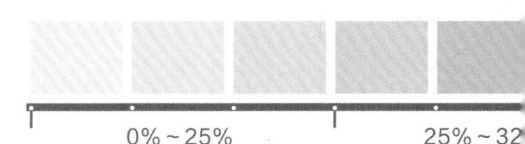

到的事物的形状、颜色，从中找到熟悉的特征，例如图形或面孔的特征。在视觉形成过程中的每个阶段，大脑都会做出假设，因此不同的人在描述同一个事物时，可能会给出不同的说法。

说回上文提到的关于裙子颜色的争议吧。相关研究显示，出现两种不同观点的根本原因在于首次看见该物体时大脑做出的假设不同。学者表示，在看到这张照片时，大脑会根据日光矫正色差。如果大脑认为光源是蓝色的从而忽略蓝色的部分，就会认为裙子是白色和金色条纹相间的；如果大脑忽略金色的部分，则会认为裙子是蓝色和黑色条纹相间的。如果你错过了这场"裙子大战"，可以在网上搜索一下，来挑战自己。你可能会

**一般人的视动反应约为**

# 0.3秒。

发现，一旦你做出了判断，就很难推翻这种判断。

就像记忆不一定可靠一样（详见本书第114页至第115页），你的眼睛也不一定可靠。大脑是一台时刻都在进行微调的机器，它做出的判断、给出的指令与你的人生经验有关。当你被要求描述一下自己看到的事物时，请记住，哪怕观察得再用心，你的描述都很有可能是不准确的。

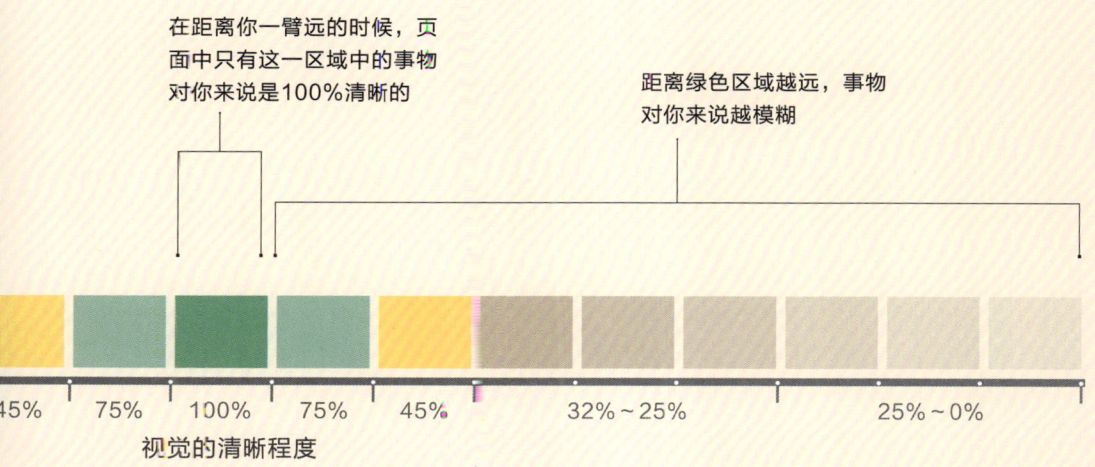

在距离你一臂远的时候，页面中只有这一区域中的事物对你来说是100%清晰的

距离绿色区域越远，事物对你来说越模糊

45% 75% 100% 75% 45% 32%~25% 25%~0%

视觉的清晰程度

## 我们真的只用了大脑中10%的部分吗?

经常有人认为,我们的大脑中还有大量未经开发的区域在等待着我们去解锁。实际上,这样的说法是站不住脚的,大脑中的区域没有任何一块是完全平静或不活跃的。

20世纪初,曾有一位心理学家提出了"普通人只发挥了其潜在智能的10%"的观点,但是他并没有就此给出实验数据,至今也没有科学家验证过这个数字。但是,我们还是相信这种说法,也许是因为这种说法代表通过开发大脑,我们可以成为更好、更聪明的人。按照这种观点,也许将来有一天,我们的成就还能超过爱因斯坦呢。

重约1.4千克的大脑中有超过100亿个神经元(也称神经细胞),每个神经元都会传递电脉冲并且与附近的上千个"邻居"展开交流。就像一台巨大的机器上的一个个小零件一样,每个神经元都有自己的工作要做。

然而,大脑不仅仅是一台超级计算机。与数码仪器不同,大脑在不断变化,每秒都有新的连接形成。我们的大脑本身就存在令人难以想象的变化和巨大的学习潜力,不需要靠站不住脚的观点来给我们信心。

拥有100万个处理器核心和1200块互连电路板的超级计算机,仅能模拟人脑工作能力的1%。

### 繁忙的大脑

在不同的状态下,大脑中处于活跃状态的区域不同,这取决于我们在做什么(详见本书第60页)。

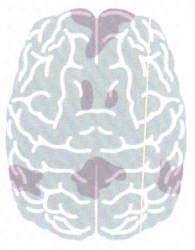

默认模式网络

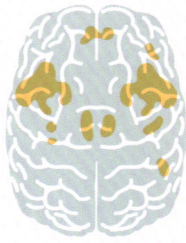

突显网络

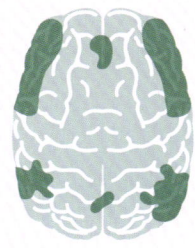

中央控制网络

> 据估计,大脑每秒的计算能力可能达到惊人的数亿亿次

# 智商是可以提高的吗？

如今，很多人都崇尚高智商，喜欢"聪明人"。那么，我们的智商是固定的吗？我们可以试着让自己变得"聪明"一些吗？

智商（intelligence quotient，IQ）是通过一系列标准测试所获得的个人认知能力与同年龄段常模的比值，是智力测验中表示一个人智力水平的指数。智力测验中的题目通常包括数学题、找规律题及逻辑题等，因此如果你的优势是擅长解决实际问题、与他人谈判，或是创造力强，那么你在智力测验中不一定会得高分。实际上，与美貌与否或性格好坏一样，聪明与否也是一件相对主观的事，这也是智力测验的结果存在局限性的原因之一。

还有一个问题是，目前的智力测试题大多是由欧洲和北美洲的人出的，对西方人更友好。因此，一个来自东方、喜欢讲故事、语言天分高，但是不擅长数学的人，在这样的智力测验中的得分可能会偏低。

尽管科学家们不断努力，想使智力测验的题目更有普适性和说服力，但是目前来看效果有限。

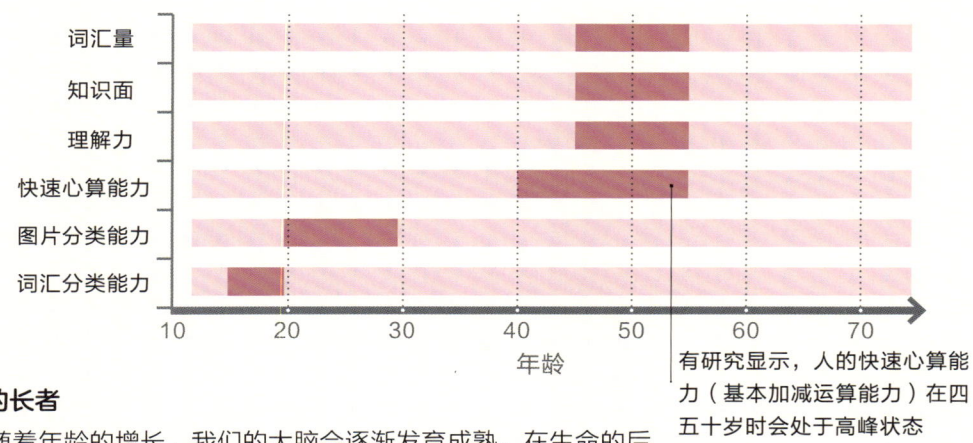

有研究显示，人的快速心算能力（基本加减运算能力）在四五十岁时会处于高峰状态

图例
■ 高峰状态

**聪明的长者**

随着年龄的增长，我们的大脑会逐渐发育成熟。在生命的后半段时间里，我们的部分能力会达到顶峰。

对于包括编程在内的高强度脑力工作而言，利用智力测验可以有效地筛选出人才。然而，如果你是患者，需要在22岁的高智商新手外科医生和55岁的有着数不清的手术成功经验的专家医师中选一位来帮自己做手术，相信你会和大多数人一样，选择专家医师。

经验、知识储备、社交能力以及责任心都可以纳入智力的范畴。但是在传统的智力测验中，这些很少会被考察到。尽管相较于年长的人，年轻人整体上在智力测验中的得分较高，但实际上，大多数人的许多能力会随着年龄的增长而不断提高，实在不必对智力测验的结果过分在意。

不管智力测验的结果是好还是坏，不管年龄大小、受教育程度高低以及过往经历如何，每个人都可以提高自己的认知能力。不要想着可以一口吃成胖子，多做脑力训练题或许可以帮你在智力测验中取得更高的分数，但是分数的提高很少能转化为解决实际问题的能力的提高。想要真的擅长做某件事（无论是编程还是创作音乐），你都需要花费很多时间来进行训练（详见本书第120页至第121页）。

## 智力测验的发展史

阿尔弗雷德·比奈是法国实验心理学家和智力测验的创始人。20世纪初期，他和同伴一起编成了《比奈-西蒙量表》，用以区别孩子判断力、理解能力和推理能力的高低，发现需要前往特殊学校学习的孩子。当时的观点认为智力水平并非是一成不变的，而是可以通过学习、练习以及纪律要求而得以提升的。比奈坚持认为智力测验永远不应该用于划分人们的等级。

比奈于1911年去世，此后不久，比奈的测验就被倡导优生运动（eugenics movement）的科学家盯上了，他们将其命名为智力测验，并改为了适合成年人使用的版本，还给那些得分低的人打上"弱智""堕落"的标签。20世纪初期，美国的一些州通过立法，允许对智力缺陷人群实施绝育手术。这项法律持续了数年，据估计，期间共有约60000名民众被强制做了绝育手术。

阿道夫·希特勒也非常拥护智力测验，还创建了一套自己的测验版本。数十万测验结果偏低的民众被迫做了绝育手术或者在纳粹德国被处死。

## 我该如何避免买很多不需要的东西？

如果你在午休时购物欲大增，疯狂地"买买买"，这恐怕是因为机智的商家在利用你的情绪搞鬼。实际上，大多数购物决定都不是基于理性思考。

你可能会觉得自己是一个聪明的消费者，但当你买东西时，你首先满足的是自己情绪化的大脑。只有在买完之后（可能是在回家的路上），你才会运用逻辑思维来评判自己是否做了最完美、最理智的选择。

诸如先试穿后购买之类的销售策略看似对消费者有利，消费者会觉得这是商家给自己机会来确保自己将钱花在了符合需求的商品上。但是这只是一部分事实。另一部分事实是，先试穿后购买的销售策略会使消费者对该商品的评价高出许多，并且产生拥有感。这种现象叫作禀赋效应（en-

**95**%的购物决定基于情绪，而不是逻辑。

dowment effect），指的是一旦拥有某一件物品，那么人们对该物品价值的评价会比未拥有之前大大提高。例如，一旦你试穿了某件商品，就容易不想再把它还回去，因为你在心里会觉得这件商品已经属于自己了，它是如此适合自己。这种效应在线下购物中尤为明显，同时也适用于网购。禀赋效应的另一个表现是消费者会不可避免地夸大自己拥有的商品的价值。例如，你会觉得要是陌生人想从你这里买走你花10英镑买的好看的台灯，得出双倍的价钱。这种思路可能会促使人做出愚蠢的决定。例如，股票市场的投资者往往会在股价暴跌后继续长期持有该股票，因为他们不愿意相信自己的选择不值得坚持。

---

### 想要节省一大笔开销吗？

1.避免免费试用某件商品，因为这会让你觉得这件商品应该属于你。

2.请记住，从统计数据来看，你不太可能退回高价产品，如一辆车、一张床、一部手机。

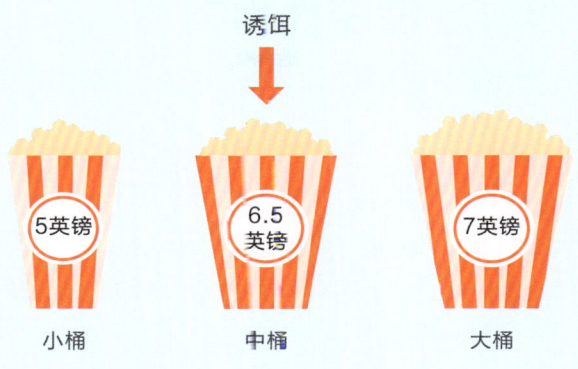

**迷人的诱饵**

你会选择哪种规格的爆米花?因为和中桶相比,大桶看上去似乎更划算,所以哪怕你没有那么饿,也很可能选择大桶。

## 为什么我总找不到最好的便宜货?

免费的试用装和降价的商品不一定意味着真的便宜,它们可能只是商家的一种销售策略,让人们觉得商品足够好,然后开始"买买买"。

---

对商家来说,如果想让消费者失去理智,可以试着免费为他们提供一些东西,然后就会有一大批人蜂拥而至,来获取免费商品,进而"买买买",就好像把理智落在店门口了一样。

这是因为,我们在潜意识中会感激给我们礼物的人。如果有人给了我们一些东西,我们肯定会想要回赠给对方一些东西,因此我们很容易买下刚刚试用过的商品,或者是在试用某件商品的小样后购买正装。

这种相互给予彼此所需要的东西的现象在人际交往中被称为互惠原则。这种互惠原则是使群体团结在一起的黏合剂,例如,猴子之间会互相梳理毛发,鸟儿会帮忙守护邻居的巢穴。此外,应用互惠原则还有利于获得长期收益,例如,如果一家餐厅免费为顾客提供开胃菜或饮料,那么顾客很可能会给这家餐厅打五星并成为回头客。

商家在铺货时还会利用我们热爱便宜货的心态。例如,商家会在并没有打折的商品周围摆上一圈价格过高的商品充当"诱饵",这样经过对比,我们就会觉得没有打折的商品是便宜货,从而马上把它们买下来。

## 怎样才能理性购物？

商场和超市都会使用很多营销技巧来让我们花钱，了解这些营销技巧有助于我们保护自己的钱包。

商家一直都在向我们灌输"越多越好"的思想。以购物篮为例，一开始，它还是可以被挎在胳膊上的，但是后来，它的体积越来越大。现如今，带轮子和可伸缩把手的小号购物篮的体积与20世纪30年代最大号的购物车的体积差不多。

此外，一些商家会把店铺的布局安排得像迷宫一样，这样消费者基本上不可能一下子就找到想要的商品，必须到处逛。通道两旁都是货架，上面摆放着诱人的贴着低价标签的商品。由于门口效应的影响，每进入一个不同的区域，我们的短时记忆都会重置，这会导致我们很容易忘记自己原本想买什么（详见本书第118页）。

颜色会影响购物行为，贴有亮黄色或红色价格标签的商品往往卖得更好

最贵的名牌商品会"正好"放在消费者视线正下方的位置

最便宜的商品通常距离入口最远，这样消费者在找它们的过程中就不得不路过其他商品

便宜货经常藏在最高或最低的货架上

**购物就像打仗一样**

所有的商家都想追求利益最大化，这意味着他们会想尽各种办法诱导顾客购物。

店铺的这种布局还会导致我们容易冲动，随手就把商品放到购物篮中，因为我们会担心错过之后就再也找不到该商品了。还有一个销售策略是频繁改变店铺的布局，这样消费者每次想找到自己要买的东西时都不得不来回找，就更有可能购买不在购物计划中的商品。

当购物车体积翻了一倍后，消费者的购物量提高了 20%。

## 想做一名精明的消费者吗？

1.写一份购物清单，以应对门口效应。试着记住自己为什么来购物，这样可以避免被干扰以及冲动购物。

2.如果可以的话，使用购物篮而不是购物车。当你考虑到商品太多太重、自己可能拿不动时，更有可能只买自己需要的东西，不会在不知不觉中将购物车填满。

3.不要在有时间限制的时候购物，当你面临时间压力时，更有可能做出草率的决定。

4.购物时戴着耳机，这样可以屏蔽商场播放的试图改善你的心情或让你加快购物速度的音乐。

货架上可能没有被填满，以便使上面的商品看起来很受欢迎

对于价格标签上的数字，我们最容易注意到左起第一位上的数字，这意味着我们会觉得49.99英镑的商品比50英镑的商品便宜得多

舒缓的音乐会让消费者慢悠悠地闲逛，而快节奏的音乐会提高消费者行进和选购的速度

糖果会正好放置在与儿童视线齐平的位置

体积较大的购物车会诱导消费者将其填满

## 网购的商品更便宜吗？

你可能会觉得从网上购物可以让你避开实体店的营销技巧，从而买到自己最需要和最实惠的商品，但实际上，网购也有陷阱。

在人类历史的大部分时间里，买家都会在各种交易场所跟卖家讨价还价。还价的商品五花八门，小到内衣，大到骆驼。最初，最终的成交价格很大程度上取决于卖家和买家之间的关系。后来，商品价格开始变得固定，这使得购物这件事变得更公平了。

如今，随着定价算法的普及，价格歧视现象在网络中屡见不鲜——虽

**71**%的买家认为从网上买东西比从实体店买划算。

然现在很多买家还被蒙在鼓里。算法会基于用户个人行为特征预测其购买需求，实施差别定价，导致每个人看到的定价以及被推送的商品可能都是不同的。

然而，对消费者来说，价格波动的回归并不一定是坏消息，只要你能保持理智，洞悉规则，找到规律，就很有可能买到便宜货。你可以参考左边给出的策略，让自己在网购时更加游刃有余。

### 想要在网购中大获全胜吗？

1. 不要完全相信所谓的"大减价"，因为你看到的原先的价格可能是虚假的。目前并没有相关的法律法规能阻止卖家这样做。

2. 在网站或手机应用中订阅商品降价提醒服务，跟踪观察航班、食品和书籍等商品的价格。

3. 警惕所谓的"只剩两件"提醒。担心商品下架可能会让你火速付款，但实际上，"只剩两件"的信息很多时候并不属实。

> 算法可以使商品价格根据消费者的购物习惯、搜索词、季节甚至是天气而改变,从而帮助商家实现利润最大化。

# 晚上

摆脱下午的各种沉重负担后,我们的身体会在晚上再次焕发生机,大脑也会再一次变得清醒和高效。在这个时段,我们会很放松,创造力会提升,与他人的交流也会变得更加顺畅。是时候好好品味生活的美好了!

晚上

## 为什么激励自己去运动很困难？

按时运动可以让大脑和身体保持良好状态，但是大多数人都只是嘴上说着要生活得更健康、要多活动，实际上很难摆脱沙发的诱惑去运动。

在跑步机上漫无目的地一直跑、看不到头，这听起来似乎是一种折磨，实际上也的确如此。在距离健身房问世还有很长一段时间的19世纪，跑步机就诞生了，发明跑步机的人的目的是惩罚监狱中的那些喜欢惹是生非的囚犯。

不喜欢运动可能是由你的基因决定的。你可能会觉得你是自己命运的主人，但实际上你的个性和爱好（包括你是喜欢还是讨厌跑步机）很大程度上取决于基因。你不愿意运动与体内的"懒惰基因"（也叫惰性基因）有关，这些基因会影响内啡肽等物质的分泌，而正是这些物质使人们从运动中获得快乐（详见本书第147页）。简而言之，与其他人相比，这样的人（拥有懒惰基因的人）不容易感受到运动的快乐，因此他们可能会很不喜欢运动。

此外，你抵触运动可能是因为在刚开始运动时，你会觉得很艰难、很辛苦，像是在流沙中快速行走一样，其实这是很正常的事。你的肺和肌肉需要一定的时间才能完全适应突如其来的负荷。熬过了最开始的几分钟后，一切都会变得按部就班，身体也会觉得好过一些。所以刚开始运动觉得很累时，要放松心态、坚持一下，不要很快放弃。

刚开始运动时，你的胳膊和腿可能会感到疼痛，这是因为运动时你的毛细血管会扩张，血液循环也会加速，体内的感受器会向大脑发送信号，大脑会暂时将这种感觉误当成令人不适的刺痛感。

为了运动时更有活力，你可以参考自己的生物钟类型，这样你就可以在精力比较旺盛、体力比较好的时候进行运动（详见本书第140页）。此外，运动前合理进食（详见本书第142页）也有助于提升运动表现。

**基因在你是否喜欢运动的影响因素中的占比可高达 37%。**

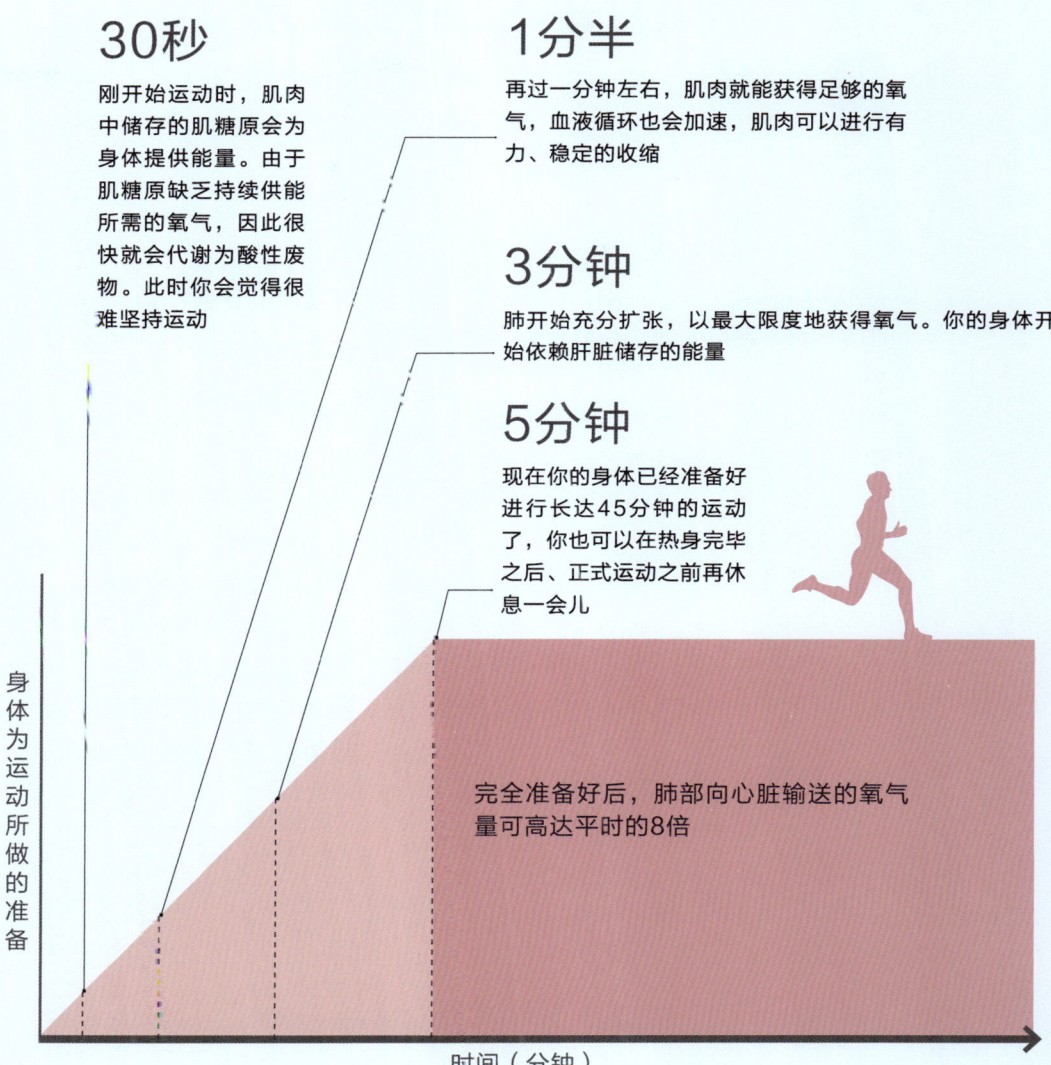

## 30秒
刚开始运动时,肌肉中储存的肌糖原会为身体提供能量。由于肌糖原缺乏持续供能所需的氧气,因此很快就会代谢为酸性废物。此时你会觉得很难坚持运动

## 1分半
再过一分钟左右,肌肉就能获得足够的氧气,血液循环也会加速,肌肉可以进行有力、稳定的收缩

## 3分钟
肺开始充分扩张,以最大限度地获得氧气。你的身体开始依赖肝脏储存的能量

## 5分钟
现在你的身体已经准备好进行长达45分钟的运动了,你也可以在热身完毕之后、正式运动之前再休息一会儿

完全准备好后,肺部向心脏输送的氧气量可高达平时的8倍

身体为运动所做的准备

时间(分钟)

**翻越障碍**

在开始运动的前几分钟里,身体对能量的需求变大,而身体的有氧供能系统无法迅速供应足够的能量,因此身体容易出现不适感。一旦身体准备就绪,人就会进入有氧运动模式,可以高效地将氧气转化为肌肉的燃料,以便坚持下去。

晚上

# 我应该什么时候运动?

你的身体就像火车一样,启动后需要花费很长时间才能达到最高速度。等到身体准备就绪再开始运动,不仅可以使运动的效果更好,还可以降低运动过程中受伤的可能性。

晨练无疑对你的身体、心情和专注力的提升都有好处,甚至有助于提高学习成绩。然而,早晨只适合做一些温和的运动,如果你非要肌肉超负荷工作,很可能导致肌肉酸痛乃至拉伤。因此,最好将高强度的运动留到身体状态最好的下午和傍晚。此外,要避免运动的时间太晚,因为运动不仅会让体温升高,还会让人比较兴奋,从而影响睡眠。

天气炎热时,人在运动时的表现会变差,因为皮肤需要大量的血流供应来维持散热,这容易使肌肉能量供

**下午4点到8点之间,你的运动表现可能会比早晨提升 25%。**

应不足,人会更容易觉得疲劳。一般来说,人在18℃~20℃的环境中运动的状态最好。最好将时间长、强度大的运动安排在温度较低的时段,这也就是为什么人会觉得夏天在有空调的健身房里跑步比在户外跑更轻松。

**状态延迟**

大多数人的身体会在自然醒来后的8~9小时时达到最佳状态。"早起鸟"醒得早,所以身体的最佳状态出现得也早;"夜猫子"醒得晚,所以身体的最佳状态出现得也晚。

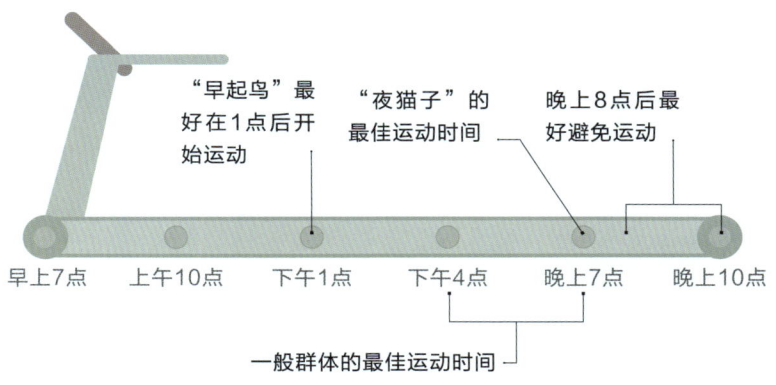

> 随着时间的推移,你在早上吃的食物会被慢慢消化,为身体提供更多的能量,你的身体机能也会随之提高。

晚上

# 运动前应该吃什么以及什么时候吃？

运动与进餐间隔时间太短会影响消化系统的功能，所以运动前一定要控制饮食。

不可否认，丰富的营养和多样化的饮食对于强身健体至关重要，因为食物可以为身体提供能量，使身体得以从疲劳的状态中恢复。运动时消化的速度会放慢，所以要注意安排用餐时间，并悉心挑选食物。运动前一小时内吃的食物最好是容易消化的，如酸奶、水果等，这些食物可以为你提供一定的能量。随着运动时间的临近，摄入的食物应该更简单、更少、更容易消化。顺便提一句，加工工序少的食物中往往富含维生素、矿物质及其他营养物质，运动后补充这类食物有助于身体进行自我修复。

### 我应该吃什么？

1. 全麦面包、米饭或土豆等富含碳水化合物的食物可以让肝脏和肌肉储存足够多的能量。

2. 肉、鱼、蛋、豆类中富含蛋白质，可以提供肌肉的修复与增长所需的氨基酸。

3. 油性鱼以及坚果中富含脂肪，相同量的情况下，这些食物可以为身体提供更多的能量。不过脂肪会影响消化，因此剧烈运动之前要避免摄入脂肪。

**未雨绸缪**

理想情况下，正餐和运动之间的间隔时间至少是三个小时，短于这个时间，人在运动时或运动后可能会出现抽筋、消化不良或胃灼热等不适。

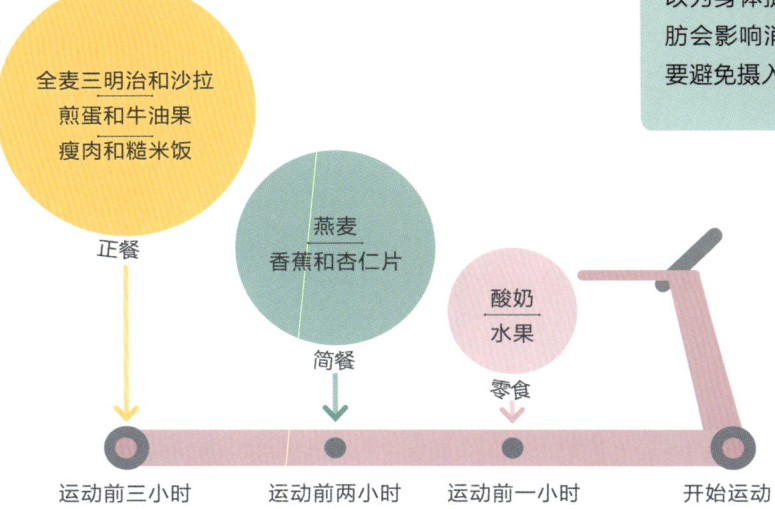

# 运动后应该什么时候吃东西?

运动完之后,身体会像干海绵吸水一样吸收营养。那么,运动后真的有30分钟所谓的进食"黄金窗口期"吗?

---

运动后的30~60分钟里,骨骼肌细胞会为多种营养素打开通道,此时及时补充营养,有利于肌肉的修复及增长,因此这个时间段被称为进食"黄金窗口期"。

许多健身爱好者担心,如果自己错过了进食"黄金窗口期",就会失去最大化地享受运动带来的好处的机会。实际上,运动后的6小时内,疲惫的肌纤维都需要蛋白质来帮助它们进行修复。此外,你吃下的大部分蛋白质也需要一定的时间才能在体内分解

成氨基酸,进入血液并到达肌纤维。所以放轻松,你有足够的时间来补充蛋白质。

不过,碳水化合物的摄入确实有窗口期:运动后2小时内,存于肌肉的糖原(即肌糖原)的恢复速度更快。如果你想做更多运动,最好在运动后2小时内补充碳水化合物,以便为肌肉供能。如果没有这种需求,那么完全可以在晚些时候正常吃正餐,即可保证肌肉的修复。

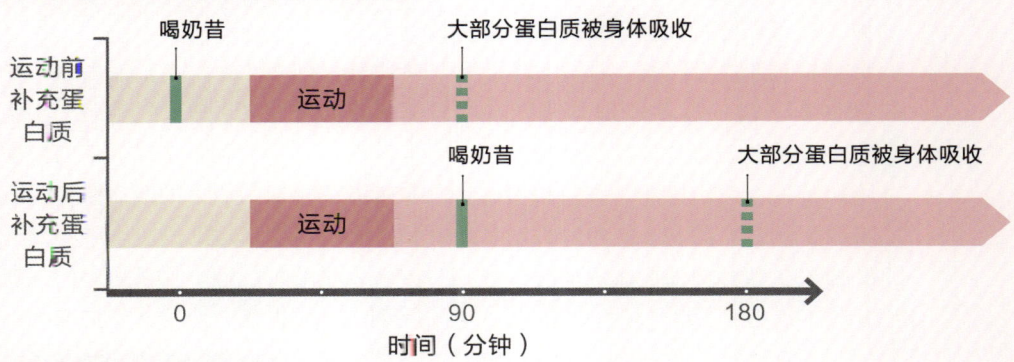

## 按照自己的节奏慢慢来

那么,到底应该什么时候喝蛋白质奶昔呢?实际上,流质蛋白质食品完全被消化大约需要90分钟,在运动前或运动后补充蛋白质奶昔都能够为身体补充蛋白质。

晚上

# 拉伸可以避免受伤吗？

不管是只在周末健身的人还是高水平的运动员，似乎都将拉伸视为运动不可或缺的一部分。然而，拉伸并非在任何时候对身体都有好处，也不是一定可以让你避免受伤。

---

研究表明，运动前拉伸既不能预防肌肉酸痛，也无法提高运动表现。此外，静态拉伸（即保持一个固定的姿势数秒）有可能导致身体疼痛，甚至造成肌肉轻微的撕裂，将人推向受伤的边缘。相对来说，动态拉伸（也就是我们常说的热身活动）一般不会对肌肉造成伤害。

运动后拉伸对身体是有益的。如果我们想提高身体的灵活性和柔韧性，希望手在身体前屈时可以摸到脚趾，就可以坚持在运动后拉伸一下，以便拉长肌肉及跟腱，提升身体的柔韧性。不过，有些肌肉本身无法拉长，如果非要将其拉长至极限范围，有可能造成肌肉疼痛乃至长期损伤。此外，运动后进行静态拉伸有助于放松肌肉，减轻运动后肌肉的酸痛感，尽管平均而言，只能减轻1%~4%。

总的来说，拉伸并非像人们想象中的那样在任何时候对身体都有好处。相比之下，在结束运动后适当做一些放松训练对身体的益处更大，例

> **运动后的有效恢复方法**
>
> 1.做一些放松训练，尤其是在跑步或骑车后，这样可以减轻肌肉酸痛。
>
> 2.在健身日之间安排休息日，这样你的身体就能够得到充分的恢复。

如上完动感单车课后再缓慢地蹬一小会儿车，长跑之后再慢慢地跑一小会儿或快步走一会儿，这比简单的拉伸更能减少第二天肌肉的酸痛感和不适感，还可以保障运动安全，减少意外事件发生的可能性。如果运动的强度特别大，可以找专业的运动按摩师来帮忙。科学家们曾经认为按摩是华而不实的存在，但现在的研究证明，运动后找专业人士按摩有助于加速肌肉恢复，减少肌肉受损，缓解肌肉僵硬。

# 我该如何避免跑步时岔气？

不少人在跑步时都曾出现过岔气的现象。岔气的学名是运动引起的下腹部短暂疼痛（exercise-related transient abdominal pain, ETAP）。虽然目前科学家们对岔气的研究已经取得了一些进展，但是对这种奇特的刺痛感产生的原因尚无定论。

通常情况下，岔气常常发生在重复性的躯干伸展运动过程中，如跑步、骑马等。有科学家据此提出，岔气源于运动时膈与肝脏之间的韧带在反复拉伸下受损。

也有科学家认为，身体内部上下起伏会阻碍通往膈（位于胸、腹腔之间呈穹隆形的扁薄阔肌，吸气时膈下降，胸腔扩大，呼气时膈恢复原位，胸腔缩小）的血液供应，造成膈痉挛，从而导致人岔气。

锻炼之前大吃一顿或者喝一罐含糖量高的饮料会使岔气发生的可能性更高，因此还有第三种理论：岔气源于肠道痉挛或肠道供血不足。

尽管高水平运动员也不能完全避免岔气，但是一般来说，身体素质越好的人发生岔气的可能性越小。想要完全避免岔气并不容易，但还是有一些措施可以帮助你减少岔气发生的可能性，你可以根据左边的建议改变一下运动的方式和习惯。此外，如果真的出现岔气，要停止运动，放松身体，等待疼痛慢慢减轻直至消退。

马拉松比赛中，约有 **20**% 的参赛者会在某个时刻岔气。

## 想要避免岔气？

1. 刚开始运动时强度要低一些，节奏要慢一点儿。如果你突然发力或提速，就更有可能岔气。

2. 运动前不要进食，也不要喝含糖量高的饮料（运动饮料一般来说是可以的）。

3. 运动过程中，上半身要尽量挺直，以免膈或肠道发生痉挛。

晚上

# 对心脏最好的运动方式是什么？

在跑步机上跑几小时对身体有好处，但是这样做不会让我们的心脏得到全面的锻炼。事实上，高强度间歇运动在提升心肺功能方面的效果更好。

运动对身体好处多多，例如它可以使身体变得更强壮，让身体为迎接生活中的各种挑战做好准备。就像小提琴演奏者经过几周的练习，手指尖的皮肤会变得更厚实、粗糙一样，身体也是如此。经过长时间的运动，我们的心脏可以跳动得更有力，肺活量会更大，血液流动也会更加顺畅。

有氧运动是主要以有氧代谢提供运动中所需能量的运动方式，对提升心肺功能有益。我们常说的有氧运动（如跑步或游泳）确实可以提升心肺功能，但这两种运动在增强耐力、促使身体的各个器官更好地工作方面的效果更佳。

对提升心肺功能更有效的运动是强度大、需要爆发力的运动，如高强度间歇训练（High-intensity Interval Training，以下简称为HIIT），这是一种在短时间内交替重复进行短暂高强度的运动和休息的训练技术，能让人在短时间内提高心率。这种运动可以给心肺施加短暂的高压，提升心肺功能，从而达到强身健体的目的。另外，包括HIIT在内的运动还可以降低胆固醇水平，改善血糖值。

**加大心脏的工作强度**

相比于长时间的慢跑（用橘色线段表示），我们的心脏在我们做HIIT时（用黄色线段表示）的工作强度更大。HIIT对心肺功能的提升效果是长期的。

图例
— HIIT
— 慢跑

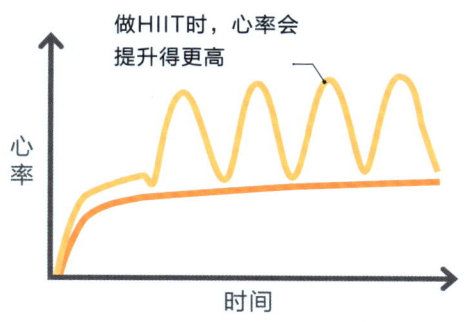

做HIIT时，心率会提升得更高

## 运动会让大脑更健康吗？

我们都知道运动会增加血流量，向大脑输送更多的能量。其实，运动对大脑还有其他好处。

运动可以强身健体，让大脑更好地工作。现代人每天都会为了各种琐事到处忙碌奔波，而对于我们的祖先来说，奔跑通常是为了逃避眼前的危险。运动会消耗血液中的葡萄糖，这也是大脑最喜欢的供能物质。在失去了首选后，大脑会进入"求生模式"，并且为应对有可能遭遇的最糟糕的致命伤害做准备。此时，血液中的脑源性神经营养因子（brain-derived neuro-trophic factor，BDNF）含量提升，它可以提高人的决策力、学习力和记忆力，这些能力在逃离危险时是必不可少的。

有研究发现，在脑源性神经营养因子的影响下，新的脑细胞可以生长，尤其是海马中的脑细胞，而这在几年前被认为是不可能的。

运动还能让人开心。骑车翻越陡峭的山坡，压榨最后一点儿体力不踩下脚踏板，这样的感觉本身并不能让人快乐。由于在剧烈运动中，人体摄入的氧气无法满足肌肉的需求，因此肌肉会变得酸痛。大脑应对身体疼痛的方法之一是分泌内啡肽，它能够让人减少疼痛感。当疼痛感减退，内啡肽水平继续提升时，人就会产生一种快乐的感觉。

定期进行有氧运动，如慢跑或游

**进行一小时高强度间歇训练比进行一小时普通的有氧运动产生的内啡肽更多。**

泳，其改善心情的效果等同于服用抗抑郁药物。这是因为进行有氧运动可以促使大脑分泌γ-氨基丁酸及谷氨酸盐等神经递质，患有严重抑郁症的人群容易缺乏这两种物质，而它们在调节心情方面发挥着重要作用。

晚上

# 哪些运动能让我们消耗更多能量？

减肥实际上就是使消耗的能量比摄入的能量更多。这看上去似乎很简单，但实际做起来并非易事，尤其是我们的身体对于某些营养素的吸收率很高。

我们在一天中能够消耗多少能量根据个人体型、体重、性别、健康状况及肌肉量的不同而有很大差异，因此，要准确计算出一个人在运动过程中消耗了多少能量是很困难的。手机上的健身软件和健身器材上给出的能量消耗量也很难将所有的个体差异都考虑到。这些数字大多是基于平均值的，而且并不能保证准确性，因此，这些结果不可全信。例如，在相同的距离和配速下，经验丰富的长跑者通常比新手少消耗5%~7%的能量，因为他们已经掌握了更多的跑步技巧。

你可能听说过中低强度的有氧运动（如慢跑或快步走）是消耗能量的最佳方式的说法，因为这些运动可以更多地消耗身体中储存的脂肪，还不会消耗肌肉中储存的糖原。但这种说法并不属实，事实上，大多数类型的运动消耗的能量中脂肪燃烧消耗的能量的占比相差不大。

当运动强度更大时，脂肪燃烧的

**要么努力锻炼，要么回家歇着**

慢走一小时大约会消耗200千卡的能量，其中约140千卡来自脂肪燃烧。以中等速度骑车一小时会消耗约500千卡的能量，其中约250千卡来自脂肪燃烧。

图例
　　能量消耗总量
　　脂肪燃烧消耗的能量

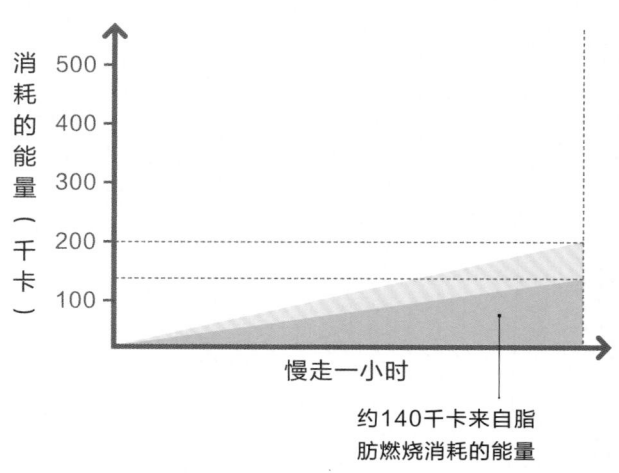

效果会好一点儿,但这是因为消耗的能量总量增加了,其中来自脂肪燃烧消耗的能量的数量自然也会增加。

**各种健身软件和健身器材给出的能量消耗量的误差可高达30%。**

## 我们都是耐力跑选手

人类实际上是优秀的耐力跑选手,这项技能曾帮助我们的祖先征服世界。如果我们手拿长矛去追鹿,基本上会被鹿甩开很远。但是,我们完全有可能在马拉松比赛中战胜这种活泼好动的动物。

这种把目标的体力耗尽从而将其捕获的打猎方式叫作持续式狩猎(又称为穷追狩猎),我们的祖先利用这种方式捕获比自己跑得更快、身体更强壮的猎物。在进化过程中,我们成了陆地上最高效的动物,我们的髋骨、肩膀以及四肢可以达到巧妙的平衡状态。这使得我们在日常生活和运动的过程中能够尽可能少地消耗体内储存的宝贵能量,这也就是为什么单纯通过运动来减肥注定是一场艰难的持久战。

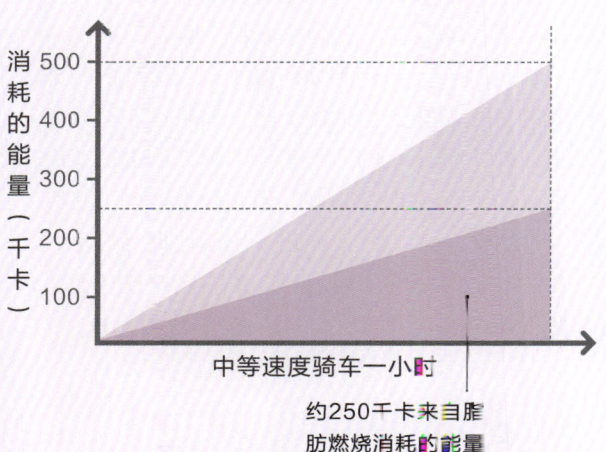

晚上

# 我怎样才能把肚子上的赘肉练成六块腹肌?

你一定听说过减肥时可以瞄准身体的特定区域来减掉多余脂肪的说法,但实际上这是很难做到的。这种说法的存在更多是因为健身房想销售出更多课程。

所谓的局部减肥在科学中是不成立的,肚子上的赘肉(或者身体其他部位的赘肉)无法通过深蹲或卷腹训练完全消除。赘肉的本质是多余的脂肪,而脂肪不可能转化为肌肉,因为它们是两种截然不同的组织。脂肪组织是由大量脂肪细胞聚集而成的结缔组织,根据结构和功能不同,可以分为白色脂肪组织和棕色脂肪组织两种。而肌肉组织是具有伸缩功能的肌细胞组织,根据肌细胞的结构和收缩特性,可分为骨骼肌、平滑肌和心肌三类。

从科学的角度来看,当人运动时,身体会消耗全身的脂肪来获取能量,而不是只消耗来自某一特定区域的脂肪。为了验证这个观点,美国马萨诸塞大学组织一组志愿者完成了为期27天的仰卧起坐训练。期间,每位志愿者每天做仰卧起坐超过5000次。多亏了这些训练,志愿者身上的脂肪减少了,但是脂肪的减少是遍及全身的,而不只局限于腹部的脂肪。

针对身体局部进行减脂训练时,如果强度足够大,一段时间后你会觉得训练很有效,因为目标区域的脂肪确实减少了,但只要细心观察就会发现,实际上全身的脂肪都减少了。

再回到如何减少令人厌烦的腹部赘肉这个话题上吧。如果你坚持几周高强度的仰卧起坐训练,腹部的赘肉确实会少一些,但实际上这并不是唯一的方式。或许采用其他训练方法,你也会实现目标,说不定速度还会更快呢。

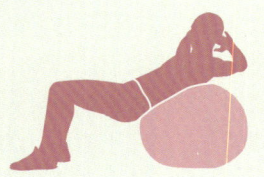

锻炼腹部肌肉的最佳练习之一是利用健身球做仰卧起坐。

> 大多数人所说的"健身"实际上是通过消耗多余的脂肪,来达到变瘦的目的。

晚上

# 最好的增肌方式是什么？

运动时，你可能会觉得自己的肌肉正在变得更强壮，但是事实上，你的肌肉在你休息时才会开始变强。

---

身体中的骨骼肌纤维主要分为两类，一类是红肌纤维，又称慢缩肌纤维，其能量来源经有氧氧化产生，收缩较慢，但持续时间长，主要特点是耐力强；一类是白肌纤维，又称快缩肌纤维，其能量来自糖酵解，收缩迅速但不能持久，特点是具有强大的爆发力。

你的腿部和手臂肌肉中的白肌纤维就像肌肉世界中耗油量大的超级跑车，力量十足，速度强劲，但由于能量储备较少，其性能的持久性有限。白肌纤维的能量消耗速率大于氧气的供能速率，因此很快就会被能量消耗过程中产生的酸和化学废物包围。

如果你想锻炼肌肉，让自己更有力量，可以通过举重、刺激白肌纤维的方法来使肌肉耐力达到极限状态。像举重这样的运动容易使部分白肌纤维出现微小的撕裂，这就是运动后你觉得浑身疼的原因，它也有一个专门的术语，叫延迟性肌肉酸痛（delayed onset muscle soreness）。这种肌肉酸痛通常发生在运动后12～48小时内。这种酸痛有一个重要的作用，那就是提醒你在肌肉完全恢复之前不要再做剧烈运动了。

在你休息的时候，身体会开始修

**锻炼肌肉**

当你运动完休息时，你的肌肉纤维会吸纳新的细胞，从而变得更强壮。也就是说，在你每次运动完进行休整，准备迎接下一次挑战时，你的肌肉都在变强。

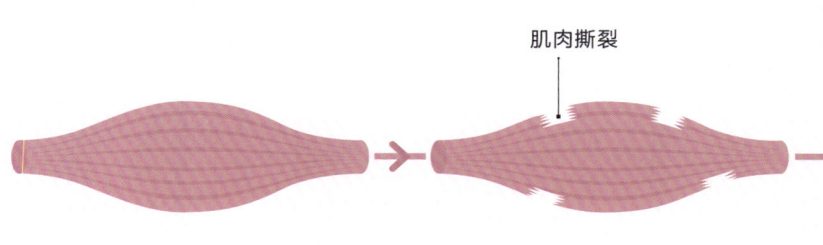

运动前的肌纤维　　　　　运动后的肌纤维

复肌肉的撕裂部位。附着在肌纤维表面的肌卫星细胞会参与肌纤维的修复，使修复后的肌肉变得比以前更大、更强壮。肌肉的修复与重建一般只有在肌肉休息时才能正常进行，这也就是为什么最好在两个锻炼日之间安排一个休息日。

对于举重训练来说，安全地将哑铃放下来比将其举起更重要。在举起哑铃的过程中，肌肉会出现向心收缩（concentric contraction）。而在缓慢放下哑铃的过程中，肌肉会出现离心收缩（eccentric contraction）。相比于向心收缩，离心收缩会造成更多的微型肌肉撕裂，因此，如果你放下哑铃的速度比举起哑铃的速度慢，你就会更快地变得更强壮。

以前，一瓶水、一条毛巾是去健身房时的标配，但是现在，罐装蛋白粉成了很多人健身时的必备品。然而，大多数人从均衡的膳食中就能获得身体所需的蛋白质。除了运动员、健美运动员以及其他有特殊需求的群体外，大部分人正常情况下不需要额外补充蛋白质。如果蛋白质的摄入量超过身体的需求量，那么这些价格不菲的蛋白质就会白白地随尿液排出体外，你的肌肉并不会得到神奇的增强。未被利用的蛋白质还有可能变成热量被身体囤积下来，导致肥胖。一勺蛋白粉的热量约为130千卡，也就是说，摄入蛋白粉很可能变成一种增重的方式。

约**600块**——这是正常人体全身的肌肉数量。

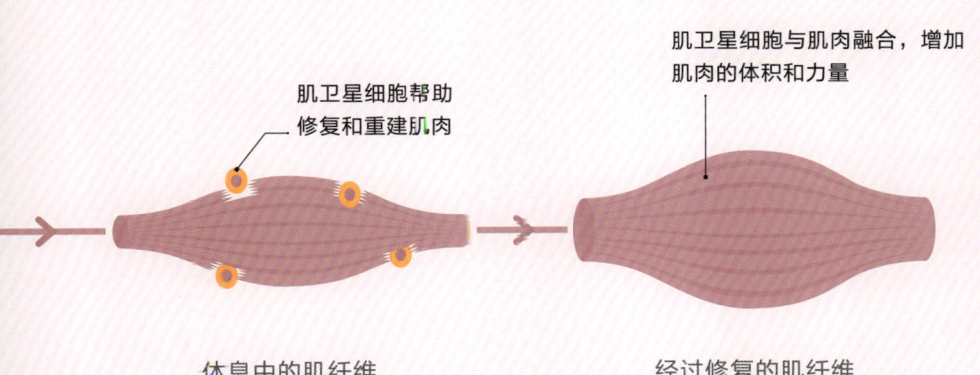

休息中的肌纤维
肌卫星细胞帮助修复和重建肌肉

经过修复的肌纤维
肌卫星细胞与肌肉融合，增加肌肉的体积和力量

晚上

# 如何避免运动中出现极点？

运动应该是人生的一大乐趣。但是，想要在挑战身体极限、提高身体素质和避免给身体造成太多负担之间找到平衡可不容易。

身体中的每一个组织和器官所需要的能量大部分是由血液中的葡萄糖（即血糖）提供的。当体内的血糖水平下降时，被储存在肝脏和肌肉内的糖原可重新分解成葡萄糖，以满足人体对能量的需要。我们都知道，如果油箱里没有加满油，我们就无法完成长途旅行。同样的道理，如果身体没有充足的能量储备，我们就不应该参加长距离跑。如果空腹运动，或者在运动的过程中将身体储存的能量都消耗掉了，就很有可能出现极点（也称

一个体重为70千克的人，血液中只有4~5克葡萄糖——相当于一汤匙的量。

为撞墙期），主要表现包括双腿发软、全身乏力、呼吸困难等。这说明身体中的能量储备不足，血糖骤降，身体和大脑正在逐渐停止运转。

**身体能量存储**

吃饱饭之后，肝脏中有约100克糖原，肌肉中有约500克糖原。这些能量足以支持身体完成约4小时的中等强度的运动。

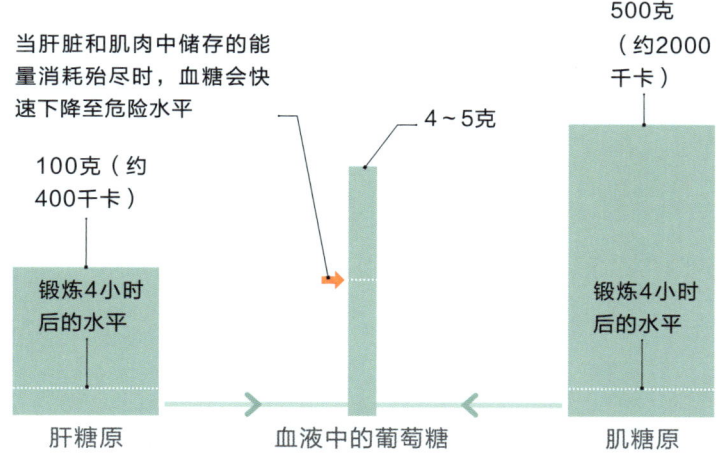

要知道，身体出现这种情况是相当危险的。所以，一旦运动时出现极点，要马上停下来休息一会儿，并且及时补充能量。

如果你要运动超过一个半小时，可以随身携带一些容易消化的、主要成分是糖的小零食，如含糖果冻、饮料、糖块等，每过45～60分钟就吃一些。这些零食可以为你补充能量。这样你就不会轻易"撞墙"了。

不过，只要你已经提前补充好了能量，那么在运动的前60～90分钟内基本不需要吃任何东西。

### 想要避免出现极点吗？

1.在参加大型比赛的前一周，增加对肌肉的锻炼，同时减少碳水化合物的摄入，这样肌肉就会特别"渴望"碳水化合物。

2.比赛前一天摄入大量碳水化合物，确保身体储备充足的能量。科学研究显示，在比赛的前一天摄入大量碳水化合物可以使身体储存的能量最大化。

3.运动过程中补充等张饮料，这类饮料的渗透压和人体体液的渗透压比较接近，既能解渴，又可以减轻疲劳。但是也要确保喝足量的白开水。

## 粉碎运动中的谣言

当你在动感单车上累得气喘吁吁时，你可能会听到健身教练在一旁大喊："再加把劲！继续燃脂！"有人说这种疲劳和肌肉酸痛的感觉源于乳酸的积累，标志着肌肉已经到达极限，但这种说法并不属实。运动过程中感到肌肉酸痛是再正常不过的事。肌肉酸痛是因为在运动时，肌肉的组织中出现了微小的撕裂，且代谢产生的化学废物堆积在肌肉周围并达到了极限状态。

此外，很多健身教练还会让你呼吸得更深一些，因为这样可以获得更多的氧气，但是这样的说法也站不住脚。实际上，深呼吸与其他常规呼吸相比，吸入的氧气量没什么差别。需要呼吸得更深一些的真正原因在于要努力排出二氧化碳。然而，如果健身教练对你大喊"用力呼吸，排出更多的二氧化碳"，其激励效果显然会大打折扣。

晚上

## 社交对我有好处吗？

有想和其他人一起玩的想法是正常的。社交能使大脑的多个区域处于活跃状态，在这个过程中，人会变得放松且精力充沛。

---

正确理解大型聚会中的社交准则需要大脑高速运转。在大约200万年前，人类的脑容量开始急剧扩张。后来，人类逐渐褪去大部分毛发，借助食物中的蛋白质来促进大脑发育。在这个过程中，人类的面容变得更加生动，开始有更多的微表情，还会脸红。这使得我们可以轻松地向他人表达我们丰富的情感，从而与他人建立联系。

社交过程中大脑处于活跃状态的区域与默认模式网络下的几乎如出一辙。随着屋子里充斥着交谈声，大脑中的许多区域会互相配合，让我们可以感知他人的情绪。在这个过程中，负责视觉和听觉的区域都处于工作状态，负责思考的区域也是如此，否则我们可能会把心里话脱口而出，完全

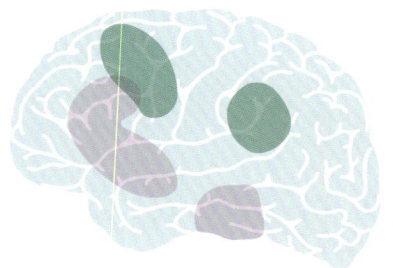

大脑半球外侧面

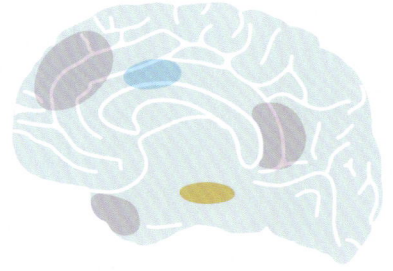

大脑半球内侧面

**聚会时的大脑**

在社交过程中，大脑的多个区域处于活跃状态。杏仁核会触发情绪的觉察；移情网络以及镜像神经元可以帮助我们识别他人的情绪；心智网络可以帮助我们理解社交中的互动。

图例
- 杏仁核
- 心智网络
- 移情网络
- 镜像神经元

不过脑子。

由于我们在社交活动中需要揣摩他人的想法、感受和行为，因此大脑会变得非常活跃。同样处于活跃状态的还有大脑中的奖赏系统，良好的社交活动会让人获得快乐，产生满足感。

大脑长期处于活跃状态可以提高我们的健康水平。与他人见面、共度美好时光可以使人体释放大量的多巴

**不参加社交活动的人患糖尿病的风险最多可增加**

# 60%。

胺和催产素，帮助我们与其他人建立联系，缓解焦虑，释放压力。研究显示，经常和朋友及家人互动的人会更开心，身心也会更健康。相反，孤独的生活可能会令人不愉快，甚至对身心造成伤害。

### 你在模仿我吗？

如果和某个带有很浓的地方口音的人待上一天，到了晚上，我们会发现自己也有类似的口音。我们会本能地模仿周围的一切，这既不是为了嘲笑别人，也不是由于内心深处的不安，而是因为大脑倾向于让我们模仿他人。

看到有人敲鼓，大脑中的某些神经元就会被激活，让我们不自觉地模仿这一行为；看到有人处于痛苦中，大脑中会生成我们认为的他们正在经历的事情的画面，使我们感同身受。

上述现象都与大脑中的镜像神经元有关，它们能让我们在大脑中直接反映出他人的行为，就好像一面镜子能直接反射出别人的动作一样。我们可以通过观察别人弹吉他的姿势来学会弹吉他的基本动作；在有人向我们微笑时，我们也会自发地回以微笑；我们还会下意识地模仿身边人的言行举止。而模仿的行为可以帮助我们理解他人意图，从而更容易融入集体。

晚上

## 为什么我不像其他人那样幸运？

从来就没有所谓的"幸运女神"，有的只是对生活不确定性的不同看法。所谓"幸运"的人倾向于将遇到的困难和挑战视为机遇而不是障碍，而另一些人在有同样的遭遇时只会觉得自己很"不幸"，诸事不顺。这点看似微不足道的差异可以导致很大的差别。

在一项有400名志愿者参与的研究中，志愿者被要求先判断自己属于幸运的人还是不幸运的人，然后接受一项单调、冗长的任务：数一数报纸中的图片数量。自认为不幸运的小组的成员大多花费了几分钟的时间才数出报纸中有43张图片，而很多自认为幸运的小组成员仅用几秒的时间就完成了任务。

其实，研究人员在报纸的第二页上插入了这么一句话："别数了，这份报纸中有43张图片。"自认为幸运的小组成员往往会注意到这句话，而另一个小组的成员则不会。后者往往也没有看到另一句话："别数了，告诉研究人员你看到了这条信息，然后就能赚到250美元。"研究得出的结论是，那些觉得自己幸运的人往往比较积极乐观，并且比较容易留意到更多的信息，从而拥有更多的可能性。

当然，积极乐观的态度并不是万能的，但是玩世不恭也不是想要拥有幸福生活应有的态度。总的来说，如果你乐于接受挑战，不为眼前的困难和障碍而烦恼，对未来充满希望，你就更有可能变成别人眼中的"幸运儿"。

### 目标要大，还要宽泛

所谓的幸运群体往往对新想法持开放态度，更乐观，而自认为不幸的人往往更容易焦虑，关注的东西过于局限，常常对潜在的机会视而不见。

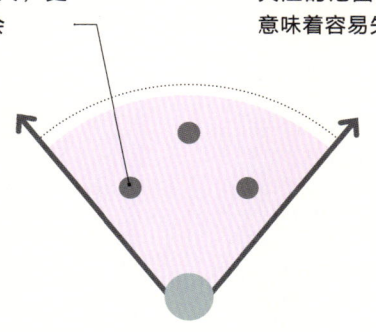

关注的范围很大，更有可能发现机会

"幸运儿"的视角

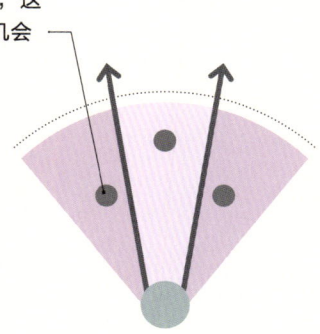

关注的范围很小，这意味着容易失去机会

"不幸运"的人的视角

# 我怎样才能更好地判断出一个人是否在说谎？

通常情况下，当我们结识一个新朋友时，我们会本能地信任他。我们信任他人的天性使识别谎言变得困难。

从离开妈妈子宫的那一刻起，我们会本能地开始相信自己的父母。信任是文明的基石，没有信任，社会永远也不会进步。我们的这种天性意味着我们会爱他人、关心他人，会与他人建立友谊，也会得到他人的关心。但是，这一点也常常让我们上当受骗。

放弃幻想吧！事实是，我们很难识别出骗子。很多所谓的"专家"声称自己可以根据各种线索来判断一个人是否在说谎，如观察一个人在说话时是否会摸鼻子或面部是否会抽搐。然而，数十年的研究表明，就连最专业的审讯人员也无法百分之百确定一个人是否在说谎。同样地，测谎仪也不太靠谱，由于它记录的是人在情绪变化时的各种生理变化，如呼吸、脉搏、血压等的变化，因此只要经过专门的训练，被试者完全有可能在保持镇定的情况下说谎而没有被发现。

有趣的是，我们越关注看得见的线索，就越无法准确判断一个人是否在说谎。不诚实的政客会发现，自己说的谎话更有可能在接受电台采访而不是电视采访时被揭穿。

在一项调查中，**95%** 的学生认为自己识别骗子的能力高于平均水平。

### 想要提高自己的测谎本领？

1. 闭上眼睛，只听说话的人的声音。你的大脑在不处理面部表情提供的信息的时候，可以更准确地判断一个人是否在撒谎。

2. 特别留意短句以及"我""我自己"之类的词语，因为这些词语可能是一个人在说谎的征兆。

3. 仔细倾听别人说的话，留意话中矛盾的地方，判断其逻辑性。

晚上

# 为什么有些人特别固执己见？

你可能会发现，生活中有这样一种人，不管你说什么，他们都不会改变自己的立场。实际上，我们每个人都可能会这样做，这与我们的大脑有关。

有些人固执己见地相信一些非常愚蠢的说法，并且完全看不出其中的问题，对此我们常常感到很无奈、很愤怒。分析关于某个话题、某个事件或某个人的信息，进而形成合乎逻辑的观点并非易事，这需要大脑完成复杂的工作。但是，我们的大脑喜欢"走捷径"，因此常常会选择进一步强化原有的思路，比如有些人坚定地认为周末时司机的状态更糟糕。相比之下，改变现有的想法进而形成新的观点需要大脑做更多的工作。

因此，我们都会在不知不觉中关注并记住那些支持我们现有观点的信息。例如，如果我们认为月圆时暴力犯罪会增加，那么我们就会有选择性地记住对于发生在月圆日的犯罪的新闻报道，并忽略那些没发生犯罪的月圆日。侦探很容易陷入这样的怪圈中，进而草草地锁定犯罪嫌疑人，并且专门寻找指向该嫌疑人的证据。

这种思考过程被称为证真偏差（confirmation bias），其含义是人们希望去寻找与他们持有的观点相一致的信息，那些与其观点相冲突的信息会被忽略掉，而与其观点一致的信息则会被高估。这就是为什么我们会更在意那些和我们意见相同的人的看法，并且很容易将反对意见抛在脑后。

科学研究表明，意识到证真偏差的存在并有意识地站在他人的角度思考问题，有助于我们梳理思路，思考各方的意见的逻辑，进而找出其中确切的信息。跳出思维定式的最有效的方法就是试着从他人（尤其是与自己观点相悖的人）的角度思考问题。如果我们都能这样做，也许发生在餐桌前的很多辩论就可以落下帷幕了（不要对此抱有太大期望）。

研究人员发现，高达**69**%的医学研究都受到了证真偏差的影响。

# 拥抱对人有好处吗？

科学表明，人类生来就会拥抱他人。每个人都需要借助身体接触来促进身心健康。

观察自然界中的现象时我们会发现，几乎每一种陆生哺乳动物都会去拥抱自己的同类，这是一种在进化过程中被保留下来的行为。拥抱不仅可以为幼崽提供温暖、安全的生存环境，还可以增加彼此之间的信任度和亲密感。

研究显示，身体接触有助于保持体内化学物质的平衡。在拥抱的过程中，我们的内分泌器官——垂体（hypophysis, pituitary gland）会向血液中释放催产素。催产素可以帮助那些羞涩的人克服羞涩感，变得落落大方，在社交活动中更加游刃有余。催产素还可以缓解疼痛，抵消血液中的皮质醇，从而降低我们的压力水平，减轻焦虑。

此外，拥抱以及其他身体接触也为人们提供了接收他人信息素的机会，这可能有助于增强自己的性吸引力（详见本书第164页至第165页）。在广阔的动物世界中，信息素可以划定领土界限，传达入侵信息，增强亲子关系，同时也可以表明动物的生育能力和性吸引力。

相比于接受抚触较少的婴儿，定期接受抚触的婴儿可以和照顾自己的人建立更稳固的关系，并且更容易形成良好的睡眠规律。另外，研究表明，经常拥抱他人的人比不经常拥抱他人的人拥有更强大的免疫系统，血压水平更正常，心理也更健康。

### 学会拥抱

1.定期拥抱他人，拥抱得越多，人越开心、越健康。一些研究表明，拥抱20秒可以促进催产素的分泌。

2.拥抱宠物。研究显示，拥抱自己的宠物对身心健康有益。

3.不要害怕拥抱陌生人，拥抱陌生人的时候，拥抱所带来的好处一点儿都不会打折扣。

晚上

## 为什么我在喜欢的人面前会那么紧张？

当你被"丘比特之箭"射中时，内心会掀起惊涛骇浪，身体也会额外分泌大量的激素。

人们创作数不胜数的诗歌和歌曲，试图表达爱上一个人时令人眩晕而又欣喜若狂的感觉。爱情常常从眼神交流开始。当你看到喜欢的人，与他有眼神交流时，体内的肾上腺素水平会上升，心脏会剧烈地跳动，还会有瞳孔放大、毛发直立、脸颊泛红、手心冒汗的表现。你会有小鹿乱撞的感觉，会不由自主地紧张起来。

你的大脑也会"宕机"。你可能会发现自己变得无法思考，一贯的得体行为和端庄举止也烟消云散，你只会结结巴巴、语无伦次地说一些甜言蜜语。

想要平息这场应激反应风波，重新找回理智思考的能力并不容易。你可以试着慢慢地深吸一口气，然后慢慢地呼出，重复几次，以此说服大脑相信现在你并没有面临迫在眉睫的危险（详见本书第100页）。

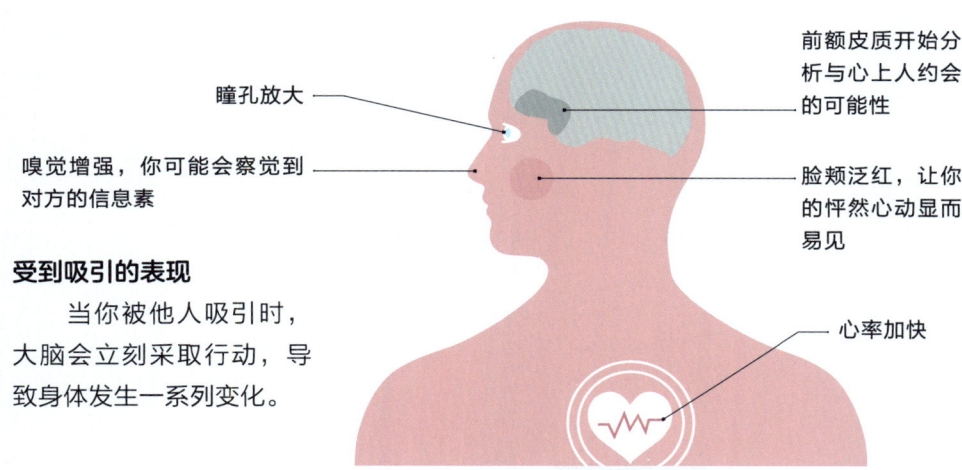

瞳孔放大

嗅觉增强，你可能会察觉到对方的信息素

前额皮质开始分析与心上人约会的可能性

脸颊泛红，让你的怦然心动显而易见

心率加快

**受到吸引的表现**

当你被他人吸引时，大脑会立刻采取行动，导致身体发生一系列变化。

> 被吸引的感觉与恐惧感非常相似,因此第一次约会时看恐怖电影是不错的选择,因为电影带来的恐惧感会放大彼此的感受。

晚上

# 为什么我会喜欢特定类型的人？

吸引力科学就是一场生物博弈。大多数人眼中有吸引力的人具有共性，但最终，这与性吸引力有关。

在不同的文化中，大多数人认为的有吸引力的男性和女性的身体特征存在很多共性。有魅力的男性特征包括宽阔的肩膀、肌肉发达的倒三角身材；有魅力的女性特征包括身体曲线优美、嘴唇饱满、五官柔和。人们往往倾向于选择有这些特征的人成为配偶，并和他们生儿育女。

不得不承认，有些人就是中了"基因大奖"，拥有更多这样的特征，从而在"约会成功率"排行榜中名列前茅。有一个心理学名词叫作配对假说（matching hypothesis），指的是如果一个人的潜在恋爱对象的魅力指数与自己处于同一水平，那么他们更容易相互吸引。人们会选择与自己魅力指数相匹配的人在一起，也就是说，长得好看的人倾向于和长得好看的人在一起。这个道理听起来很简单，但是在实际生活中，人们在择偶时确实通常会遵循这一规则。此外，还可以参考本书第168页至第169页的内容，了解其他影响因素。

吸引力的关键在于信息素。当你与某人亲密接触时，你会吸入他的信息素。这是一种信息化学物质，来自人的汗腺、呼吸、唾液以及其他体液，会影响你体内多种激素的分泌。我们很难确定人类的信息素是由哪些物质组成的，但是不可否认，信息素的威力十分强大。例如，如果一个人吸入的信息素来自伴侣的眼泪，那么他体内的睾酮水平就会下降，性冲动会减弱，使其更有能力为伴侣提供关怀和安慰。这种原始的化学反应在吸引力方面发挥着重要作用。

另外，气味也至关重要。你很可能会发现，对你来说，某些人身上的味道更让你沉醉。有一种说法是，体香是人体自带的基因特征，如果你在闻到某个人的体香时觉得很心动，就意味着你们两个人的基因是互补的，你往往更容易被对方吸引，你们两个人生育的宝宝的免疫系统可能会很强大。主要组织相容性复合体（major

**吸入男性信息素，即雄二烯酮（androstadienone）15分钟，可以让女性更兴奋、更开心。**

histocompatibility complex, MHC）是一组紧密连锁的基因群，其编码产物在启动特异性免疫应答和免疫调节中起重要作用。研究人员认为，人类在演化过程中出现了这种基因搭配系统，从遗传进化的角度来看，基因互补可以确保后代拥有健康的免疫系统。而这种重要的生理机能正是依靠气味来实现的。如果你对于潜在约会对象的体香没什么感觉，可能意味着你们的免疫系统过于相似。

在某些情况下，谨慎对待第一次闻到的味道是明智之举。例如，科学研究显示，服用口服避孕药的女性的信息素接收器可能会出现故障，使她们容易选择那些基因上不太相容的人作为自己的伴侣。此外，科学家目前还没有确定信息素具体的成分，因此不要相信那些声称产品中添加了信息素的须后水或香水商家，这些产品无法保证你第一次约会的体验足够好。

### 犁鼻器

犁鼻器是鼻中隔前部末端两侧基部外胚层下陷形成的一对管状结构，开口于鼻腔或鼻腭管。人类的犁鼻器只存在于胎儿和新生儿中，随着婴儿的成长，犁鼻器高度退化。

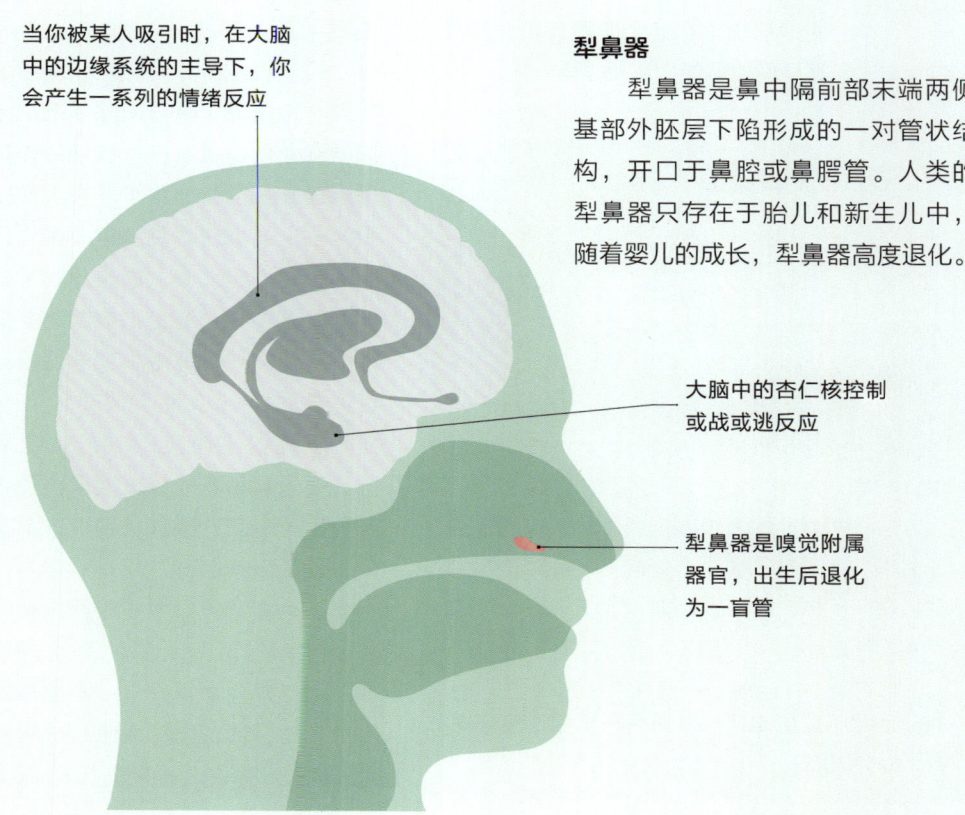

当你被某人吸引时，在大脑中的边缘系统的主导下，你会产生一系列的情绪反应

大脑中的杏仁核控制或战或逃反应

犁鼻器是嗅觉附属器官，出生后退化为一盲管

晚上

# 恋爱对身体健康有好处吗？

恋爱会使人分泌更多的激素，其中很多激素都有强大的令人兴奋的作用。但有时候，它们也会让你有失体面。

那些用批判的眼光看待爱情的人归纳出了与"丘比特之箭"有关的三个因素：欲望（你感受到的性冲动）、吸引力（这样你才能找到好的伴侣）、依恋（让你们长期在一起）。

看到自己喜欢的人时，你最先有的是欲望。在这个阶段，男性和女性都会释放睾酮，从而提高性欲。

一旦你被某人吸引，大脑中的奖赏系统就会被多巴胺席卷。多巴胺这种神经递质与成瘾行为有关（详见本书第200页），它会激励你去追求自己渴望的对象，就像是蜜蜂渴望去盛开的花朵上采蜜一样。除了多巴胺，苯乙胺（phenylethylamine）也会"发力"。苯乙胺由苯丙氨酸在脑中通过脱羧作用生成，该物质除了能诱导儿茶酚胺受体生成、有抗忧郁的作用，还能提升多巴胺的水平。当人们坠入爱河时，会出现心跳加速、手心出汗等生理和心理反应，皮质醇水平也会上升，而5-羟色胺水平会随之下降，人会出现焦虑、患得患失的情绪，这也许就是为什么说爱情会让人"盲目"。在这个阶段，人出现食欲不振、睡觉容易醒的情况也很正常，背后的元凶是多巴胺以及去甲肾上腺素（noradrenaline）。

从欲望和吸引力中延伸出来的就是依恋。当两个人发生了亲密关系后，催产素会大量释放，它能够增强两个人的感情，加深彼此间的联系和爱。此外，血管升压素（vasopressin）

### 想要控制自己的"恋爱脑"吗？

1.有意识地让自己从恋爱中抽离一下。恋爱初期，各种激素的分泌会让你将全部精力投入恋爱中，至于生活中的其他部分，如工作，可能都会往后排。

2.腾出一些时间，确保自己还有其他的社交。不过这样也有风险，因为在多巴胺的驱动下，你可能会"开小差"，尤其是男性。

3.将部分注意力转移到关注自身的健康状况上来。恋爱不仅会让人兴奋，还可能让人失眠和食欲不振，而缺乏睡眠和食欲不振都对身体健康有害。

4.现实一点儿。爱情最初都是令人陶醉的，但是不管这段恋爱关系有多牢固，热恋期最终都会过去。

**所谓的能够激发性欲的食物基本上是无效的,对男性和女性来说都是如此。**

---

会让你在享受激情之余产生一种平静的感觉。在保持恋爱关系一段时间后,虽然欲望和吸引力在这段关系中依然存在,但在催产素和血管升压素的作用下,恋爱初期的强烈的爱会转化成依恋。毕竟,身体也会受不了多巴胺等激素长期过度分泌。

令人震惊的是,处于恋爱中的人的很多表现和体征与有强迫症(obsessive-compulsive disorder,OCD)的人相似。因此,虽然对于恋爱中的人来说,把精力都放在伴侣身上是一件很正常的事,但是值得注意的是,迷恋与痴迷可能只有一步之遥。迷恋是浪漫的,而痴迷往往意味着失控。这就是为什么一段新的恋情会让人感到不安,甚至是胆战心惊。

一般来说,上述激素对你的影响是正面的,因为它们不仅可以提升情绪,还能提高你在生活其他方面的动力。刚开始坠入爱河时,你可能会感到不知所措,但幸运的是,一段时间后,你体内的激素水平会恢复常态,生活也会回归平静。

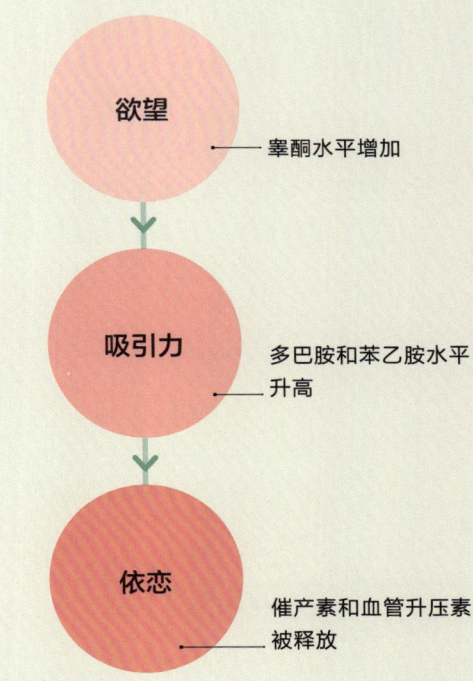

**爱情与激素**

在恋爱的不同阶段,人体中各种激素的水平也不同,这些激素的分泌会对身心产生一系列影响。

晚上

# 在寻找长期伴侣的过程中，最重要的因素是什么？

在寻找终身伴侣的过程中，不管是有意还是无意，我们往往会根据自己的身份、地位、经济状况等因素来选择。

一段恋爱关系得以长期维持与许多因素有关，性吸引力一般来说是最先起作用的因素。科学告诉我们，面部对称性更高的人会让我们的心怦怦乱跳，因为我们的生物本能会将这种对称性视为健康和基因良好的标志。

生物学角度的美很重要，但是身份、社会地位、社交网络等因素在一定程度上对某些人也很有吸引力。那些通过增加财富、提高社会地位及影响力来对抗配对假说（详见本书第164页至第165页）的人是很有可能成功的，这些附加的因素很可能使人提升自己在"约会成功率"排行榜上的排名。体重超标、年龄偏大的企业大亨最终可能会娶到比自己年轻很多的漂亮伴侣。单就外表的吸引力而言，这两个群体好像完全不匹配，因为这些企业大亨看似并不具备优质配偶应有的特征。但事实上，良好的经济条件

**爱情需要培养**

每段亲密关系都会遇到考验和困难。研究显示，有一些关键因素可以帮助爱情经受住时间的考验。

- 找一位和自己有着相似爱好和价值观的人做伴侣。
- 保持亲密互动，恋爱初期的亲密行为有利于维持长久的幸福。
- 辩证地看待配对假说，被"约会成功率"排行榜上排名靠前的人吸引非常正常，但这不一定能确保我们能够得到幸福。

和很高的社会地位给人带来的安全感完全可以弥补外貌和生理上的不足。难怪很多人说，在金钱与地位面前，爱情显得一文不值。

此外，在寻找长期伴侣时，一些体貌特征会被额外关注。女性会倾向于寻找具有高睾酮水平的标志的男性，包括身体健硕、肌肉发达（这样的男性有能力保护自己的家庭）、颧骨隆起、下颌骨轮廓分明、眉毛浓密。而对于男性来说，臀部较宽、乳房突出、五官柔和等特征说明女性体内的雌激素水平较高。第一次约会时，听到远处传来的女性轻轻的脚步声，男性会在性冲动的驱使下，格外期待一睹真容。

无论如何，两个人想要长期维持伴侣关系，必须互相包容，因为欲望和吸引力都不足以长期维持两个人的亲密关系。喜欢看浪漫喜剧的人会相信"异性相吸"，但这很可能只存在于影视剧和小说中。心理学研究、在线约会网站和社交媒体的统计数据都证明了"物以类聚，人以群分"的合理性，也就是说，我们的朋友和伴侣的很多观点很有可能跟我们是一致的。

在一项调查中，有 **53**%的男性以及 **43**%的女性将配偶列为自己最好的朋友。

- 注意培养两个人的友谊，追求共同的兴趣爱好，这样能使两个人的关系更稳固。

- 保持坚定。有意识地要求自己承诺继续爱对方，即使最开始的激情逐渐褪去。

- 经常和伴侣分享自己的感受和忧虑，不惧怕对方的评判的恋人更有可能长久地在一起。

- 保证性生活的合理频率。一项研究显示，每周有一次性生活比每月有一次能使人幸福感大增，这种幸福感相当于每年多赚40000英镑。

晚上

# 为什么我会出现经前期综合征及痛经？

对于上述问题，答案很简单但也很令人惭愧：科学家也说不明白为什么地球上的一半人在半辈子中每个月都要经历这些。

医学研究历来更关注男性，大多数科学家（同样是男性居多）在很长一段时间里都忽略了女性在经期到来时的各种表现。这种"无知"是普遍存在的：调查显示，在全球范围内，有超过一半的人表示自己没有接受过相关的教育，不知道女性为什么会来月经，也不知道女性来月经时身体会有怎样的变化。

人类女性比较特殊，地球上的绝大多数动物都没有月经。目前，科学家对人类女性为什么会来月经这一问题还没有达成共识。一些生物学家认为，来月经可能是防止感染的一种方式，也可能是为受孕做好了准备的子宫内膜过厚，导致女性无法重新吸收它们。

经前期综合征（premenstrual syndrome，PMS）是指女性反复在黄体期周期性出现躯体、精神及行为方面的改变，严重者会影响生活质量。月经来潮后，症状自然消失。这种综合征让很多女性难以启齿又十分痛苦。出现经前期综合征的时候，女性体内的孕酮和雌激素水平下降，心情低落，同时，经前期综合征还会严重影响身体的体液平衡，导致腹胀、水肿和疲劳。

经期间，很多女性常会出现腹部疼痛的情况。子宫收缩及子宫周围的组织充血，会引起下腹及腰部不同程度的疼痛，还有可能导致抽筋。

### 如何缓解经前期综合征和痛经

1. 平日注意适量运动，保持膳食均衡，这样可以让自己心情愉悦，缓解烦躁的情绪。
2. 适量补充维生素$B_6$和钙，这些营养素可以缓解经前期综合征的某些症状。
3. 痛经时，可以洗一个热水澡，以刺激血液流向子宫。
4. 必要时可向医生求助，找出新的治疗方法，如服用某些药物。

> 令人难以置信的是，有一些一贯严谨的科学家公开表示，75%的女性的经前期综合征是由心理因素造成的，证据是这些女性表示她们每个月都会经历情绪波动。

晚上

# 为什么我的经期容易和身边的人同步？

很多人认为，生活在一起的女性来月经的时间也会趋于相同。这种说法由来已久，但是目前的科学研究表明，并没有什么无形的力量可以让不同的女性在同一时间来月经。

---

曾有科学家认为，是信息素这种能引起同种其他个体产生特定行为或生理反应的化学物质导致生活在一起的女性容易一起来月经的现象。

但是后来的研究已经清楚地表明，月经同步很可能只是机缘巧合。女性的月经周期一般为28~30天，且不同女性的月经周期的差异较大。一般来说，月经周期在21~35天都是正常的，而且很多女性的月经周期并不固定，月经提前或推后几天来都有可能，因此生活在一起的女性可能总是会有几个月同时来月经。当几个人恰巧在同一天来月经时，人们往往会对此印象深刻，这其中的道理非常简单，一点儿也不神秘。

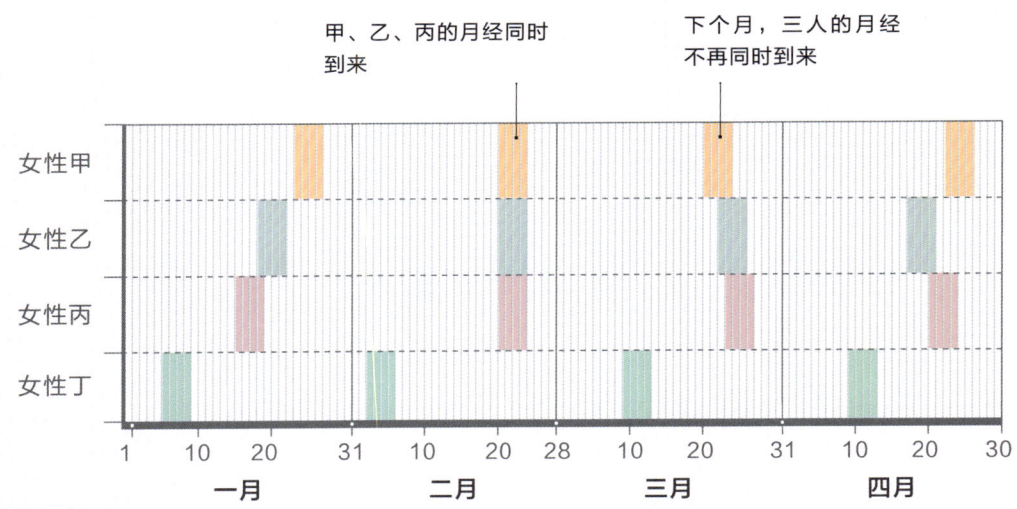

**只是巧合**

上面的日历显示了四位女性的月经周期在四个月的时间里是如何变化的。事实上，每隔一段时间，其中的几位女性的经期就有可能同步，这是很正常的事情。

# 我该如何管理围绝经期？

女性在高龄时孕育子女是有风险的，因此女性的身体将自身的生育能力切换到"关闭"状态有利于保护自己的身体健康。我们不需要考虑如何管理围绝经期，只需在围绝经期到来的时候庆祝一下就可以了。

---

人类女性是少数在去世前会失去生育能力的动物。绝经是指女性随着年龄的增长，卵巢功能完全衰竭，直到月经永久性停止的生理现象。女性围绝经期则是指绝经过渡期至绝经后一年。期间，女性体内的激素水平会发生变化，随之而来的还有一系列不适的症状。

在这个阶段，潮热是最常见的症状。当最后一颗高质量的卵子排出后，女性的雌激素水平下降，人体的温度调节系统好像突然变得"喜怒无常"。以前觉得正常的温度现在会让人感到有些过于温暖，环境温度小幅升高就会让人热得出汗。在日本，大多数女性不会出现潮热，而是会怕冷。女性在围绝经期会出现的其他症状包括头痛、焦虑、易悲伤、皮肤干燥、头发干枯等。

有趣的是，研究显示，那些欢迎绝经期到来并将其视为人生新阶段的女性，出现严重症状的概率要小得多。此外，不同的社会和文化背景也会影响女性在围绝经期的身体情况。

在女性的年轻貌美、生育能力受到重视的地方，女性在围绝经期的不适症状似乎会更严重。相反，在年长的女性备受尊重的地方，绝经导致的精神上的痛苦似乎会少得多。

但是，如果仅凭这些就得出"围绝经期的症状受社会主流文化影响"的结论，未免有些太草率，毕竟在这个阶段，女性的身体会经历自青春期后最大的变化。但是不管怎么说，拒绝羞耻感、积极拥抱这种生理变化，有助于女性更平稳地度过这一阶段。

### 如何平稳度过围绝经期

1. 晚上睡觉时避免环境温度过高，最好使卧室保持凉爽，并且穿宽松的衣服。

2. 好好照顾自己，平衡膳食，定期锻炼，适量晒太阳。尝试让自己放松下来，如经常冥想。

3. 症状严重时及时去看医生。一些女性会接受激素替代疗法来补充自己缺失的激素，该疗法可以有效缓解多种严重症状。

晚上

# 真的有所谓的中年危机吗？

不管在什么年龄段，人都有可能经历情绪上的波动，对生活现状不满，并做出草率的决定。但是不可否认的是，在中年阶段，人的生活压力会达到顶峰，还往往会更经常自省。

在西方国家，40岁以上的人中大约有四分之一的人在接受调查时表示自己正在经历或经历过中年危机。

中年危机是指个体在步入中年期时所经历的自我怀疑、情绪困扰和希望改变生活的感受。这个概念最初是由一位心理学家提出的。后来，"中年危机不可避免"的观点很快蔓延到流行文化领域，中年危机开始被视为一种不可避免的生理现象。

实际上，情绪上的波动在每个人生阶段都有可能出现。但不可否认的是，中年确实是一个充满挑战的年龄段，在此期间，人的满足感会下降，会产生一系列的困惑和危机感。背后的原因可能是人到了中年，面临的来自工作及家庭生活的压力和责任都达到了顶峰。许多心理学家认为四五十岁是人会重新评估生活现状的时期，也是人会意识到自己可能无法实现所有梦想的时期。这种伴随着反思的悲观情绪在生物间有一定的普遍性，因为科学家已经注意到其他灵长类动物在中年时也会有类似的表现。

不管怎么说，我们还是要振作起来。等到我们老了，需要承担的责任变少了，我们的满足感就会逐步提升。

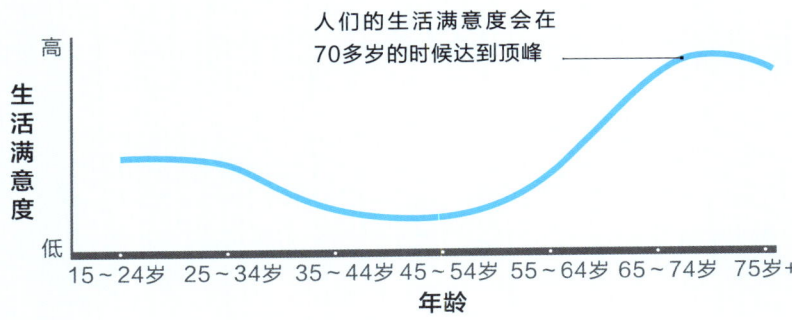

**会变好的**

调查显示，在西方国家，人们对生活的满意度会在45岁左右达到最低点，随后会逐渐提升，在70多岁时达到顶峰。

> 类人猿——这种与人类亲缘关系最为接近的灵长类动物在中年时似乎也会经历一段情绪低落的时期。

晚上

# 我能把心情不好归咎于饥饿吗？

在吃晚饭前变得暴躁、心情不好是有科学依据的。事实上，你真的可以将"饿怒"当作一种生理现象。

---

饿怒在英语中的表达是hangry，这个词由hungry（饥饿）与angry（生气、烦躁）组合而成，指人在很饿但是没有东西可吃的时候感到气愤和沮丧的现象。从进化的角度看，出现"饿怒"在逻辑上完全说得通。在饥饿时变得更有攻击性可以让我们的祖先变成更好的猎人。但是现在，当我们因为堵车而吃不上饭时，这种感受就没什么用了。

空腹时，身体中神经肽Y（neuropeptide Y，NPY）的水平会上升。这是一种广泛存在于中枢和外周神经系统，并维持内环境稳态的激素，它会刺激食欲，导致5-羟色胺水平下降，让我们更加专注且易怒。此外，当体内的血糖水平下降时，大脑的边缘系统会变得不稳定。胃底黏膜分泌的胃促生长素会阻断大脑中负责自我控制的区域的神经回路，让我们变得很容易冲动。

**2018**年，"hangry"一词正式被牛津词典收录。

总之，不要在饿肚子的时候做重大决定或解决重要问题，也不要在空着肚子时与别人吵架。毕竟，感到饿对一个人来说真的是一件大事。

**"短路"的大脑**

一项研究显示，相比于刚刚吃了饭的人而言，饥饿的人带有负面情绪的程度更高。

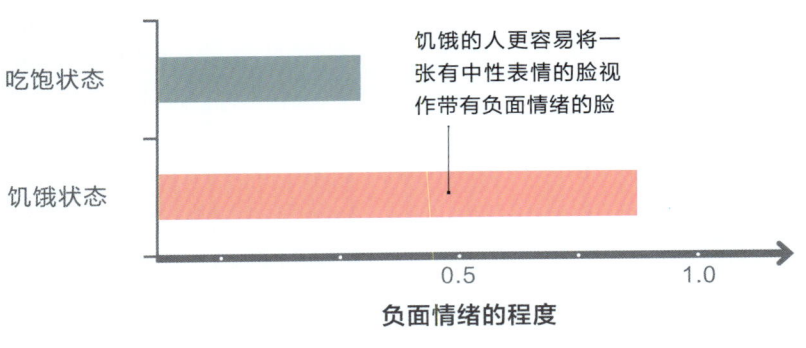

饥饿的人更容易将一张有中性表情的脸视作带有负面情绪的脸

吃饱状态

饥饿状态

0.5　　　1.0
负面情绪的程度

## 晚上大吃一顿对身体有害吗？

科学家并不会像一些营养学权威一样，非要让我们相信"晚上大吃一顿对身体有害"。但是不管怎么说，晚上吃得太多、晚餐吃得太晚不会让我们更健康。

---

经常有人说晚餐吃得太晚会让人长胖。严格来说，这种说法并不属实，实际上，是我们摄入的能量和一天消耗的能量的差值决定了体重的增减。晚餐吃得晚的人或许比吃得早的人更容易长胖，但这是因为这样的人往往运动量较小，并且更常选择高热量的食物，而不是单纯因为晚餐吃得晚。

不过，晚餐吃得晚与体重增加之间并非毫无关系。一般来说，晚餐吃得越晚，往往意味着饿肚子的时间越长，这会导致人在吃晚餐时自控力越弱。这可能意味着晚餐摄入的能量比实际上需要的多。人在这种情况下还可能因为着急吃饭或贪图方便而选择高热量的方便食品。

想要避免这些问题，我们可以尝试提前计划晚上吃什么，以免到时候由于太饿而仓促地做决定。我们很容易养成一些不太好的习惯（尤其是涉及食物的时候），因此要注意晚上不要过于放纵自己（如边做饭，边吃饭、喝酒）。另外，晚上最好少喝或不喝酒。酒精不仅含有很多热量，还会刺激食欲，使我们觉得更饿。

晚上经常吃大餐也会影响身体健康。从生理方面考虑，晚上，身体的很多系统都会逐渐进入休息模式，包括消化系统。晚餐吃得太晚会扰乱生物钟，从而影响睡眠。长此以往，会导致血压水平升高，损害心血管健康。

不过，深夜吃一些零食问题不大，对老年人、处于康复期的病人和其他有特殊需求的人反而还有帮助。

### 理想的晚餐是什么样的？

1.至少在睡觉前三小时进食，这样可以为身体留出充足的时间来消化食物。

2.最好在不饿的时候提前准备食材，而且最好避免选择热量高、营养价值低的食物。

3.如果时间很晚了，但感觉有点儿饿，可以吃一点儿小零食。研究表示，此时吃热量不超过150千卡的食物对身体健康基本无害。

晚上

# 为什么人们正在变得越来越胖？

现在，全球肥胖人口的数量每年都在增加。不过，说我们人类已经退化成没有自控能力的贪婪野兽是不公平的，实际上，问题出在卖给我们的食物上。

---

自1975年以来，全球肥胖人口数量暴增，尤其是儿童和青少年。如果保持现在的增长速度，那么到了2030年，世界上三分之一的人将超重。如果你是来自美国、英国、墨西哥、加拿大或匈牙利的成年人，而且没有超重，那么你已经属于少数群体了。

为什么那么多人都在变胖呢？这不是因为我们缺乏毅力和自控力。人类对食物的渴望源于本能，如今，我们又身处在一个到处都是美味、高脂肪、高糖的食物的世界。而且，那些方便食品对于我们这些既缺钱也缺时间的人来说很有吸引力。

我们的身体对我们也并没有多仁慈：一方面，胃会在没有食物填充时分泌胃促生长素，不管我们是不是真的需要这些食物；另一方面，我们的基因决定了我们会在吃高糖、高脂肪、高盐的食物时，把一切理性的想法都抛之脑后（详见本书第82页至第83页）。从短期来看，这些食物确实会给我们带来快乐。但是，从长远来看，我们的健康状况会受到影响。肥胖不仅会缩短我们的寿命，还会使我们无法健健康康地享受生活。从生物学角度来说，这笔交易并不划算。

多运动对于保持整体健康至关重要，但是如果没有减掉多余的脂肪，那么运动也不能从根本上解决健康问题。可悲的是，对很多人来说，减肥说起来轻松，做起来却很难。直到近些年，科学家才开始特别关注并研究为什么这么多人都无法在短期内减掉多余脂肪这一现象。不管怎么说，有一点是肯定的：我们急需这个问题的答案，来解决目前的危机。

**肥胖可能会使人的预期寿命减少 10 年。**

**我能再多吃一点儿吗？**

在过去的70年里，美国的快餐店和食品制造商逐步增加了很多快餐的分量。现在很多快餐中包含的热量都是20世纪50年代相同食品所含热量的好几倍。

**图例**
- 20世纪50年代的食品份量
- 2020年的食品份量

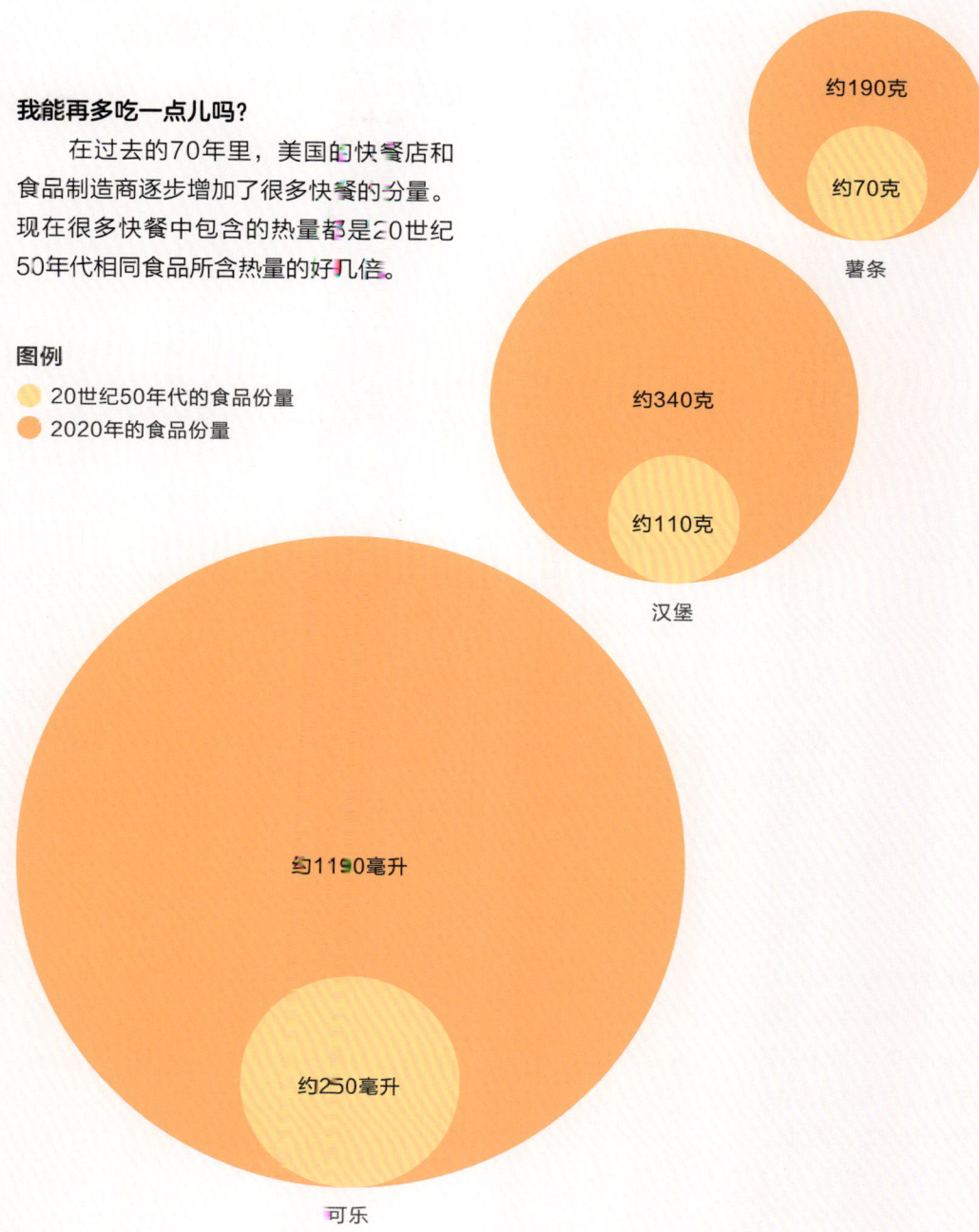

约190克
约70克
薯条

约340克
约110克
汉堡

约1190毫升
约250毫升
可乐

晚上

# 我应该根据身体质量指数来确定我的理想体重吗?

身体质量指数（BMI）是评定体重的指标，但是想要确定更合理、更符合个人实际情况的理想体重，还需要结合更多的信息。

众所周知，脂肪组织是身体的重要组成部分，并且发挥着很多作用。那么，应该如何确定自己的体重是否超标呢？咨询专业人士或健身教练，他们可能会让你计算你的BMI值，即身体质量指数（body mass index，BMI）。

你的BMI值会指出你的体重是属于正常、超重、肥胖还是消瘦。这也是官方用来评估居民体重情况的依据。问题在于，虽然你可以借助BMI值来大致判断自己的体重是否超标，但是BMI值不能用来计算脂肪含量，它没有考虑人的肌肉含量，而同等质量时，脂肪的体积要明显大于肌肉的体积。另外，肌肉含量与身高也不完全匹配。因此，如果你的肌肉很发达，BMI值可能会比较高，而当你的肌肉比较少，BMI值看起来可能比较低，这与理想体重或身体健康并不能完全画等号。实际生活中，BMI值超过正常范围，而身体健康状态非常好的情况是很常见的。

在确定理想体重和评估身体健康状况时，内脏脂肪含量是一个很重要的指标。内脏脂肪过高会影响体内的胰岛素水平，导致血糖水平升高，从

**有用的参考**

BMI是体重（kg）除以身高（m）的平方得出的数值。中国人BMI的正常值在18~24之间。

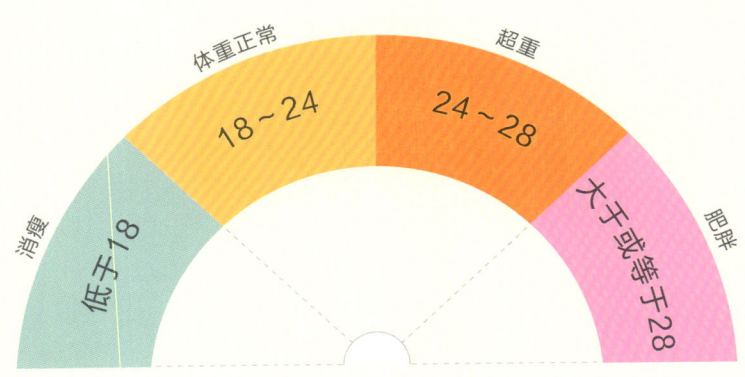

而危害身体健康。想要了解内脏脂肪含量，最好的方法是做身体检查。然而，经常做检查也不现实，因此可以准备一台智能体脂秤，这种产品并不贵，测出的结果也比较可靠。使用时，将手和脚同时放在体脂秤的面板上，体脂秤就可以评估人体内的脂肪、水分及肌肉的比例。

相较于BMI，目前有一个更新也

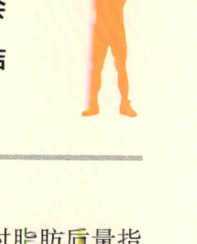

一个身高1.83米、体重达96千克的奥运会冠军，计算BMI后，结果显示为"肥胖"。

更准确的公式，叫作相对脂肪质量指数（relative fat mass index，RFM），利用这个公式，只需要知道身高和腰围，就可以估算出体脂含量了。网上也有很多应用程序可以帮助你进行估算。

## BMI是比利时人发明的吗？

与对待很多公式的态度一样，很少有人会去质疑BMI的科学性。实际上，BMI的诞生已有一百多年的历史，最初是根据经常久坐的比利时人的体型和体重制定的。从各个角度来看，用BMI来评定体重的方式确实应该更新了。

19世纪，喜欢用数据说话的比利时数学家、天文学家凯特勒想要用简洁明了的方法评估人的健康状况。在没有计算器和计算机的年代，凯特勒发明了一种简单的方法，那就是通过一个人的身高和体重，来粗略估算其"肥胖指数"。

人寿保险公司很快就意识到他们可以利用这个方法来计算人们的平均体重，并向超重和肥胖的群体收取更高昂的保费。大约100年之后，美国的安塞尔·基斯教授将凯特勒提出的公式命名为身体质量指数，也就是我们今天所熟知的BMI。

晚上

## 我觉得自己吃得很合理，但是我为什么无法控制体重的增长？

我们人类是出了名的不擅长判断自己是吃得多还是吃得少的物种。事实上，我们对"合理"的判断很有可能是错误的。

有的人即使一桶接一桶地吃冰激凌也不会发胖，而有的人似乎仅仅吃一小口巧克力就会胖，人和人之间为什么会有这么大的差别长久以来都是未解之谜。是因为那些身材好的人新陈代谢更快、意志力更强，或是天生就有能让自己穿上紧身牛仔裤的"苗条基因"吗？

实际上，这种情况很有可能是由人为因素造成的。我们非常不擅长判断自己到底吃了多少东西，我们中的大多数人都会大大低估自己一天中摄入的能量。含糖量高的饮料，牛奶咖啡，下午茶时间吃的饼干，晚上喝的红酒……这些食物吃起来很容易，也很容易被遗忘。每吃一种，我们摄入的能量都会增加。有趣的是，研究显示，神经性厌食症患者经常高估食物的热量。

每个人身处的环境不同，身体的基础代谢率也不同。一般来说，年龄较小、身体肌肉含量较高的人，基础代谢率相对较高。两个身材完全相同的人的基础代谢率也可能不同。这可能足以解释为什么我们的那些身材苗条的朋友每天都比我们多吃一份甜点也不会发胖。

想要实现摄入的能量与自身的能量消耗相等并非易事，这可能需要我

### 想要减肥吗？

1. 每顿饭的量少一点儿，盘子里的食物少一点儿，暴饮暴食的可能性就会小一点儿。

2. 定期锻炼对于保持体形和身体健康至关重要，高强度间歇训练等运动对于能量消耗特别有效。

3. 坚持记饮食日记，而且要注意不要有漏网之鱼。研究显示，用图像记录每天的饮食比用文字记录更容易带来良好的减肥效果。

4. 适度饮酒。含酒精的饮料不仅热量高，没什么营养，还会影响人的判断力，使人更难准确计算出自己实际上的能量摄入量。

们付出长久的努力。一般来说，每个人每年会增重0.5千克，但我们不能将其完全归咎于基础代谢率下降。体重缓慢增长的主要原因是随着年龄的增长，我们的运动量越来越少。

我们都知道肥胖与身体脂肪含量过高有关，但实际上，脂肪含量过低同样对身体有害。以女性为例，当体脂率下降至10%左右（正常范围是20%~25%）时，体内的能量储备已经岌岌可危，这可能会造成雌激素水平下降、闭经，导致性欲和生育能力下降，还会使身体无法维持正常的骨密度，容易出现骨质疏松。当体脂率继续下降时，甚至可能出现器官萎缩、身体多项机能衰退的情况。

总的来说，脂肪本身并不是我们的敌人。恰恰相反，脂肪有利于维持体温正常，维持脂溶性维生素水平，能够为身体提供充足的能量储备，让我们的身体可以保持活力。

很多人的"饮食日记"上记录的食物摄入量比实际摄入的少约 **30**%。

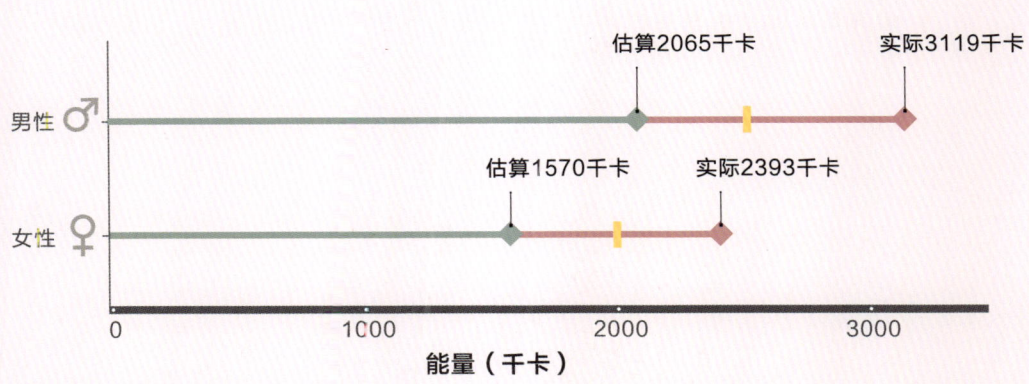

**估算的能量与实际的能量**

在一项研究中，研究人员对比了人们估算的每日能量摄入量与实际上能量的摄入量。结果显示，几乎每个人都会低估自己的能量摄入量，且男性估算的数值与实际上的数值的差距更大。

图例
- 自己估算的能量摄入量
- 实际的能量摄入量
- 能量推荐摄入量

晚上

## 脂肪对我来说是好是坏？

在20世纪，没有什么营养素的遭遇比脂肪还一波三折。最近的研究指出，在很多问题上，脂肪与其说是罪魁祸首，不如说是替罪羊。

自20世纪50年代起，脂肪就被当成包括肥胖在内的许多健康问题的元凶。但事实上，大多数指责是毫无根据的，是完全出于营销的目的的（详见本书第85页）。伴随着这种刻板印象的形成，各种低脂饮食也流行开来。这些低脂饮食短期食用可能有利于减重，但长期食用可能会导致一系列健康问题。

脂肪酸根据分子结构可分为饱和脂肪酸和不饱和脂肪酸两类，许多肉类和油中都含有这两种脂肪酸。较长链的饱和脂肪酸在室温下

**1克脂肪包含9千卡的能量，1克糖包含4千卡的能量。**

呈固态。饱和脂肪酸主要来自动物性食物，也存在于椰子油和棕榈油中。摄入过量的饱和脂肪酸会导致胆固醇水平过高，从而危害健康。血浆中胆固醇的水平过高，可能引起动脉粥样

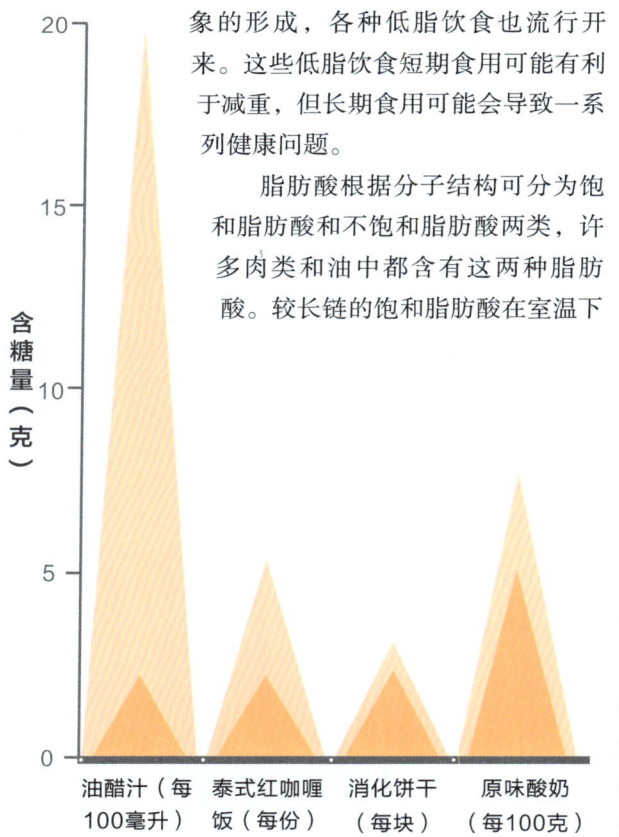

图例
■ 常规版本
▨ 低脂版本

**低脂高糖**

对比很多食品常规版本的含糖量和低脂版本的含糖量，结果可能会让你大吃一惊。脂肪含量少往往意味着口味变差，因此许多食品制造商会通过大量添加糖来弥补产品口味上的不足。

### 优质脂肪来源

1. 植物油，如橄榄油、葵花油以及菜籽油。
2. 坚果，如杏仁、花生。
3. 牛油果。
4. 油性鱼类，如鲑鱼、鳟鱼和沙丁鱼。

硬化，这与往水槽中倒入太多的猪油会堵塞下水道是同样的道理。不饱和脂肪酸主要存在于鱼肉和植物性食物中，可以降低血液中胆固醇的水平，降低血液黏稠度，防止血管阻塞，有益于心脏的健康。

总的来说，脂肪可以长时间为身体供能，还可以减少饥饿感。脂肪是人体重要的产能营养素和储能物质，在身体组织的构成、激素的合成、营养素的溶解等方面都发挥着至关重要的作用。

严格来说，脂肪并不会让我们发胖，不过它们确实会使食物更加可口，这或许会导致我们吃得更多。一味选择低脂的食品不是明智之举，尤其是精加工的低脂食品，因为这些食品中额外添加的用于调味的糖反而可能导致体重增加，并引发更多的健康问题。

### 从英雄到恶魔

心脏病是一种现代社会比较常见的疾病。在20世纪60年代，美国约有三分之一的男性死于心脏病，很多人都将责任归咎于饱和脂肪酸。

为此，科学家开始寻找对心脏有好处的黄油的替代品，这导致人们生产出了一种可以被称为"毒药"的物质，即反式脂肪酸（trans-fatty acid）。富有创造力的化学家发明了一种将液体植物油转化为半固体、可涂抹的脂肪的方法，他们还在里面添加了黄色食用色素，使这种脂肪看起来很像黄油。这种"点石成金"的技能是通过在加热的添加了镍元素的植物油中通入氢气来完成的。

然而，在20世纪90年代，研究证实，反式脂肪酸对人体的危害是致命的：身体会将反式脂肪酸加工成"坏"胆固醇，这种胆固醇易导致血管阻塞。

如今，大多数制造商不会再在食品中添加反式脂肪酸，但在购买食品时，最好还是要反复确认营养成分表，避免购买含有反式脂肪酸的食品。

晚上

# 我的体重是受基因控制的吗？

我们中的很多人一出生就注定很难拥有超级苗条的身材，这是因为这些人的基因密码让他们的身体善于将多余的能量转化为脂肪。

我们的基因在很大程度上决定了我们是高是矮，是天生的马拉松运动员，还是容易患高血压和心脏病。至少有50组基因会影响身体囤积脂肪的能力。例如，如果我们体内的 *MMP2*（基质金属蛋白酶2）基因异常，那么我们的身体可能会比大多数人的制造脂肪的速度更快。大约三分之一的女性的这种基因存在异常。这样的人在食物供应不足的环境中是幸运的，但是在如今这个充满了廉价快餐的环境中，他们就会面临很大的困难。

此外，相关研究显示，肥胖易感基因（*FTO*）会抑制新陈代谢，降低能量消耗效率，从而导致肥胖。体内 *FTO* 基因较多的人平均体重较高。该基因还可能在食欲的控制方面扮演了一个重要的角色。然而，对此人们并不是完全束手无策，研究显示，定期锻炼可以抑制 *FTO* 基因发挥作用。

多数情况下，对于多余的体重长在身体的哪个部位，个人是无法控制的。人储存脂肪的方式与基因有关。"梨型身材"的人的脂肪主要囤积在臀部、大腿上，这些部位的脂肪属于皮下脂肪。"苹果型身材"的人的脂肪主要囤积在腹部，因此这类人的肚子通常看起来很大、很圆，这样的脂肪属于内脏脂肪。内脏脂肪过多容易导致胆固醇高、胰岛素抵抗等，也就是说，苹果型身材的人更容易患2型糖尿病以及心脏病。

针对内脏脂肪过多的问题，目前并没有特别行之有效的解决方案，吸脂手术针对的也不是内脏脂肪。不过，好消息是，提升睡眠质量、缓解压力以及定期进行有氧运动能够帮助器官甩掉周围多余的脂肪。

**大约 90%的人**拥有可以让身体更好地将多余的能量转化成脂肪的基因。

> 在肥胖率较高的国家，很多居民都携带着一种基因，这种基因可以让人从吃东西的过程中获得更多的快乐。

晚上

# 肠道微生物可以帮我控制体重吗?

肠道中的微生物以我们吃的食物为食,具有多重功能,其中有一些微生物可以帮助我们预防肥胖。

我们的身体中到处都有微生物,单单是肠道中就生活着数万亿的微生物。虽然微生物是我们散发令人反感的口气的罪魁祸首之一,但是我们还是应该对它们的存在表示欢迎,因为微生物可以帮助人体从食物中吸收营养物质,产生人体必需的维生素,平复过度活跃的免疫系统,减少炎症的发生,增强人的免疫力。

最新研究发现,肠道微生物也会影响体重增加的速度。研究人员发现,肥胖人群或经常吃大量精加工食品的人,体内生活着多种消化能力特别强的微生物。这些微生物似乎可以帮助身体从食物中吸收更多的能量,使人更容易长胖。

是这些人的体内原本就有这些容易促成脂肪生成的微生物,导致他们肥胖,还是因为肥胖或者吃精加工食品过多,导致这些微生物大量繁殖,目前还没有定论。有可能上述说法都是正确的。目前的研究显示,多吃蔬菜、水果和坚果,可以减少这些与肥胖相关的微生物的数量,从而有助于

粗加工食品

有益健康的肠道微生物:
普雷沃菌属、考拉杆菌属、嗜黏蛋白阿克曼菌

容易促进脂肪生成的微生物:
卵形布劳特氏菌、毛螺菌属、瘤胃球菌属

精加工食品

图例
■ 体重正常
■ 超重或肥胖

**改善肠道菌群环境**

研究显示,膳食中包含大量精加工食品与体内包含过多让人更容易长胖的肠道微生物之间存在一定的关联。多吃粗加工的植物性食品可以减少这类微生物的数量。

我们控制体重。

维持肠道菌群平衡有助于促进整体健康和管理体重。多吃富含膳食纤维的食物很重要，它们是微生物最爱的食物。在结肠中的微生物获取能量的过程中，身体可以吸收有益健康的矿物质，如钙和铁。这些微生物还会分泌维生素K，从而有利于血液凝结。

目前，市面上有很多益生菌食品，有的产品中包含有益的活生微生物。当我们体内的微生物"大军"兵力不足时，补充这类食品对身体有一定益处。不过，如果我们的身体足够健康，这类食品的作用就不大了。

还要注意，最好仅在必要时服用抗生素，由于抗生素不会区分哪些细菌对身体有益，哪些对身体有害，因此可能会杀灭肠道中对人体有益的细菌。

### 益生菌的作用

1.鼠李糖乳杆菌可以提升机体免疫力。

2.乳酸乳球菌有助于预防和治疗腹泻。

3.植物乳杆菌可以缓解肠易激综合征。

## 人有"第二大脑"吗？

有一些生物学家认为，人体内有两个"大脑系统"存在。"第二大脑"是肠道内的神经系统，由分散在食道、胃、小肠、结肠组织上的神经元、神经传感器和蛋白质组成，工作原理与头部的大脑相似。"第二大脑"可以独立于大脑之外工作并进行信号交换。

"第二大脑"会对我们的情绪变化做出反应。当我们感到痛苦时，它也会忐忑不安。比如我们在考试前、面试前或公开演讲前都有可能感到紧张和恐惧，这有可以导致排便。这是肠道在我们"或战或逃"前，努力减轻多余的身体负担的表现。在我们感到焦虑、有压力以及情绪低落的时候，身体分泌的激素和神经冲动会指导"第二大脑"减缓运行速度或完全停止运行，这也就难怪心理问题往往会引发一系列胃肠道问题和消化问题。此外，充满压力的生活与肠易激综合征之间存在着显著的相关性。

晚上

# 最好的减肥食谱是什么？

想要减掉多余的脂肪，并没有什么完美的方法，特别糟糕的方法倒是有不少。想要判断一种减肥方法的好坏，诀窍就是要辨别其科学性，并且要有耐心。

---

我们都懂这个道理：如果我们摄入的能量比身体需要的能量少，那么身体就会消耗其储存的脂肪。但现实情况是，要做到这一点非常困难。许多减肥方法给出了具体的食谱，严格规定了某些营养素的摄入量，如以克为单位规定每日脂肪的摄入量的上限，仿佛只要严格限制脂肪摄入量就一定可以减肥。但是，脂肪是人体最有效的储能形式，其能量密度大，而且能带给人更持久的饱腹感和更强的满足感，使人可以自然而然地少吃。一味减少脂肪的摄入量可能会引发种种健康问题。

**单纯采用节食法减重，除了会减掉脂肪，还会减掉肌肉。**

当然，并不是所有的食谱都是不科学的，例如，减少碳水化合物的摄入确实对减肥有效。相比于碳水化合物含量高的食物，蛋白质含量高的食物更能让人有饱腹感。比如，我们很容易在不知不觉中吃掉100克薯片，但是吃掉100克鸡胸肉可不太容易，而前者包含的热量是后者的4.5倍左右。

另外还要注意，在短时间内快速减重容易带来一系列的健康问题，如影响心理健康，让人变得过分执拗，导致肌肉和脂肪一起流失，等等。快速减肥还容易导致"溜溜球效应"（即体重反弹），让人陷入"减了又肥，肥了又减"的恶性循环。研究证实，通过逐步改变生活方式（即逐渐减少食物摄入量，同时多运动）来慢慢减轻体重，可以获得最好和最持久的减肥效果。

> **注意食品生产商的话术**
>
> 1. "清洁饮食／生食"：如果只吃生食，就很难摄入充足的营养。
> 2. "天然"：化学物质和添加剂不全是不好的东西，比如食品添加剂可以保鲜。
> 3. "科学"：一些排毒餐可能会声称有科学依据，但实际上这些依据大部分是虚构的。

| 膳食类型 | 具体描述 | 科学解释和评价 | 有效果吗？ |
|---|---|---|---|
| 计算食物热量法 | 严格控制一天中能量的摄入量，不严格限制食物的种类 | 当摄入的能量少于身体消耗的能量时，体内储存的脂肪就会被消耗 | 有效果，但有研究显示，大多数节食者的体重在停止节食后会反弹 |
| 间歇性禁食 | 周期性地在一定的时间内保持零能量或低能量摄入，其他时间正常进食 | 短期内大量减少能量摄入不会造成身体不适，还可能会加快脂肪的消耗 | 目前研究人员还没有完全了解这种饮食方法给人带来的影响 |
| 生酮饮食 | 脂肪含量高、碳水化合物含量低、蛋白质含量适中的饮食 | 人长期处于饥饿状态下，会消耗脂肪来为身体供能 | 可以迅速减重，但也会导致一系列的副作用，如导致能量摄入不足、头晕头痛、缺乏维生素等 |
| 原始人饮食（原始饮食） | 只吃或主要吃肉类、蔬菜、水果等食物，不吃乳制品和加工食品 | 科学性存在争论，有学者认为这种饮食方式很健康，但也有学者认为这容易导致免疫力下降、营养不良 | 有效果，但也会导致一系列的副作用，如胆固醇升高、精神不振、缺乏部分营养素等 |
| 阿特金斯饮食 | 将碳水化合物摄入量降到最低，尤其是精加工的面粉和糖制品，不限制肉类的摄入量 | 人长期处于饥饿状态下，会消耗脂肪来为身体供能 | 有效果，但是这种方法很难坚持。此外，肉类摄入量大、高脂肪的饮食有可能影响整体健康 |
| 极低能量饮食 | 严格规定能量的摄入量，大量减少食物摄入量 | 针对极肥胖患者的在短期内减重的方法，不适用于所有人 | 有效果，但是会导致脂肪和肌肉快速减少，让身体进入危险的"饥饿"模式 |
| 排毒饮食 | 利用果汁和"超级食物"来清除体内积累的毒素 | 人体的肾脏和肝脏本身就具有很强的排毒能力，因此这种方法作用不大 | 没有效果。如果你整体吃得很少，体重可能会减少，但这与所谓的排毒没什么关系 |
| 酸碱平衡饮食 | 重新建立身体的酸碱平衡，促进脂肪消耗 | 身体会严格控制和调节体内的酸碱值，因此这样做是没有必要的 | 没有效果 |

**菜单上有什么？**

　　许多饮食方法确实可以帮助我们减重，但也可能会带来一系列的副作用，其中有一些甚至会对身体健康造成严重危害。在开始减肥之前向医生咨询不失为明智之举，因为医生可以从科学的角度给出相关的建议。

晚上

# 地中海式饮食有哪些好处？

很多科学家认为地中海式饮食对健康很有益，但是想要获得这些益处，你不仅要学习这种饮食方式，还要模仿生活在地中海沿岸的人的生活方式。

保持身心健康、均衡膳食与长寿密不可分。有研究人员在经过分析和研究后指出，地中海式饮食是最健康的饮食方式之一。

地中海式饮食泛指希腊、西班牙、法国和意大利南部等处于地中海沿岸的欧洲国家以蔬菜、水果、鱼类、五谷杂粮、豆类和橄榄油为主的饮食风格。研究发现，地中海式饮食可以降低心血管疾病、糖尿病、中风的发病风险。

不过，这里推荐地中海式饮食不是要你像生活在那些地方的人一样，吃法式奶酪、培根蛋酱意大利面、喝红酒，而是要你学习他们的饮食习惯、烹饪习惯乃至生活习惯。地中海式饮食的特点是食材新鲜、多食蔬果、少食肉类、少食加工食品。此外，他们的烹饪原则也很值得学习，少高温、少油炸是地中海式饮食的重要烹饪原则。

努力实现一周吃两次鱼的目标，其中一次要吃富含不饱和脂肪酸的鱼，如鲑鱼。

## 想要像地中海人一样生活吗？

1. 吃种类丰富的蔬菜和水果，蛋白质的来源以白肉和海鲜（主要是鱼）为主。
2. 饮食中搭配大量的当季豆类与坚果。
3. 以优质橄榄油为主要的烹饪用油。适量摄入乳制品，少吃红肉，控制动物性脂肪的摄入量。
4. 避免食用加工食品，偶尔吃点儿糖果和甜点。
5. 尽可能在户外进行体育锻炼，将其作为日常生活的一部分。
6. 保证充足、不受干扰的睡眠，最好有午睡时间。

> 科学家推荐的不仅仅是地中海式饮食,还包括地中海人的生活方式。

晚上

# 成为素食者会让我更健康吗？

有些人可能会问这样一个问题：既然吃肉的习惯曾帮助人类在进化的过程中幸存下来，那么我们可以只吃素吗？答案是可以，但是要明白应该怎么吃。

在发达国家，素食者一度被视为怪人，但是如今，在各种因素的影响下，素食者如雨后春笋般涌现了出来。在一些饮食以肉类为主的国家，近几年素食者的人数增长了五六倍。

虽然有研究者认为，吃肉会加速全球变暖，但实际上，大多数人转变为素食者不是为了保护地球，而是受到"吃素能让身体更健康"的说法的影响。

一般来说，膳食中植物性食品的比例高、动物性食品的比例低的饮食习惯对身体有益。以植物性食品为主的膳食与较低的肥胖率和寿命更长、身体更健康呈相关性。过量摄入红肉和加工肉制品容易引发心脏病、2型糖尿病和肠癌等疾病。但是，如果没有找到恰当的替代品，只是简单地停止摄入肉类、鱼类和乳制品，就会导致营养不良。

## 我需要什么？

如果你想成为素食者，那么了解从哪些食物中可以获取右边的这些营养素就显得很有必要。例如：针对维生素$B_{12}$，因为干香菇和藻类等食物中只含有少量该营养素，所以你可能需要适量服用补充剂，或补充一些"强化食品"。

| 营养素 | 维生素$B_{12}$有利于促进神经纤维修复，促进人体内血红蛋白的生成 | 铁可以合成血红蛋白，以运送氧气 |
|---|---|---|
| 食物来源 |  在干香菇、藻类等中含有少量维生素$B_{12}$ |  西蓝花、菌菇类、藻类、坚果类食物中含有铁 |

许多关乎生命健康的营养素可以通过荤素搭配的膳食轻松获取。只吃素的话，很容易造成某些营养素摄入不足。为了顺利地实现从杂食者到素食者的转变，我们需要了解吃素时可能缺乏的营养素，然后有意识地额外补充这些营养素。

素食者的身体很难从植物性食品中获取充足的钙和铁，因此需要额外加以补充，还可以吃一些富含维生素C的食物来促进铁的吸收。素食者还需要多补充优质蛋白质和油脂。总之，素食者需要特别注意补充下表中列出的营养素，尤其是孕妇、儿童和病人。对部分群体来说，适量服用维生素补充剂不失为一个好主意（详见本书第30页至第31页）。

## 素食主义起源于一只猪

现代素食主义的奠基者是唐纳德·沃森。在他还只有十几岁的时候，有一天，他习惯性地前往他叔叔的农场，亲眼看见一只猪被屠宰，他感到很震惊、很后怕。从那一刻起，他决心成为一名素食者。慢慢地，他从不吃肉转变为放弃所有动物性食品，包括乳制品，后来又演变成不穿皮革、羊毛和丝绸制品。整理花园时，他甚至不用铲子、铁锹，而是用叉子来翻动土壤，以免不小心把土壤中的蚯蚓切成两半。在20世纪40年代，他创办了全球第一个纯素食协会。现如今，仅在英国境内，该协会就吸引了数十万名追随者。

| 钙是构成骨骼和牙齿的主要成分，能够维持神经和肌肉的活动 | 缺碘会导致甲状腺激素合成减少，导致基本生命活动受损 | n-3系列脂肪酸对于保持血管畅通、降低心脏病发病风险至关重要 |
|---|---|---|
|  |  |  |
| 豆腐、强化大豆、米饭、燕麦、坚果及部分绿叶蔬菜（如卷心菜）中都含有钙 | 海藻和加碘盐中富含碘 | 亚麻籽油、菜籽油、核桃油中含有n-3系列脂肪酸 |

晚上

# 为什么饮食指导总是变来变去？

在营养与饮食方面，科学家们给出的建议总是变来变去，这不仅仅是因为资金问题，还因为科学理论本身就在不断更新。

鉴于你看到的有关健康饮食的文章和观点（来自杂志、书籍、网络、电视节目，甚至是学位论文）实在是太多了，你可能觉得科学家对健康饮食的研究已经很透彻了，但事实并非如此。

健康饮食行业给出的大多数饮食指导都与舒芙蕾一样，不容易保持。就连敬业的科学家也承认，当谈到究竟怎么吃才能更长寿时，只有一小部分有确凿证据的事实可以作为科学依据。饮食指导之所以总是变来变去，是因为营养学本身就不太精确。

理想状态下，研究人员应该征集大量的志愿者并随机分组，给予每个组不同的饮食，然后跟踪记录每个组组员的动态。在几十年的时间里，研究人员应该密切关注每个人的情况，记录不同小组的成员在健康方面的显著差异。这听起来很简单，但实际上这样的研究基本上无法实现，而且成本也过于高昂。

对于一个人来说，坚持节食6个月已经很难了（大概只有50%的节食者能够做到），更不要说数百人数十年如一日地坚持下去了。试想一下，

### 5种还是10种？

目前没有任何一项研究的结果可以证明每天吃一定量的水果和蔬菜一定可以延长寿命。不同的国家会根据现有的研究来给出不同的每日果蔬建议摄入量。

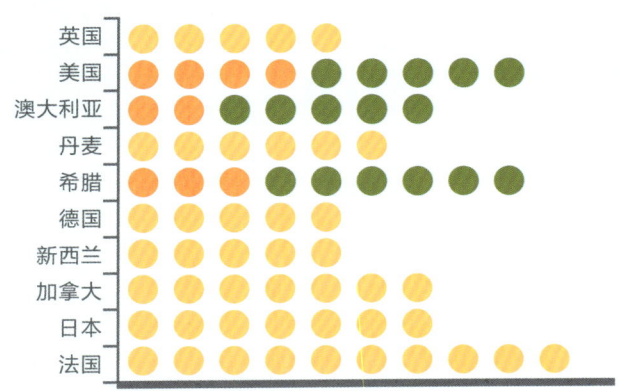

每日果蔬建议摄入量

图例
- 水果
- 蔬菜
- 水果或蔬菜

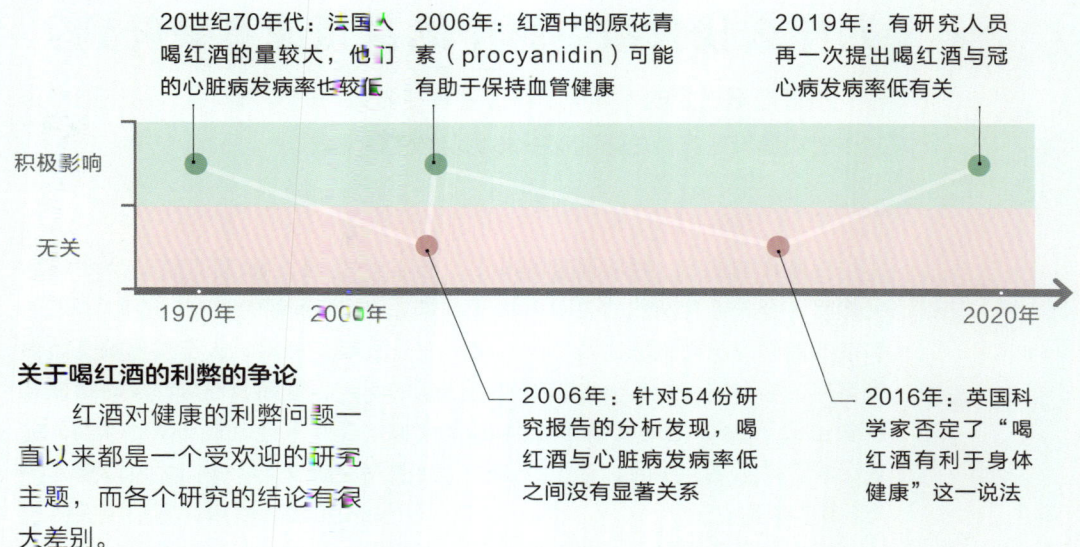

## 关于喝红酒的利弊的争论

红酒对健康的利弊问题一直以来都是一个受欢迎的研究主题，而各个研究的结论有很大差别。

如果要求你坚持二十年每天都吃一个煮鸡蛋，那么你可能过不了多久就再也不想吃鸡蛋了。

因此，大多数营养学的结论都基于问卷调查或饮食日记。这些结论也存在很大差异。曾有研究人员经过多年研究，得出了"每天喝一两杯红酒对身体有好处，可以降低心脏病发病率"的结论。然而，后来也有很多研究表明，这些每天喝一两杯红酒的人往往生活更富裕，并且有着很多良好的生活习惯，而这些情况可能才是他们心脏健康状况良好的原因。

关于健康饮食，可以确定的是，你需要吃足够多的食物，以免营养不良。但是也不能吃得太多，否则多余的能量会转化为脂肪，导致体重超标。

此外，还有一点也是毫无疑问的，那就是有一些营养素是身体所必需的，你的健康离不开这些营养素。有一些营养素是身体需要而体内不能合成或者说合成不足的，包括维生素、矿物质、必需氨基酸、必需脂肪酸等。长时间缺乏其中任何一种营养素，都会危害身体健康。总的来说，除了一些基本的营养学知识，其他饮食指导几乎都只能算是基于科学的有依据的猜测。

晚上

## 为什么我会被电影中的音乐或音效吓到？

不管是霸王龙的咆哮声，还是鲨鱼在狩猎时的背景音乐，聪明的电影制作者知道某些声音总是能够引发观众的生理反应。

嘎吱作响的门，呼啸而过的风，突然间，令人毛骨悚然的尖叫声和不和谐的钢琴声响彻整栋建筑……不仅仅是你，电影院里的其他人听到这些声音也会不由自主地从椅子上弹起来。不管是不是真实的，有些声音总是会让人害怕。

听到怪异的声音会感到紧张是由我们的基因决定的。不受人为控制、始终处于警觉状态的杏仁核会在听到一些它认为是危险的信号的声音时被激活，进而引发一系列的身体反应。下丘脑会通过调节激素的产生和释放，来调节自主神经系统，导致心率增加、血压飙升、瞳孔放大等身体反应。如果一个人的杏仁核受损或被切除，他就无法再产生恐惧感。

当我们处于紧张状态时，突然出现的噪声会让我们跳起来。为了保护眼睛，我们会不由自主地眨眼，而为了保护脑颅的后部，肩膀和颈部的肌肉会迅速收缩。

受到惊吓时，人会发出响亮而尖锐的叫声，这种表现与许多动物极其类似。尖叫声会引发身体的恐惧，进而激发应激反应。我们之所以觉得一些声音很可怕，是因为它们与尖叫声很相似，如汽车刹车时发出的刺耳的声音，救护车的警笛声，以及恐怖电影里小提琴断断续续的演奏声。

并不是只有足够大的声音才会吓到我们。凳子与地板摩擦发出的声音可能也会让我们感到恐惧，因为这种声音似乎可以解锁我们从祖先那里继承的本能：如果他们不够警觉，无法通过树枝被触碰时发出的不同寻常的声音察觉到捕食者在靠近的话，他们可能早就成了捕食者的盘中餐。同样的道理，呼呼作响的风会让我们紧张起来，是因为风声会掩盖住一些微小的声音，让人感觉不到捕食者正在靠近。这就是为什么许多野生动物在刮大风时会停下脚步。

电影制作者巧妙地利用了我们这

**突然听到80分贝或者更大的噪声会让我们不由自主地跳起来，如听到闹铃的声音时。**

种容易受到惊吓的天性。我们往往害怕听到吵闹的声音、咆哮声和低沉的响声，因为在大自然中，这些声音很有可能是由一些大型的野兽发出的。缓慢且音调很低的声音会让人产生压迫感，感到焦虑，所以给本来就会让人紧张的场景配上这样的背影音会放大不安的感觉。有些电影中甚至添加了我们无法察觉的次声波（频率低于20赫兹的声波），虽然我们听不见这些声音，但是身体的或战或逃反应可能会被激发。

许多人喜欢看恐怖电影，是因为在安全的电影院中，肾上腺素飙升带来的刺激感超越了恐惧感。我们允许自己享受恐惧带来的刺激感，是因为我们知道情况在自己能够控制的范围内。

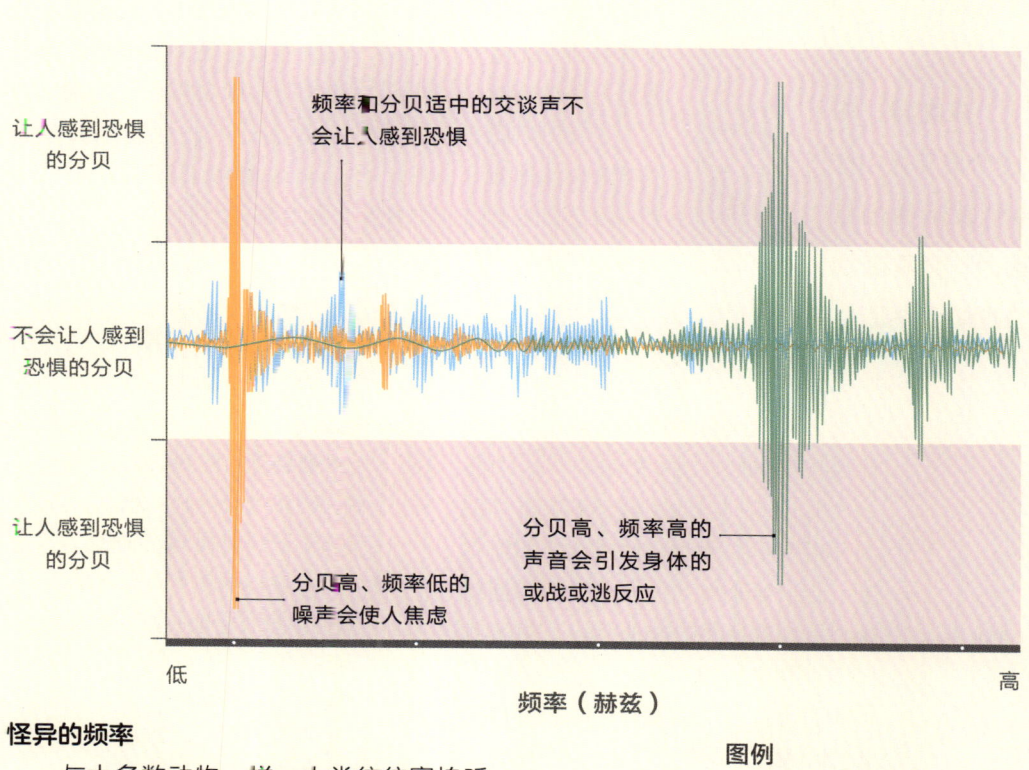

**怪异的频率**

与大多数动物一样，人类往往害怕听到处于可以听到的频率范围临界点的噪声，如狮子的咆哮声或人类的哭声。

晚上

# 为什么社交媒体如此让人上瘾？

社交媒体的新消息提醒会使人分泌负责传递兴奋的神经递质——多巴胺。当你期待得到"点赞"时，你会一心一意地等待下一次兴奋感的来临。

沉迷于关注社交媒体的更新，不停地查看电子邮件，雷打不动地玩电子游戏……这些类似强迫症的行为都是由多巴胺驱动的。在尝试了很多次之后得偿所愿时，获得的情绪上的回报容易让人无法自拔，乃至成瘾。

多巴胺是下丘脑和脑垂体腺中的一种关键的神经递质，能够传递兴奋和开心的信息，让人满面春光，产生行动的动力。事实上，体内没有多巴胺的动物甚至可能连吃东西的动力都没有。

社交媒体上的"点赞"和"关注"可能不如食物、性或金钱那样有吸引力，但来自其他人的赞美和追捧还是可以刺激多巴胺的分泌。由于我们没有办法预测有没有人会给自己点赞和关注自己，以及什么时候会得到点赞和关注，因此我们会不停地刷新社交媒体，期待看到满屏的点赞和"粉丝数+1"。也许未来有一天，我们会赢得"大奖"：有名人或网络上的红人为我们点赞或关注我们。

想要避免成瘾行为，可以试着培养一个与智能设备无关的爱好。研究显示，相比于刷社交媒体，能激发创造力的爱好能让人产生更多的多巴胺。你还可以参考下面的方法，来"戒掉"社交媒体。

在美国，每10个成年人中有4个表示他们会因为一直刷新社交媒体而失眠。

### 想要避免过分依赖社交媒体吗？

1.看看手机的亮屏时长和手机软件的耗电排行，它可以告诉你你花了多长时间来关注社交媒体。你看到的结果可能会让你大吃一惊，这样你就有动力减少花在这上面的时间了。

2.卸载经常查看的手机应用软件。试着30天不使用这些软件，看看你是否还想重新下载和安装它们。

> 生活中，当你获得回报时，多巴胺系统会被激活，大脑中的奖赏系统就会启动。这种回报可能来自食物、金钱、性，也可能来自社交网络上的点赞。

晚上

# 我怎样才能改掉自己的坏习惯？

习惯的养成不受大脑中影响意识和决策的区域的控制，并且习惯与大脑中的奖赏系统之间的连接不可能在一夜之间被切断。

习惯的形成与基底神经节有关。这种习惯包括记忆习惯、重复的行为习惯以及思考习惯。基底神经节的运作遵循"如果—就"原则，即如果我们做了某个动作，大脑中的奖赏系统就会被激活，大脑会分泌多巴胺，就像是在夸我们"做得好"。经过数月或数年的重复，基底神经节和奖赏系统之间的连接会加强，无论好坏，这个习惯都会被保留下去。

当一种习惯的存在会给我们带来伤害，让我们感觉自己无法控制自己的行为，或者我们需要投入地越来越多，只是为了"感觉正常"时，这种习惯的存在就变成了一个问题。如果一直放任或者迁就它，这种习惯就会变成一种成瘾行为。任何能够刺激多巴胺大量分泌的东西都有可能让人上瘾，因为它们可以成为人的快乐源泉，例如酒精及尼古丁，它们最多可以使大脑分泌高达正常分泌量10倍的多巴胺。奖赏系统很快就会被不同寻常的快感劫持，正常分泌的多巴胺的量已经无法使人得到满足，因此人们过不了多久就又需要用这些东西来让自己感受到所谓的"正常"水平的快乐。

决定我们体内奖赏系统工作情况的基因在很大程度上决定了我们对某个事物上瘾的速度，但是环境也很重

**习惯是如何养成的？**

所有的习惯养成都有一个基本的流程：我们有一种做某件事的冲动，我们去做了，感觉良好，于是有了再做一次的冲动。如果我们下午经常吃零食，那么不久之后，在下午看一眼表可能都会激起我们的食欲。

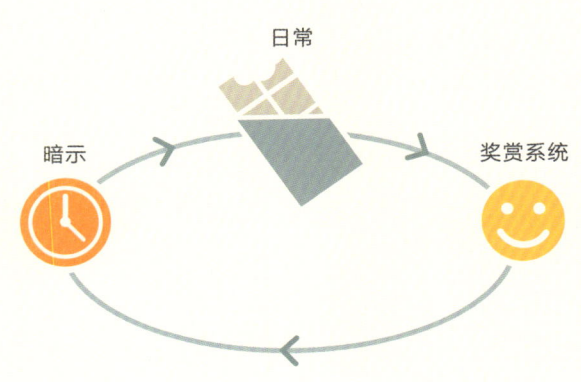

要。与他人联系密切以及目标感和归属感强会使人出现成瘾行为的可能性大大降低。

很多人可能听说过"改掉一个习惯需要21天"的说法，但实际上这只是一位心理学家在20世纪60年代出版的书中的一种说法。实际上，一些日常习惯，如吃完早餐后喝一杯水、每天坚持锻炼15分钟等，平均要花66天的时间才能完全养成。至于其他习惯，可能需要少则18天，多则254天的时间才能养成。习惯会在多大程度上打破我们的生活常态、我们改变的动力、该习惯带给我们的满足感、习惯的复杂性以及我们的个性，都会影响我们养成或改掉一个习惯的速度。

### 想养成更健康的习惯吗？

1. 避免接触不利的触发因素，如步行时路过最喜欢的酒吧。此外，还要有意识地安排新的、有力的触发因素，如将运动鞋放在显眼的位置，以提醒自己穿上它们去运动。

2. 通过养成新习惯来改掉旧习惯。每次尝试和实践都会强化大脑中新的神经回路，形成新的记忆地图。

3. 寻求奖赏系统的"帮忙"。如果你能花时间去品味运动等新习惯带来的情绪提升效果，就可以更好地坚持下去。

### 为什么吸烟让人如此上瘾？

尼古丁（烟草中的高度成瘾物质）会促进多巴胺的大量分泌。在开始吸烟后的7秒内，尼古丁就会与脑细胞上的被称为尼古丁受体的接收器相结合，使得奖赏系统能感受到快感。虽然烟的味道不好闻，但是在短短几天之内抽几根烟就会让大脑产生更多的尼古丁受体。然后，吸烟者就需要吸入更多的尼古丁才能获得与刚开始抽烟时同样的美妙感受。这时，如果没有吸烟，吸烟者就会产生对吸烟的渴望。吸烟本身并不能缓解焦虑，只是可以缓解那些贪婪的受体没有得到满足时产生的令人不适的戒断症状。

研究发现，人群中大约有三分之一的人能够比其他人产生更多的尼古丁受体，这使得他们更难戒烟。

# 深夜

随着太阳和地平线吻别,夜晚降临了,我们也要准备休息了。黄昏的光影抚慰了我们操劳了一天的身体,我们打开房门,回家休息。晚上,我们和家人一起围着暖炉,交流一天中发生的事,传递各自的情绪,感受彼此的心情,变得更加亲密。最后,睡意来袭,我们进入梦乡,大脑和身体抓紧时间进行自我修复,以恢复精力。

深夜

## 手机会影响我的性生活吗？

似乎很多人都觉得现在性生活不像以前那样受欢迎了。是因为我们太忙了吗？还是因为我们太累了？还是说因为我们太沉迷于玩手机，所以腾不出时间跟爱人进行亲密接触了？

一项又一项的调查证实，如今，人们的性生活比以往任何时候都要少。在一些发达国家，生育率逐年下降，一起下降的还有人们的性欲：一项调查显示，美国每周至少做爱一次的人的比例从2000年的45%下降到2016年的36%。这种状况引发了很多人的担忧。

手机被认为是造成这种现象的"主要嫌疑人"。很多人觉得，随着智能手机越来越流行，人们也变得越来越不浪漫了。考虑到很多新技术刚出现时都饱受诟病，你可能会觉得这只是一个巧合。不过，虽然没有确凿的科学证据表明手机会禁锢人们的性欲，但是确实有证据表明，手机干扰了人们的性生活。

欲望就像一个很容易破裂的泡泡。就像小狗听到门铃响起会条件反射地叫一样，我们的大脑很容易记住手机发出的消息提示音是我们通向外部世界的大门的钥匙。提示音会让我们回想起还没有联络的朋友和未回复的电子邮件。一旦听到提示音，就好

**在一项调查中，30%的受访者承认自己在做爱的过程中接过电话。**

像听到有人在敲门一样，大脑的突显网络就会启动（详见本书第60页）。处于这种状态时，人会变得很警觉，关注范围会变得狭窄，注意力也会随之转移，这显然不利于爱人之间交流感情。研究表明，只要手机在身边，无论是否使用，人们的移情能力（认识、理解和感受他人的处境、情感、知觉和思想的能力）都会降低。

即使将手机设置成飞行模式，它也会破坏一个人的欲望和享受爱与浪漫时的心境。当你在策划一个浪漫的夜晚时，谨慎起见，还是在取红酒的时候把手机放到冰箱上面吧。

> 当手机放在手边时,即使它处于关机的状态,都会导致人们在面对面交流时容易分心,显得没有那么亲密。

深夜

# 有最佳的性生活时间吗？

激素影响着我们的性欲，但是文化、习俗和生活习惯意味着我们不可能总是听从激素的号令。我们只能在条件允许的情况下过性生活。

在自然界中，似乎很少有物种会为了快感而发生性行为，人类是为数不多的会为享受性爱带来的快感而做爱的物种。除人类外，海豚和部分灵长类动物似乎也有这种行为。

睾酮是一种可以刺激性欲的激素，虽然它在女性体内的含量较低。对女性而言，雌激素在唤醒性欲方面发挥着更大的作用。

早上，人们的睾酮水平会飙升，引导身体为性生活做好准备。经历了性高潮之后，在多种激素的共同作用下，人会有一种很放松、被爱着的感觉，所以早上过性生活有利于人消除压力，开启美好的一天。此外，女性在早上七点半之前受孕的概率较高，因为此时男性精子的活力是一天中最强的。但是，如果你早上有事要做，需要保持精力充沛的状态，就要注意了：发生性行为后，人会产生强烈的睡意，尤其是男性，这意味着此时人很难抗拒想要翻个身睡觉、开始打鼾的冲动。

个人的生物钟对适合何时有性生活也有一定影响。"夜猫子"更适合在深夜有性生活，而"早起鸟"更适合在早上有性生活。研究显示，幸福感更强的夫妻的生物钟往往较为同步。

**激素水平的日常变化**

男性和女性的睾酮水平一般在早上达到峰值，且通常男性的峰值远远高于女性的。

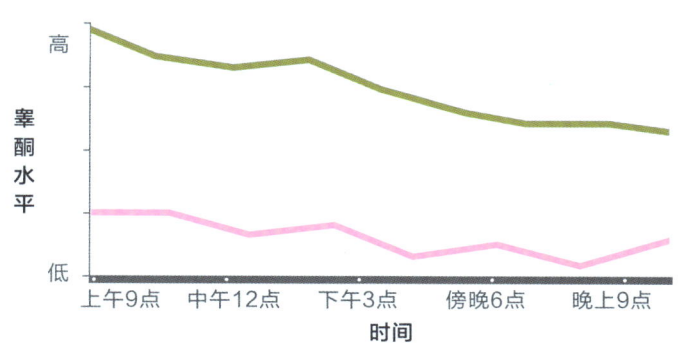

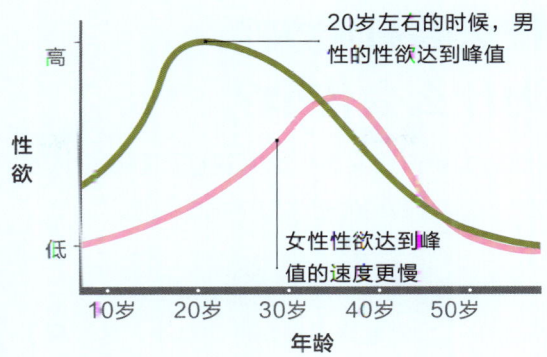

## 一生中的性欲变化

平均而言,男性性欲的峰值会比女性的出现得早一些,且峰值更高。男性和女性的性欲在30多岁的时候大致持平,然后在50岁左右再次持平。

除了激素水平的日常波动会影响一个人的性欲之外,性激素水平在不同年份和不同月份之间的、如坐上了过山车一般的波动也对性欲有着巨大

**一项研究显示,晚上11点半是夫妻之间最有可能有性生活的时间。**

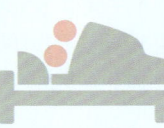

的影响。对女性来说,性欲的上升和下降与月经周期有关。女性的性欲会在每个月经周期的前半段上升,这是女性最佳的受孕时间。精子可以在女性的阴道里存活几小时到几天。

男性也有自己的性欲节奏。例如,一般在禁欲7天之后,男性的睾酮水平会处于较高的状态。

此外,研究显示,季节也会影响人的生育能力:精子通常在春天最健康、最具活力,质量也较高,而在夏天,精子的质量会下降。

新手爸妈经常会发现自己的性欲衰退了不少。这是因为新手妈妈的性激素水平下降,而新手爸爸的睾酮水平也会下降26%~34%,甚至连睾丸也缩小了。研究表明,这种短暂的睾酮水平下降有助于新手爸爸成为更好、更细心的爸爸。值得一提的是,新手爸妈大脑中的奖赏系统在这个阶段也发生了改变,这使得他们更有动力去照顾孩子,而不是总想着亲热。

严格来说,并没有所谓的最佳性生活时间,不过对于二三十岁的夫妻来说,春天,在女性月经周期的前半段的早上,距离你们上次亲热过了一周时,就可以将过性生活放在待办事项清单的首位了。

## 我们为什么会打哈欠？
## 打哈欠为什么会传染？

打哈欠为什么会传染？它的功能和作用又是什么？这些问题研究人员也很难解释。有迹象表明，打哈欠可能是我们的祖先留下来的习惯。

打哈欠揭示的东西要比你想象中的多。乏累和困倦是伸懒腰、打哈欠的表层诱因，但实际上紧张和担忧也会让人打哈欠，这也就是为什么你可能会看到运动员在一场大型比赛开始前打哈欠。就连性欲也可能导致打哈欠，因此如果对方在和你亲热的时候打了一个哈欠，你可千万别觉得受到了冒犯。

**在一项研究中，25岁以下年龄组中，有82%的受访者表示自己打哈欠是受其他人传染的，而这一数据在50岁以上年龄组中仅有41%。**

那么，打哈欠对我们有什么用呢？这个问题一直是一个未解之谜，研究人员也一直在试着解开这一谜题。目前，我们知道的是，当我们昏昏欲睡的时候，打哈欠的次数最多，比如晚上、早晨或感到无聊的时候。你可能会觉得，打哈欠是身体想让你在思想开小差的时候还能保持活力，但研究表明情况并非如此。实际上，相比于用嘴呼吸，用鼻子呼吸可以向大脑输送温度较低的血液，更有利于提神醒脑。

打哈欠也许还有更根本的原因。对于大多数动物而言，展示牙齿是在释放"（让其他动物）后退"的信息或给出警告的信号。因此，虽然如今人类的牙齿已经不再作为一种攻击性武器而存在，但是我们仍然保留了祖先的习惯，在身体最脆弱（疲倦或晕头转向）的时候，用打哈欠来展示自己的"武器"。

那么，为什么打哈欠会传染呢？这是因为我们天生具有移情的能力。当我们被传染打了一个哈欠时，大脑中处于活跃状态的区域与我们关心他人、跟他人联系时处于活跃状态的区域相同。相比于陌生人之间，打哈欠更容易在家庭成员之间传染，甚至小狗都可能被主人传染。有趣的是，儿童在5岁之前似乎无法因被他人传染而打哈欠，这可能是因为他们大脑中相关的区域和功能还没有发育成熟。

> 研究表明,打哈欠有助于增加群居动物(如黑猩猩)之间的亲密度,因为这样可以使它们的生物钟更同步。

深夜

# 安眠药对人是有益还是有害？

我们的身体会分泌一系列有助于睡眠的激素，让我们可以倒头就睡。药物可以对睡眠起到一定的辅助作用，但也会引发一系列问题。

那些可以促进睡眠的药物（如安眠药）实际上很可能在一定程度上影响睡眠。安眠药通过刺激下丘脑附近的腹外侧视前核（VLPO），或抑制脑干腹侧中心部位的网状激活系统（RAS）的活动，来让人昏昏欲睡。药物（还有酒精）确实可以让人入睡，但是依赖药物入睡和自然入睡还是有区别的。事实上，那些人吃下的可以让人感到更困或更清醒的东西（包括咖啡因），都会影响人正常的睡眠—觉醒节奏。

和酒精一样，安眠药往往会阻止快速眼动睡眠，让人直接进入中等深度的睡眠，还会影响人的深度睡眠，从而使睡眠质量下降，让人没有办法完全恢复精力。不过，药物在短期内对人是有帮助的。在建立和保持良好的睡眠卫生习惯的前提下，给予镇静催眠药物有利于治疗睡眠障碍，恢复睡眠—觉醒节奏。

如今，褪黑素片颇受很多被睡眠问题困扰的人的欢迎，吃褪黑素片被认为是解决睡眠问题的"自然疗法"。实际上，褪黑素是松果体产生的一种胺类激素。随着生物钟感应到外界的

大约**33**%的美国成年人表示自己尝试过吃安眠药等镇静催眠类药物。

光线渐暗，体内褪黑素的水平会逐渐上升，我们就会感到困倦，就像听到放学的铃声后，学生们意识到放学了，一天的学习生活结束了一样。

随着年龄的增长，人体内自身分泌的褪黑素明显下降。有研究认为，适当补充褪黑素片可以缓解成年人的失眠问题，使入睡时间缩短、睡眠质量得到改善。不过，也有研究认为，服用褪黑素片的主要功能是改善睡眠状况，对很多服用者来说，并没有促眠作用，而且长期服用褪黑素片还可能会干扰自身褪黑素的分泌。总之，学术界对褪黑素片是否有助于睡眠这一问题还存在争议，如果考虑服用褪黑素片，最好先咨询医生。

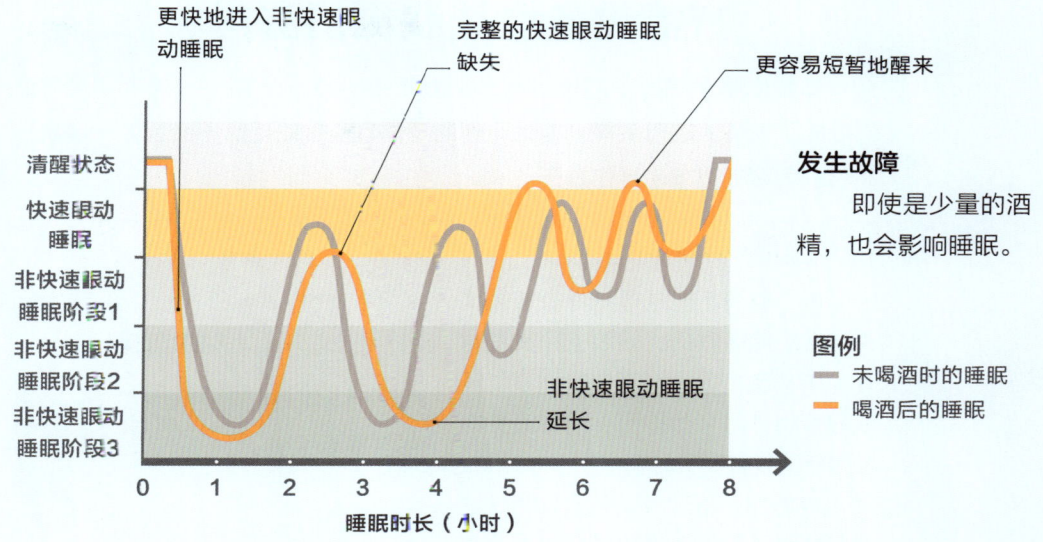

## 睡前喝一杯能让我睡得更好吗?

在寒冷的夜晚,喝上一杯温热的托迪酒(用烈酒加蜂蜜、柠檬、热水等调配而成的酒精类蒸馏饮料),似乎是进入梦乡、做个好梦的绝佳方式。虽然这个方法听起来很诱人,但实际上晚上喝酒很容易影响睡眠。

---

酒精可能会让你更快入睡,但是往往会影响你的睡眠质量,让你感觉没有休息好。酒精对快速眼动睡眠至关重要的大脑活动有镇定作用,而快速眼动睡眠是各个睡眠阶段中身体自我修复效果最好的阶段。实际上,很多喝很多酒的人及酗酒的人都很少做梦,白天的思维也容易变得混乱。喝完酒后,哪怕你已经睡了很久,起床后可能还是会觉得没睡够,整日都昏昏沉沉的。如果喝得太多导致宿醉,那么你的感觉会更糟。

不像安眠药对睡眠还有一定的帮助,酒精对睡眠来说完全没有好处。你需要快速眼动睡眠来更好地恢复体力,充分享受睡眠带来的益处(详见本书第218页至第219页)。

深夜

## 智能设备会让我更清醒吗？

如果你晚上想睡个好觉，那么最好把手机放到一边——如今，这句话已经成了很多人的口头禅。但是，你的身体其实很聪明，不会因为一小块还亮着的屏幕就把夜晚当作白天。

晚上盯着手机或电脑看一直被认为是会影响睡眠的大问题，尤其是对青少年来说。因为对青少年而言，睡眠起着格外重要的作用，他们又更容易被智能设备吸引。

有些相信这种说法的人认为，这些智能设备的屏幕发出的蓝光会让生物钟误以为现在还是白天，进而延缓褪黑素的释放，使入睡变得困难。

这种看法的理论依据是：视网膜中存在一种对光敏感的细胞，叫作内

约 **53**%的美国人承认他们睡前的最后一件事是看手机。

在光敏感视网膜神经节细胞，该细胞在生物昼夜节律和瞳孔对光反射的调解方面具有重要作用。该细胞对蓝光非常敏感，因此蓝光会影响人们的睡眠。这个理论依据是正确的，但是最新的科学研究表明，智能设备的蓝光对睡眠的干扰很有可能被夸大了。事实上，你的身体非常聪明，当蓝光不强时，身体很难被蒙蔽，将晚上当成白天。不过，如果长时间接触蓝光或蓝光较强，人体褪黑素的分泌确实有可能被抑制，使你更难入睡，睡眠质量也可能受到影响。

当你已经开始打瞌睡时，基本上就不会因为智能设备发出的蓝光而失

### 想要降低智能设备的危害吗？

1. 睡觉前不做会用到智能设备的事，任何会影响大脑中的默认模式网络活动的事都有可能影响你的入睡节奏。

2. 如果必须使用，请避免使用会让你过于兴奋的手机应用软件，因为它们会影响体内的某些激素的水平，让你变得清醒。

3. 开启夜灯模式。昏暗的暖色微光大概率不会提高你的睡眠质量，但对于想要睡觉的人来说，它的干扰较小。

眠了。同样，如果你在夜里醒来并瞥了一眼手机，手机的光对你的唤醒作用也是微乎其微的。正常情况下，在深夜，你已经进入了很好的睡眠状态，手机的蓝光不会让你身体里狡诈的"计时员"误将夜晚当成白天，从而扰乱你的睡眠。

不过，玩游戏、浏览网页和社交媒体时，你的身体都可能会分泌一些激素，产生一系列的身体反应，这很有可能让你失去睡意，导致你在该睡觉的时候仍然很兴奋，难以入睡。

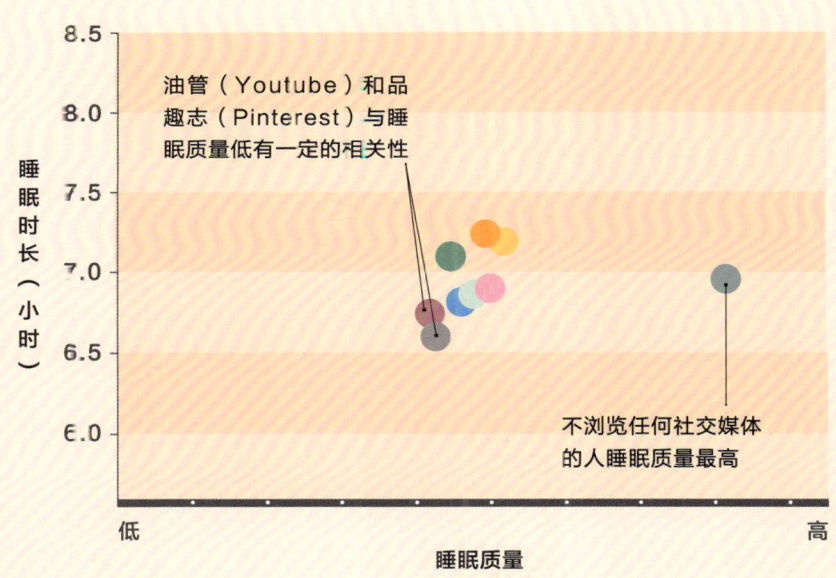

## 令人兴奋的社交媒体

美国科学家发起了一项研究人们的睡眠质量与他们在睡前浏览的社交媒体之间的联系的大型调查。调查发现，基本上所有社交媒体都或多或少地影响了睡眠质量，但似乎对睡眠时长没有影响。目前的研究还显示，睡前不浏览任何社交媒体的人睡眠质量最高。

**图例**
- 脸书（Facebook）
- 汤博乐（Tumblr）
- 推特（Twitter）
- 油管（YouTube）
- 红迪网（Reddit）
- 色拉布（Snapchat）
- 品趣志（Pinterest）
- 不浏览任何社交媒体
- 照片墙（Instagram）

深夜

# 提高睡眠质量的方法有哪些？

对很多人来说，睡一个好觉是一件可遇而不可求的事。温度、光线等因素都会影响睡眠。

由于在睡眠状态下，我们的人身安全很容易受到威胁，因此我们习惯了在周围环境安全且无干扰的情况下才去睡觉。焦虑、担忧以及任何可能会触发或战或逃反应的因素，如担心信用卡账单还没有还、工作截止日期就在眼前，甚至是担心无法入睡，都会让身体分泌大量的肾上腺素，从而降低睡眠质量。睡不着的时候数羊或者看表可能会让情况变得更糟糕，因为这会使大脑的突显网络被激活，从而进一步延缓入睡。如果能在睡前做一些机械性的、简单的任务，如刷牙，大脑中的默认模式网络就更有可能启动，入睡就会变得容易一些。

温度和光线是睡眠质量的重要影响因素。千百年来，人们一直是日出而作，日落而息。入夜后，气温下降，光线减弱，人们就会自然而然地睡上几个小时。与此同时，人们的警觉性和体温都会下降。如果卧室内温度过高，人们就可能很难入睡。

约**25**%的人每晚都难以入睡。

**睡眠卫生**

保持良好的睡眠卫生简单地说就是养成对睡眠有帮助的好习惯。研究显示，遵循一些基本的、通用的规则确实可以提升睡眠质量。

**晚上不要暴饮暴食**

消化系统的功能在夜晚会减弱。胃里面装的食物过多会导致消化不良，进而影响睡眠。因此，晚上最好不要吃得太晚、吃得太多。

**生活得更有规律**

可以对睡前一小时要做的事进行详细安排，并且坚持下去，这有利于提高睡眠质量。适合这段时间做的事包括刷牙、调暗灯光、洗澡、冥想等。

漆黑一片不仅有助于入睡，还有助于提升睡眠质量。大自然用了大约360万年的时间来帮我们建立睡眠机制，利用光线与温度之间相辅相成的关系来调节我们的生物钟。我们的大脑很难分辨出灯光与日光的区别，因此最好在睡前一小时关掉家里一半的灯，引导大脑进入休息状态。

如果我们去露营，可能会发现只需要几天的时间，我们就会自然而然地在太阳升起前后醒来，在太阳落山后产生睡意。有趣的是，在大自然中生活时，"早起鸟"和"夜猫子"往往会发现他们的生物钟变得接近了一些。

## "半睡半醒"的海豚和绿头鸭

人类的大脑需要充分、深度的睡眠，但是动物王国中的一些动物并非如此。海豚以及其他需要浮出水面呼吸氧气的水生哺乳动物，睡觉的时候一只眼睛是睁开的，另一只眼睛是闭上的。在这个过程中，它们的大脑一半处于休息的状态，另一半处于清醒的状态。

绿头鸭也有类似的睡眠技巧。生物学家通过研究发现，绿头鸭在睡觉的时候，也可以睁一只眼闭一只眼，这种独特的技能可以帮助它们抵御天敌。

更让人觉得不可思议的是，刚出生的虎鲸和小海豚在生命的最初一段时间完全不睡觉，而它们的妈妈也是如此。妈妈们会保持清醒，以便守护自己的幼崽。

**固定睡眠时间**
每天都要在固定的时间上床睡觉和起床，即使在周末也是如此。生物钟理解不了每周工作五天的制度，它需要有固定的作息才能更好地工作。

**给入睡创造条件**
可以给入睡安排一个缓冲期，预留一段时间酝酿睡意。在此期间，注意使大脑处于默认模式网络。

**不要在清醒状态下在床上躺好几个小时**
睡前最好去除卧室外的房间听音乐、看书，等到困了再躺到床上。如果上床后20分钟还没有入睡，就重复上述步骤。

深夜

## 睡眠真的那么重要吗？

睡眠是身体进行自我修复、自我疗愈的机会。这是一种比任何昂贵的药物都更有效的"例行治疗"——而且它是免费的。

从表面上看，睡眠会占据每天大量的时间，让你没有产出。如果是在原始社会，睡着意味着无法保护自己，也无法寻找食物来养活自己。但不要误会，睡眠并不是没有意义的。

在地球上出现生命后不久，睡眠现象就出现了。绝大多数动物都会以某种方式睡觉。如果你认为"人一定要上进"，将"不死不睡觉"当作自己的座右铭，那么你生命的最后一刻会比想象中的来得更快。

**睡不好会使人变得更容易冲动。**

你会不会在前一天晚上没睡好时感到心情不好，甚至很暴躁？这是很正常的事。当睡眠被剥夺的时候，大脑中的一些区域就会产生一系列变化，让一个原本和蔼可亲的人变得脾气暴躁，还有可能让人更容易将善意的评论当成恶意的奚落。几乎所有的心理健康问题都与睡眠问题有关。以前人们认为心理健康问题会导致睡眠问题的出现，后来人们发现，两者其实是相互影响的。睡眠不足会导致心理健康问题，而心理健康问题又会加剧睡眠问题。

平均来说，在睡眠状态不佳的情况下，人每天会多摄入400千卡的能量。这也难怪在睡眠质量不断下降的同时，肥胖率在不断上升。许多研究人员认为，肥胖人口增加的根源在于有太多人极度缺乏睡眠。对于一个正在减肥的人来说，睡眠不足会使减肥效果大打折扣。这是因为在睡眠不足的情况下，身体会格外依赖体内的脂肪，从而储存更多，因为身体觉得我们的生命正在受到威胁。

> **与睡眠相关的其他问题**
>
> 1. 本书第54页至第55页：工作日如何实现效率最大化？
> 2. 本书第140页：我应该什么时候运动？
> 3. 本书第177页：晚上大吃一顿对身体有害吗？

睡眠不足还会影响身体的免疫系统。当人只睡四个小时的时候，体内用来对抗癌细胞的细胞的活性就会下降一大截。如果长期睡眠不足，人的关节、肌肉以及骨骼都可能会疼痛，血管堵塞的风险会增加，甚至连生育能力也会下降。每天睡6小时的人在运动时受伤的概率是每天睡9小时的人的5倍。

**感冒和咳嗽的发病率下降**
良好的睡眠可以提高身体的免疫力，增强身体抵御季节性感染的能力。

**体重管理更有效果**
如果你在健身或节食，良好的睡眠可以帮助你的身体燃烧更多的脂肪。

**改善情绪**
睡个好觉后，体内能让人感到开心的5-羟色胺的水平会上升，会诱发焦虑的皮质醇和肾上腺素的水平会下降。

**使大脑更健康**
在非快速眼动睡眠期中，大脑中的类淋巴系统可以使大脑排出废物。这对大脑健康至关重要，有可能可以帮助预防阿尔茨海默病。

**饥饿感降低**
瘦素具有抑制食欲、增加能量消耗的作用，睡眠不足会减少瘦素的分泌量。

**身材更匀称**
睡眠有规律有助于肌肉变得更发达。肌肉在睡眠过程中可以得到很好的修复和强化。

**心理健康指数提高**
充足的休息和固定的睡眠时间有助于预防心理问题的产生，还有助于改善目前的心理健康水平。

睡眠的好处

深夜

# 我怎样才能知道自己需要睡多久?

一般来说,建议睡眠时长至少是7小时,最好是8小时。但总有人觉得自己不需要睡这么久,也总有人觉得自己需要睡更久。来看看从科学的角度如何解释这一问题吧。

每个人都是独一无二的,因此每个人需要的睡眠量可能会有所不同。有些人即便睡眠时长不足,每天早上5点起床,也可以顺利完成一系列的工作而不会感到疲倦。不要试图将自己训练得和他们一样,因为这件事的难度不亚于改变虹膜的颜色。那些睡4~6小时(而不是8小时)就能维持正常状态的人往往携带先天性突变基因,如*DEC2*、*ADRB1*等。这些人保持精力充沛所需的睡眠时长相对更短。这些睡眠需求更小的人最终是否会像其他长时间睡眠不足的人那样遭遇健康问题,目前尚无定论。

你体内的生物钟(详见本书第12页至第13页)在很大程度上决定了你何时想睡觉、何时会醒来。跟着身体的感觉走,累了就去睡,尝试睡到自然醒。不要忘记将短暂的休息也算在一天的睡眠总时长中。对于熬夜后无精打采的人来说,即使中午只睡20分钟也很有用。另外也要注意,随着年龄的增长,人的睡眠时长会逐渐缩短。

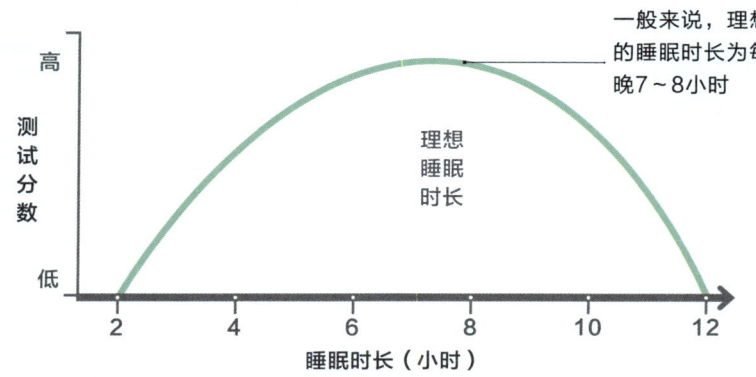

一般来说,理想的睡眠时长为每晚7~8小时

**找到自己的平衡点**

一项研究显示,不仅仅是睡眠不足的人在完成简单的测试时会遇到困难,睡得过多的人也会如此。

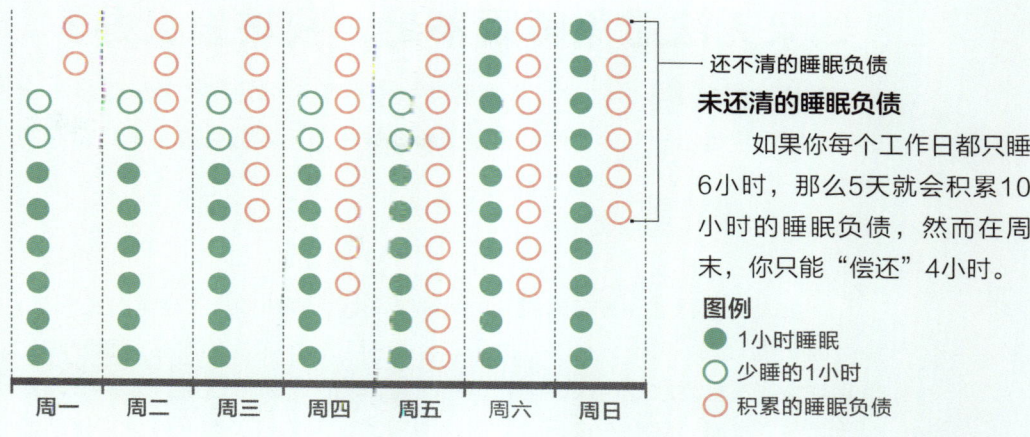

还不清的睡眠负债

**未还清的睡眠负债**

如果你每个工作日都只睡6小时,那么5天就会积累10小时的睡眠负债,然而在周末,你只能"偿还"4小时。

图例
- ● 1小时睡眠
- ◯ 少睡的1小时
- ◯ 积累的睡眠负债

## 周末可以补回工作日欠下的"睡眠负债"吗?

你可能常常期待着周末可以好好补一补觉,尤其是在忙碌了一周之后。然而,补觉是有限度的,有一些"睡眠负债"是永远都还不上的。

在某些方面,睡觉和吃饭很相似。如果你让自己饿着、少吃一顿饭,那么下次吃饭时你就很容易暴饮暴食,以补充耗尽的能量储备。

睡眠也是如此。经过一两天的睡眠不足之后,你自然会想要在接下来的日子里多睡一会儿。这种"睡眠负债"会一直积累,直到你睡够为止。在身心过度消耗后,你最渴望的就是非快速眼动睡眠。当睡眠时间很短时,非快速眼动睡眠的时长的占比会增加,因此你会更少做梦。

不幸的是,身体无法完全补回失去的睡眠。不管欠下的"睡眠负债"有多少,正常情况下,你每天只能补回来两三个小时,周末也是如此。你为"睡眠负债"支付的"利息"是长期健康状况不佳,因此平时保证充足的睡眠至关重要。

## 如果无法避免睡眠不足，我该怎么办？

现代人的生活非常忙碌，激烈的竞争使每个人都分秒必争。很多人会选择从睡眠中省出一部分时间，但是要小心，千万不要低估睡眠不足带来的影响。

---

许多人声称自己一天只睡四五个小时也安然无恙。如今，很多人的工作有时候甚至会要求他们保持全天在线的状态。然而，睡眠不足是非常危险的事，而且它最可怕的地方是容易让你意识不到自己到底有多累。长期睡眠不足可能会导致基线重置（baseline resetting），就是指当你习惯了疲劳状态时，这种状态就会逐渐成为常态，让你以为自己处于正常状态，而不是睡眠不足的状态。

长此以往，你的大脑容易出现"短路"的情况，实际上这是脑细胞在打盹儿，医学上叫微睡眠。打盹儿说明此时你的大脑非常渴望非快速眼动睡眠，以至于短暂地切断了与外界的联系。如果你正在读书，不小心打个盹儿倒也没有什么害处，可能只是导致你看书的进度很慢，一直停留在一页上，但如果你正开着车在高速公路上行驶，那后果就不堪设想了。有调查显示，司机前一天睡眠时长不足4小时时，发生车祸的概率是睡眠时长为8小时的司机的11倍。如果你计划自驾游，但前一天晚上没休息好，那么最好赶快把车钥匙留在家里，改坐火车。

关于睡眠不足的长期影响的研究还在继续，但是有一点是明确的，那就是长期睡眠不足对人的身心健康都会产生不良的影响。

有时候，睡眠不足是无法避免的，比如对新手爸妈和刚开始工作的医生来说。一项研究显示，刚开始工作的医生在连续值班后，出现误诊的概率会大幅增加。

如果你的工作时间过长，就试着在休息日多睡一会儿，尽量偿还一些欠下的睡眠负债。如果可以的话，把要求比较高的任务安排在补过觉后的第一个工作日。对于新手爸妈来说，最好利用宝宝睡着的时间赶紧睡觉，你们可能睡不了太久，睡得也不够安稳，但是积少成多，抓紧时间睡一会儿对你们的身心健康是有好处的。

**连续18小时不睡会导致人的思考能力下降，效果跟喝了酒差不多。**

> 在基线重置的影响下,疲倦会成为家常便饭,你将会很难注意到自己注意力和判断力下降的事实。

深夜

# 我该如何应对时差？

时差反应可能会很严重。生物钟会影响所有的身体系统，而身体需要多长时间来适应新时区取决于旅行距离有多远。

当旅行中短时间内跨越较多的时区，目的地时间与出发地时间不一致时，身体会出现一系列不适症状，常表现为睡眠障碍、倦怠、注意力不集中等，这就是时差反应。在飞机可以让我们快速跨越多个时区之前，人们不需要倒时差，因为人们移动的速度足够慢，以至于身体能够适应时区的变化，不会出现明显的时差反应。

对人来说，在目的地位于出发点以东时，更容易出现时差反应。目的地位于出发地以东意味着可能会出现到达目的地时，人的生物钟还处于下午，目的地时间却已经是晚上了的情况。在身体准备就绪之前睡觉并不容易，因为此时身体的皮质醇水平尚未下降，褪黑素水平还未上升。而目的地位于出发地以西一般来说不会令人那么痛苦，因为此时人要面对的是晚点儿睡，而对大部分人来说，晚点儿睡比要睡却睡不着对身心的考验会小很多。

这就是生物钟的指令，我们没有办法拒绝。从生物钟的角度来说，如果我们的目的地和出发地之间有7小时的时差，那么身体可能需要整整一周的时间才能完全适应。

## 想要战胜时差吗？

1.避免在飞行过程中摄入咖啡因和酒精，因为这些会加剧倒时差的难度。

2.在飞机上按照目的地的时间进食，以帮助体内的生物钟尽快调整。

3.目的地位于出发地以西时，抵达目的地后，在白天尽可能多晒太阳，这样可以向大脑传递"该醒一醒了"的信号。就算是多云的天气也要在户外多待一会儿，这样可以促使生物钟尽快调整。最好落地之后马上开始埋头工作，在当地时间的晚上再休息，以便适应新的生活节奏。

4.落地后，如果当地时间已经很晚了，就尽量减少接触光线，如关上大灯等，尽量使自己产生睡意。

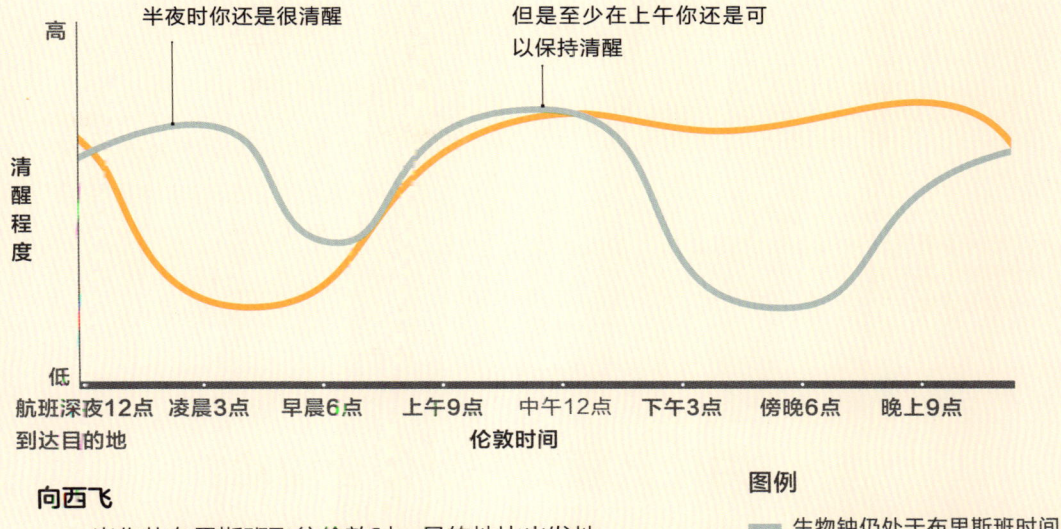

## 向西飞

当你从布里斯班飞往伦敦时,目的地比出发地的时间晚9小时,生物钟适应起来相对比较容易。

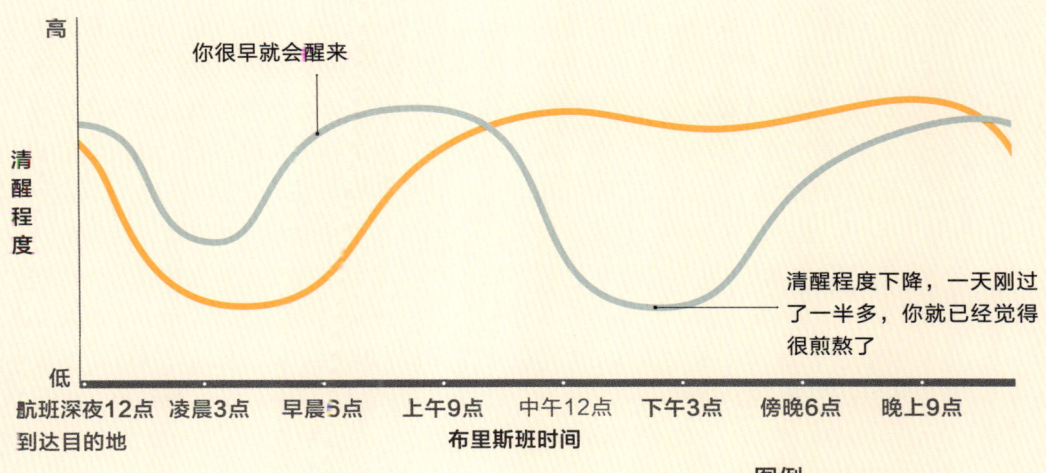

## 向东飞

当你从伦敦飞往布里斯班时,目的地比出发地时间早9小时。在这种情况下,生物钟适应起来会比较困难。

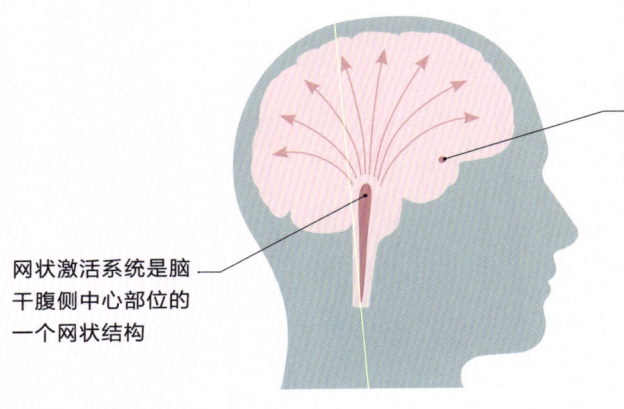

网状激活系统是脑干腹侧中心部位的一个网状结构

腹外侧视前区是下丘脑附近的一个区域

大脑中的网状激活系统（RAS）通过丘脑非特异性感觉投射系统到达大脑皮层，维持觉醒状态。腹外侧视前区（VLPO）在持续睡眠中起关键作用。

## 为什么睡觉时身体会抽动？

室内很昏暗，羽绒被很暖和，床垫很软，你入睡得很顺利……然后不知道为什么，你突然双腿一蹬，猛地惊醒。发生什么事了？

这种发生在睡眠最浅阶段的抽动叫作入睡抽动，往往伴有自由坠落的感觉，也有可能伴有假想出来的声音或闪光。70%~80%的人表示自己经历过这种情况。关于其产生的原因，有一种说法是这是体内想要保持清醒和想要入睡的两种"势力"在"决斗"。在这场"决斗"中，戴着红头巾的是网状激活系统（RAS），它在努力地让你保持清醒，而戴着白头巾的腹外侧视前区（VLPO）则负责使你昏昏欲睡。"对决"中，当挣扎中的网状激活系统受到"沉重打击"时，身体就会猛地抽动一下。也有科学家认为，这种行为源于我们栖息在树上的祖先。刚入睡时，它们身上的肌肉会放松下来，而当大脑感知到身体即将从树上掉下去时，它会释放信号，让身体清醒过来。

入睡抽动没什么害处，前提是抽动时没有伤到躺在身边的爱人。这种现象在睡眠质量好的人和不好的人身上都会发生，频率会随着年龄的增长而降低。有研究人员认为减少咖啡因的摄入以及避免晚上锻炼可以减少这种现象的发生，不过这种说法缺乏证据支持。

# 为什么我睡觉时会说梦话或梦游？

即使你经常在熟睡时说梦话，也不用担心，你的潜意识并没有泄露你内心最深处的秘密，说梦话也不是因为你的身体出了问题。

---

说梦话的行为可能发生在睡眠的各个阶段，更多见于非快速眼动睡眠期。睡觉时说梦话在神经病学中叫作梦语症，指睡眠中无意识地讲话、唱歌、哭笑或发出声音，清醒后本人不能回忆，有时会打断睡眠。梦游症在神经病学中又称为睡行症，临床表现为夜间入睡后起床走动，或做些简单动作的睡眠行为异常，次日清醒后不能回忆。

腹外侧视前区的睡眠活性神经元中含有抑制性神经递质γ-氨基丁酸（GABA）和甘丙肽（GAL）。当处于快速眼动睡眠期时，除了眼球运动外，几乎所有躯体运动都会中止，你的身体会处于一种类似于被麻醉时的状态。有学者认为，说梦话与抑制性神经递质失效有关。不过非快速眼动睡眠不会导致机体运动的瘫痪，因此有学者认为，非快速眼动睡眠期的梦话是由大脑中参与言语产生的区域的"部分唤醒"导致的。而梦游多见于夜间睡眠的前三分之一的时间。

说梦话的行为可由情感应激、发热或其他类型的睡眠障碍促发。患有创伤后应激障碍的人更容易说梦话。而梦游症在低龄儿童中比较常见，首次发作多在4~8岁，发育成熟后好转。梦游症可呈家庭性发病，某些药物、发热、过度疲劳等可诱发梦游症。如果你喝了酒或睡眠不足，就更有可能梦游。

人们担心把正在梦游的人叫醒有危险，但实际上，这只是可能会让他们迷失方向，并不会危害他们的生命安全。不过，梦游的人通常处于深度睡眠中，如果这时候叫醒他们，很可能会吓到他们，就像是把正在床上熟睡的人叫醒一样。

约 **60**% 的人会说梦话，即使是说脏话也不足为奇。

深夜

## 我为什么会打鼾？如何才能停止？

打鼾一般发生在深度睡眠状态下，是一种由肌肉松弛引起的现象。打鼾大多数时候对本人是无害的，不过有时候也很危险。

就像口臭一样，很多人只有在别人提醒的时候才知道自己打鼾。打鼾很常见，每十个男性中就有四个打鼾，每四个女性中就有一个打鼾。打鼾一般发生在深度睡眠状态下，此时肌肉处于最放松的状态，气流冲击软腭或者鼻腔，导致呼吸受阻，就会发出粗重的声音，也就是鼾声。如果人有扁桃体肥大、鼻腔阻塞、喉咙发炎等病症，呼吸会进一步受阻，使打鼾的情况更加严重。

一般来说，人的体型越大，打鼾的声音就越大。也有些人受鼻子和下颌结构及形状的影响，鼾声特别大。

许多所谓的可以帮人停止打鼾的方法实际上都没有用，如在小指上戴一枚戒指（这种方法号称可以通过刺激穴位来抑制打鼾）。不过，打鼾的人的伴侣还是有希望获得平静的。至于选取哪种方法，取决于鼾声主要源自软腭问题还是鼻腔问题。

下颌带和护齿套的设计初衷是防止使用者用嘴呼吸。虽然这两种方法可以缓解由软腭问题引起的打鼾，但可能会让使用者感到不适，以至于影响他们的睡眠质量。

**在英国的一项调查中，12%的受访者表示打鼾是离婚的影响因素之一。**

### 停止打鼾

每天反复按照下面的方法练习，可以锻炼呼吸道周围的肌肉，进而缓解打鼾问题。

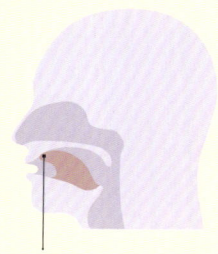

舌尖抵住腭部，前后滑动20次

向上收紧舌头，使其完全贴在腭部，然后放松。重复这个过程20次

将舌根抵在口腔底部，使舌尖先触碰下牙槽，然后放松。重复这个过程20次

鼻贴片和鼻管可以通过扩大鼻腔来帮助气流通过，进而缓解由鼻腔问题引起的打鼾。鼻腔喷雾已经被证实可以扩大呼吸道并减少鼾声，但激素类喷雾会影响快速眼动睡眠，从而影响睡眠质量。

当打鼾的情况非常严重时，可以通过做手术切除软腭等部位过多的组织的方式来解决。

不过，在尝试上述治疗方法前，还有一些简单又不用花钱的方法可以尝试，这些方法已被证实可以缓解打鼾的问题。本书第228页下方给出的练习就是其中一种。你还可以参考下面的方框中给出的方法来缓解打鼾的问题。

### 想要告别打鼾吗？

1. 避免饮酒和服用安眠药，它们都会让软腭处的肌肉进一步放松，使打鼾的现象更加严重。
2. 睡觉时不要采取仰卧的姿势。对于经常打鼾的人来说，侧卧是最佳睡姿。
3. 尝试减重。当体重过大时，哪怕只减掉几千克，也可以缓解呼吸道的压力，从而缓解打鼾的问题。

## 阻塞型睡眠呼吸暂停综合征——不太安静的"杀手"

打鼾通常不会危害打鼾者本人的健康。然而，有时候打鼾可能是身体在发出求救信号，表明身体患上了阻塞型睡眠呼吸暂停综合征（obstructive sleep apnea syndrome）。

阻塞型睡眠呼吸暂停综合征是上气道狭窄影响呼吸气流通畅度和阻力增加而引起的一种睡眠障碍。鼻咽部结构异常而导致上呼吸道口径缩小是睡眠过程中发生气道阻塞的主要原因。

阻塞型睡眠呼吸暂停综合征还可能造成生命危险。夜间反复出现呼吸暂停现象会对全身的各个脏器造成严重破坏，导致患高血压、糖尿病、心脏病等疾病的风险增加。另外，还有可能导致一些心理疾病。

发达国家中大约5%的成年人患有阻塞型睡眠呼吸暂停综合征，但其中约85%的人并不知道自己已经患病。阻塞型睡眠呼吸暂停综合征的典型特征是醒来时感到精疲力竭、精神不振。其他症状还包括白天瞌睡、睡眠时严重打鼾、记忆力和注意力下降、头昏等。如果你有这些症状，请立即就医，目前针对该疾病已经有非常有效的治疗方法。

深夜

## 为什么我有睡眠麻痹或睡惊症？

对许多人来说，一些发生在睡梦中的可怕经历很容易让人在醒来后仍然难以平复心情。睡眠麻痹和睡惊症都很让人心烦意乱，它们出现于睡眠周期中的不同时期。

---

如果你曾在晚上睡觉时突然醒来，却发现自己全身不能动，还伴有恐惧感和窒息感，说明你正在经历睡眠麻痹（sleep paralysis），就是俗称的"鬼压床"。这种状态与梦游症恰恰相反，此时你的大脑已经醒来，但身体还在睡觉。你觉得自己已经醒过来了，可以听见周围的声音，看到周围的景象，但是身体动弹不得，也发不出声音来，不过呼吸和眼球运动不受影响。大约五分之一的成年人会遇到睡眠麻痹，它对人的身体没有太大的伤害，但是会对人的精神状态有影响。睡眠麻痹大多发生在快速眼动睡眠期。

睡惊症（sleep terror）又称夜惊症，通常发生在夜间睡眠的前三分之一时间，表现为人突然从非快速眼动睡眠中觉醒，发出尖叫和呼喊，伴有极端的恐惧感、自主神经症状等表现。任何加深睡眠和造成觉醒困难的因素都可能诱发其发作。

与其他睡眠异态一样，你可以参考保持睡眠卫生的方法（详见本书第216页至第217页）来改善睡眠麻痹和睡惊症。

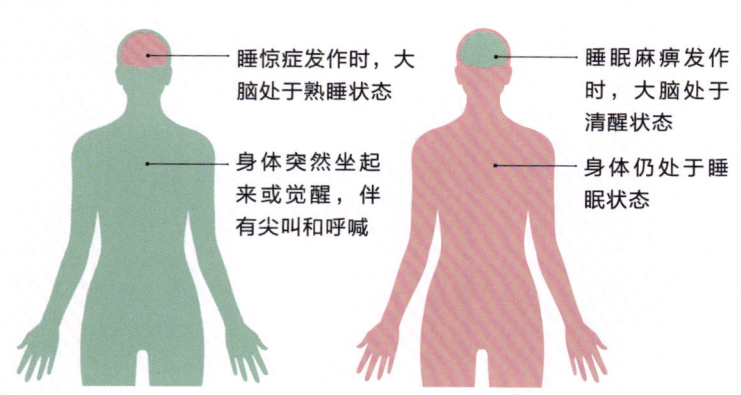

**睡眠障碍**

睡眠麻痹发作时，从大脑苏醒到身体从麻痹状态中解脱出来，可能需要短则几秒，长则几分钟的时间。睡惊症则发生在熟睡中，以睡意蒙眬的短暂惊恐状态为表现。

> 睡眠麻痹发作时,由于大脑已经醒来,可以意识到身体动弹不得,一些关于恐怖场景的想象和幻觉可能会占据上风,因此睡眠麻痹常伴有恐惧感和窒息感。

深夜

## 做梦会让我变得更有创造力吗？

做梦的时候，你的大脑可能迸发出非同寻常的想法，也可能找出用常规逻辑无法解决的问题的答案。

并非每一个问题都有与之对应的简单的解决方法。一般来说，解决棘手的问题时，你需要发挥创造力和跳跃性思维，还要尝试横向思考，而按部就班地工作的大脑额叶区并不能时刻做好这方面的准备。然而在梦境中，你的经验、去过的地方、看过的人脸等都有可能出现，然后以多种不同的方式重新组合和串联在一起，以揭示其中未被注意到的联系和隐藏的问题解决方案。

在用整个白天或晚上的时间尝试掌握一项新技能（无论是玩电子游戏、学乐器还是从事一项新的运动）后，你可能会发现白天做的事情会出现在自己的梦中。这对学习新技能来说至关重要，因为这意味着你可以将这些新的体验纳入现有的思维网络中。这可能是婴儿快速眼动睡眠时间长的另一个原因：由于他们的生活中充满了新的体验，因此睡觉时大脑也要加班加点地工作，才能完全消化这些体验。

当大脑处于最放松的状态时，你

- 丘脑阻止来自身体内部的声音或感觉
- 前额皮质休息，使得梦中的内容可以打破一切逻辑和规则
- 杏仁核为梦添加情绪
- 顶叶在做梦时处于非活跃状态
- 视皮质从视觉记忆存储中提取并形成清晰的图像
- 海马是较后进入睡眠状态的区域之一，与对梦的记忆有关

**做梦时的大脑**

人的梦通常非常荒诞离奇，因为在做梦时，大多数人的前额叶处于休息状态，大脑可以天马行空地自由发挥。

会更有创造力，迸发出更多的奇思妙想，而这些在快速眼动睡眠期能够得到加强。因此，毋庸置疑，梦是创造力提升的温床。有了创造力，人才能有更多的音乐灵感和艺术创意。西班牙超现实主义画家萨尔瓦多·达利的作品大多为对自己的梦和幻想的探索。他很喜欢吃海胆，据说还常常在睡前蘸着黑巧克力酱吃海胆，希望这

**在一项调查中，有约 30% 的人表示自己经常借助梦来解决问题。**

样可以让自己的梦更加离奇一些，但科学尚未证实这种做法是否有用。

当你在快速眼动睡眠期醒来，则更有可能记住各种富有创造力的灵感（详见本书第8页至第9页）。也有大量的证据可以证明，认知能力强与快速眼动睡眠质量高之间存在密切关系，尤其是在儿童时期。

## 门捷列夫的"原子梦"

19世纪60年代末期，俄国化学家德米特里·门捷列夫做了那个名垂青史的梦。当时，他沉迷于找到化学元素之间的规律。气体、金属以及构成万物的纯物质都是由元素组成的。

为此，门捷列夫制作了一组卡片，每张卡片上写有元素的名称和原子量。一有空闲，他就会将这些卡片拿出来打乱顺序并依次排开，希望能够找出它们之间的规律和某种联系。有一种说法是，在经历了无数次失败和无数个不眠之夜后，最终，在1869年2月，他做了一个梦。在梦中，他梦到了一张图表，只见所有的元素都各自待在各自的位置上。醒来之后，他马上将梦中的图表记录了下来，发现除了几处需要加以修改外，其余的内容简直是完美的。

门捷列夫给出的元素周期表是震惊整个科学界的重大发现。他不仅发现了元素排列规律，还为那些未被发现的元素留好了位置，准确地预测出了这些元素。

## 做梦有什么特殊意义吗？

做梦时的你处于最纯粹的状态，心无旁骛，远离世界的干扰。对于人为什么会做梦这个问题，学界一直有争议。可以肯定的是，通过做梦，人的大脑得到了很好的锻炼。

大脑中似乎有某种类似"梦境开关"的东西存在。在进入无意识的世界大约90分钟之后，大脑的某些区域突然清醒，使得眼球转动，仿佛在看投影在眼睑内侧的电视节目一样。进入这种状态时，大脑的边缘系统会被激活，这一区域与人的精神、情绪、记忆有关。沉浸在梦中时，身体的其他部位基本上处于麻痹状态，大脑会有选择性地抑制外界的信息干扰，将全部的注意力集中到自己正在看的东西和感受到的一切上。

从大脑的视角来看，做梦有意义，也有价值。如果人的快速眼动睡眠被剥夺，第二天晚上就会做更长、更生动的梦，因为大脑要弥补自己的损失。

相比于现实生活，你在快速眼动睡眠期经历的梦能给你带来更加强烈的刺激。核磁共振仪检测显示，睡眠时大脑中情绪控制的区域的活跃程度比清醒时的增加了30%。梦会放大人

> 一项研究显示，大约65%的梦中充满了悲伤，只有约**20**%的梦中充满了欢乐。

们的希望、恐惧或担忧，你会发现，在梦中，一个生活中再平常不过的场景可能会变成一个糟糕透顶的场景。

梦又是个性化的。对你来说，你的梦超乎想象、意义非凡，但是对于其他人来说，你的梦可能无聊至极、不知所云。做梦的目的和意义与梦的内容一样令人费解。你会记住一些或可怕或离奇的梦，但研究显示，这样的梦只占梦的很小一部分，大概只有1%~2%。当你试图向别人描述自己的梦时，可能会发现几乎所有的梦都很平平无奇，让别人完全提不起兴趣来。

### 模拟威胁论

做梦时，我们的大脑正在研究如何应对清醒时可能会遇到的困难。从狮群中逃脱，从着火的建筑中逃离……这些梦是对现实世界中可能发生的事件的预演。

### 精神分析理论

奥地利心理学家西格蒙德·弗洛伊德认为，梦是现实中受压抑的愿望的换了一种形式的满足。如今，从科学角度来看，他的想法中有很多细节可能站不住脚，但他的理论仍然是对梦境解析的研究的转折点。

### 减少压力论

减少压力论是建立在模拟威胁论的基础上的。如果我们在梦中可以面对自己的恐惧，我们的压力就会减少，当我们清醒的时候，这些恐惧就可以被消除。

### 加强记忆论

非快速眼动睡眠已被证实可以增强人对部分事件的记忆。该理论认为，人在快速眼动睡眠期做梦是大脑在努力在不同的记忆之间建立联系，而很多联系很难在我们清醒时建立。

### 激活—整合论

梦是在快速眼动睡眠期，脑干随机放电激活大脑皮层产生的。简而言之，梦就是随机性的神经冲动。

### 未来预测论

梦可以预测未来的说法曾经在过去流行过，但实际上非常牵强，而且没有办法进行科学验证。在20世纪70年代，一家英国报纸曾邀请读者将自己在接下来15年间所做的梦都写下来寄给报社，编辑试图将其与真实世界中的事件联系起来，但最终未能做到。

## 我们为什么会做梦？

有很多理论试图解释人为什么会做梦。不管原因到底是什么，目前的研究告诉我们，做梦对身心健康都有好处。

# 术语表

**腺苷**：由核糖或脱氧核糖连接腺嘌呤形成的核苷，有助于睡眠。从人们早上睁开眼时，腺苷就开始积累，积累到一定程度时，人就会犯困。

**脂肪细胞**：胞质内贮存大量脂肪、参与脂类代谢的一种大型细胞。

**肾上腺素**：由肾上腺髓质分泌的一种儿茶酚胺激素。有使心肌收缩力加强、兴奋性增高、传导加速、心输出量增多等作用。

**杏仁核**：位于颞叶背内侧部、海马体和侧脑室下角尖端前上方的灰质核团。表面盖有海马回钩的皮质，具有参与情绪和情感的调控、学习和记忆、联合注意等功能。

**抗氧化剂**：阻止氧化损害的一类物质。可抑制或延迟底物的氧化，预防自由基活性氧类产生氧化应激损伤。

**基底神经节**：端脑内的一组皮质下核团。包括尾状核、壳核和苍白球等结构，是锥体外运动系统的主要组成部分，有重要的运动调节功能。

**生物钟**：生物体内的一种无形的"时钟"，是生物体生命活动的内在节律性。由生物体内的时间结构秩序所决定。也称昼夜节律。

**脑源性神经营养因子**：神经营养蛋白家族的一员，为一种小的碱性蛋白质，主要存在于中枢神经系统中，支持来自神经嵴的初级感觉神经元的生存。

**碳水化合物**：重要的营养物质，包括单糖、寡糖及多糖，在生命体中既是能量的来源，又是结构的组成部分。

**中央控制网络**：参与多个高级认知任务，并在适应性认知控制中扮演了重要角色。

**小脑**：位于颅后窝的脑组织。功能为维持身体平衡、肌张力及协调运动。

**胆囊收缩素**：一种肽类激素。具有促进胰液、胆汁和小肠液分泌、促进胆囊平滑肌收缩、促进胰组织蛋白质和RNA的合成等多种生理作用。

**证真偏差**：人们希望去寻找与他们持有观点相一致信息的现象，任何与其观点相冲突的信息会被忽略掉，而一致的信息则会被高估。

**皮质醇**：人体内天然产生的糖皮质激素，发生应激反应的时候，机体可以使皮质醇迅速分泌入血，以维持血糖、血压的稳定。

**默认模式网络**：人脑静息状态下存在的功能连接网络。能自动连续地从外部环境搜集、加工和储存信息。可能与情节记忆、语义提取和情绪处理等功能密切相关。

**多巴胺**：下丘脑和脑垂体腺中的一种关键神经递质。负责大脑的情欲和兴奋的传递。

**邓宁-克鲁格效应**：能力欠缺的人往往会错误地认为自己比真实情况中的更优秀的现象。

**内啡肽**：具有阿片样活性的多肽类物质。主要分布于脑和垂体等处，具阿片样镇痛作用和其他生理和行为作用。

**膳食纤维**：不能被人体消化道的酶分解，但在大肠中可被微生物发酵利用的植物源或人工合成的食物成分。

**或战或逃反应**：应激条件下机体行为反应的一种类型，由坎农提出，反应可使躯体做好防御、挣扎或者逃跑的准备。

**氟化物**：含负价氟的有机或无机化合物。添加到牙膏中，可提高牙釉质的硬度和抗酸能力，减少龋齿。

**中央凹**：黄斑中央的凹陷。无血管，是视网膜上感光最敏锐的部位。

**自由基**：具有高度活性、反应性强、半衰期短、多引起氧化反应等特点。氧自由基占机体内自由基的95%以上，是人体内氧化过程中释放的一种活泼的有害物质。

**肥胖易感基因**：携带较多肥胖易感基因者较容易发胖。

**γ-氨基丁酸**：哺乳动物中枢神经系统中重要的抑制性神经递质。在人体大脑皮质、海马、丘脑、基底神经节和小脑中起重要作用，对多种功能具有调节作用。

**胃促生长素**：又称食欲刺激素，对胃肠动力、胃酸分泌、能量摄入、食欲控制、心血管活动、睡眠与觉醒等都有一定的调节作用。

**胰高血糖素**：由胰岛细胞合成和分泌的一种促进能量动员的激素。血糖降低或血内氨基酸水平升高可刺激其分泌。可使血糖升高。

**谷氨酸盐**：一种涉及学习和记忆功能的神经递质。

**糖原**：又称肝淀粉，动物体内糖的贮存形式，肝脏和肌肉是贮存糖原的主要组织器官。

**海马**：位于侧脑室下角底的一个长约5cm的隆起，形似海洋生物海马。与学习、记忆有关。

**激素**：生物体内分泌腺或内分泌细胞产生的，直接分泌到体液中的，对机体代谢和生理功能发挥高效调节作用的化学物质。

**睡眠抖动**：发生在睡眠最浅阶段的抽动，往往伴有自由坠落的感觉。

**下丘脑**：位于丘脑腹侧的脑组织。是调控内脏活动、内分泌机能和情绪行为等活动的中枢。

**边缘系统**：由扣带回、海马、下丘脑、丘脑前核、杏仁核、乳头体、隔区等部分组成。主要调节内脏活动、精神、情绪和记忆等。

**黑色素**：酪氨酸在黑素细胞中氧化为多巴，再氧化聚合形成的褐色颗粒。存在于皮肤、毛发等处。

**褪黑素**：松果体产生的一种胺类激素。可以改善睡眠。

**移动性复合运动**：在清醒空腹状态下胃肠出现静息与收缩循环往复的周期性运动。

**早起鸟**：生物钟倾向于早起的人群。

**髓磷脂**：由神经鞘脂结合蛋白质组成，是构成神经鞘的基本成分。起绝缘作用。

**神经回路**：神经元与神经元通过突触联系，构成复杂的信息传递和处理的通路或网络。

**神经递质**：突触前神经元合成并在末梢处释放，能特异性作用于突触后神经元或效应器细胞上的受体，使之产生效应的信息传递物质。

# 术语表

**神经元：** 神经组织的基本结构和功能单位，是一种高度分化的细胞。具有感受刺激、整合信息和传导冲动的能力。

**夜猫子：** 生物钟倾向于晚起的人群。

**去甲肾上腺素：** 由多巴胺经β-羟化生成的儿茶酚胺类神经递质。参与心血管活动、情绪等的调节。

**非快速眼动睡眠：** 睡眠过程的两个时相之一。此睡眠状态下伴有慢速眼动，各种感觉功能减退，骨骼肌反射活动和肌紧张减退，自主神经功能普遍下降，但胃液分泌和发汗功能增强，生长素分泌明显增多，脑电图呈现同步化的慢波。

**伏隔核：** 位于隔区与尾状核头之间偏下方的神经核。含有多巴胺类神经元，与内脏活动的整合及镇痛有关。近年研究认为伏隔核参与多巴胺能奖赏系统，与吸毒成瘾的机制有关。

**雌激素：** 由脊椎动物的卵巢、睾丸、胎盘或肾上腺皮质所产生的十八碳固醇类激素。

**定向反应：** 突然遭遇一个刺激（特别是新异刺激）时，动物迅速转身将眼或耳朝向刺激方向，从而提高警觉、准备防御的行为。

**催产素：** 在下丘脑合成的一种激素，可增加人和人之间的信任。

**顶叶皮质：** 位于大脑正上方，与一般躯体感觉有关，在集中注意力过程中起重要作用。

**垂体：** 位于蝶鞍垂体窝内的一个内分泌器官。借漏斗连于下丘脑，呈椭圆形。

**前额皮质：** 位于额叶前部。参与躯体和精神活动。功能与情绪控制有关。

**程序记忆：** 又称非陈述记忆，指个体对具体事物操作法则的记忆。

**蛋白质：** 是生命的物质基础，具有构成和修复组织、调节生理功能、供能等作用。肉类、蛋类、大豆和坚果等食物中富含蛋白质。

**网状激活系统：** 脑干腹侧中心部位由许多神经核团和上行及下行神经纤维交织组成的网状结构。主要通过丘脑非特异性感觉投射系统到达大脑皮层，维持觉醒状态。

**快速眼动睡眠：** 睡眠过程的两个时相之一。表现为眼球快速运动、肌肉几乎完全松弛和做梦。

**突显网络：** 大脑的观察网络，对周遭信息进行评估，使人对于突然的变化保持警觉，并准备做出相应的行动。

**饱和脂肪酸：** 少于10个碳原子的饱和脂肪酸在室温下呈液态，较长链的脂肪酸则呈固态。摄入过量的饱和脂肪酸容易导致血管堵塞。

**5-羟色胺：** 又名血清素，参与调节痛觉、情绪、睡眠、体温、性行为等活动。

**睡眠惯性：** 当人突然被唤醒，而非自然醒来时，身体会出现虚弱乏累的表现，这种滞后现象叫作睡眠惯性。

**淀粉：** 淀粉是植物中碳水化合物储存的主要形式。主要存在于植物根、根茎和种子中。

**应激反应**：个体经过对应激源的认知评价后，出现的一系列心理行为和生理的变化。或战或逃反应是应激反应的一部分。

**颞叶**：大脑外侧沟以下的部分，主要与听觉、语言理解和记忆等功能有关。

**睾酮**：男性性激素，有刺激男性器官发育，维持男性特征等作用。主要来源于睾丸，肾上腺皮质、卵巢与胎盘也有少量分泌。

**反式脂肪酸**：一种不饱和脂肪酸，性质类似于饱和脂肪酸，广泛存在于糕点、薯条及其他煎炸食品中，过多摄入会增加心血管疾病发病的风险。

**不饱和脂肪酸**：分子中含有一个或多个双键的脂肪酸。其熔点较饱和脂肪酸低，室温下呈液体。鱼肉和植物油中含有不饱和脂肪酸，该物质对人体健康非常重要。

**血管升压素**：一种由垂体后叶分泌的激素，能使心血管收缩，升高血压，与催产素共同作用，使恋爱初期的强烈的爱转化成长期的陪伴和依恋。

**腹外侧视前区**：下丘脑附近的一小块，睡眠活性神经元中含有抑制性神经递质。

# 索引

## A
阿尔茨海默病：84,111,219
癌症：29-30,194
爱吃甜食：84-85,88-89
安眠药：212,229
安全驾驶：49
氨基酸：78,86,142,197

## B
白肌纤维：152
白色脂肪组织：36,150
饱和脂肪酸：184-185
保持凉爽：33,173
保暖：32,40
苯乙胺：166-167
边工作边吃午餐：80
边洗澡边唱歌：17
边缘系统：165,176,234
禀赋效应：130
病态建筑综合征：64
补充水分：72-75,107
不饱和脂肪酸：27,78-79,184-185,192
不吃早餐的影响：25

## C
测谎仪：159
岔气：145
肠道健康：18,188-189
肠道微生物：188-189
长时记忆：8,44,96,112-113,116,122
肠易激综合征：103,189
潮热：173
成纤维细胞生长因子21：88
成瘾：82,166,200,202-203
城市居民生活状态：46-48
程序记忆：113,120-121
吃零食：71,86,177,202
吃完早餐没多久就饿：70
持续性压力：98-99,102-103
出汗：33,40,73,107,166,173
穿衣方法：32-33,40-41,173
创伤后应激障碍：123,227
创造力：56-57,63,91,232-233
雌激素：38,69,169-170,173,183,208
催产素：157,161,166-167

## D
打哈欠：210-221
打鼾：228-229
打寒战：35-36,38
大脑的发育与变化：14,108-110
大脑的工作能力：126-127
大脑健康：219
大脑与社交：156-157
大脑与视觉：119,124-125
大脑与学习新技能：120-121
胆固醇：78,146,184-186,191
胆囊收缩素：92
蛋白粉：153
蛋白质：18,27,78-79,142-143,153,156,190-192,195
蛋白质奶昔：143
等张饮料：155
邓宁-克鲁格效应：49,58
低碳水化合物饮食：190-191
低血糖：86
低脂饮食：184-185,190-191
地中海式饮食：192-193
第二大脑：189
淀粉：26-27
定向反应：61
冬天起床后情绪不佳：4
动物的睡眠：93,217
短时记忆：118,122,132
短暂休息：12,220
对大脑有益的运动：147
对梦的记忆：8-9
多巴胺：53,82-83,91,110,166-167,200-203

## E
额叶：108-110,232
饿怒：176

## F
反式脂肪酸：185

非快速眼动睡眠：2,9,213,
219,221-222,227,230,235
或战或逃反应：50-53,78,98,
100,102,165,189,199,216
肥胖：36,103,153,178-189,
194,218-219
肥胖易感基因：186
氟化物：20-21
腹部脂肪：150,186
腹外侧视前区：226-227

G
改掉坏习惯：202-203
高强度间歇训练：146-147
睾酮：69,164,166-167,169,
208-209
工作：42-43,54-67,80
工作场所：56-57,61,64-65
工作满意度：42-43
工作效率：54-59
工作与休息：60,62-63
工作中的创造力：62-63
工作中的性别界限：66-67
工作中容易分心：61
购物：130-135
估算每日能量摄入量：182-
183
固执己见：160
光照治疗：4
果葡糖浆：85

每日果蔬建议摄入量：196
果汁：29,87,191
过敏反应：103

H
海马：8,113,116,121-122,
147,232
黑色素：106
红肌纤维：152
红酒：197
互惠原则：131
话在嘴边却说不上来：117
缓解焦虑：101,157,203
缓解压力：65,80,100-102
挥发性有机化合物：64

J
饥饿：70-71,78,83,92,176,
185,191,219
肌肉流失：190
肌肉收缩：153
肌肉撕裂：144,152-153
肌肉酸痛：144,152
肌肉与运动：138-140,142-
144,150-153
基本归因错误：50
基础代谢率：182-183
基底神经节：120,202
激素替代疗法：173
计算食物热量法：191

记忆：8-9,44-45,88,101,112-
123,234-235
记忆容易出错：114-115
季节性情感障碍：4
加工食品：87,188,191-192
间歇性禁食：191
减肥食谱：190-191
健康饮食：197
奖赏系统：110,157,166,201-
203,209
降低血压：16
焦虑：7,10,16,43-44,46,56,
62,101,103,157-158,161,199,
216
经前期综合征：170-171
精子：208-209
警觉性：10,13,42,60,103,216
镜像神经元：156-157
久坐的危害：90-91
酒精：88,177,182,202,212-
213,224
局部减脂：150
决策：2-3,7,59,62,78,96-97,
107,110,121,147
决断力：66

K
咖啡：10-11,25-26,94
咖啡因：10,16,212,224,226
抗生素：189

# 索引

抗氧化剂：29-31
空间推理能力：59
空调：6,37,56
口臭：19
快速眼动睡眠：2,8-9,94,212-213,227,229-230,232-235

## L
拉伸：144
蓝光与睡眠：214-215
犁鼻器：165
理想睡眠时长：220
理性购物：132-134
恋爱：164-169
路怒症：50-51

## M
慢跑：146-149
每日添加糖摄入量：87
每日饮水量：72-74
门口效应：118,132-133
梦游：227
免疫系统：18,71,103,105,161,164-165,188,219
面孔识别偏好：119
莫扎特效应：59
默认模式网络：60,62-63,117,126,156,214,216-217

## N
男性大脑和女性大脑：68-69
脑源性神经营养因子：147
闹钟：6,8,14

内啡肽：53,138,147
内感受：52
能消耗更多能量的运动：148-149,182
尼古丁：202-203
年龄与生物钟：14-15
年轻时更爱冒险：110
尿液颜色：74-75

## P
排便：18,189
排毒：190-191
排尿：73-75
旁观者效应：46-47
配对假说：164,168
皮肤和毛发的过度清洁：17
皮脂：16-17
皮质醇：5-7,10,13,16-17,44,52,78,98,104-105,161,166,219,224

## Q
起床难：2-3
前额皮质：51,62,107,162,232
青少年大脑变化：108-110
青少年生物钟变化：14-15
龋齿：20-21,27
去甲肾上腺素：166

## R
如何摆脱坏心情：52-53
乳酸：155

入睡抽动：226

## S
"丧失"童年记忆：113
晒太阳：43,92,106,173,224
膳食纤维：18,26-29,70,78-79,82,189
膳食中的脂肪：82-83,142,178-179,184-185,190-192
上下班行程与身体健康：42-43
上夜班：12,18
社交：4,156-157
社交媒体成瘾：200-201
社交媒体对睡眠质量的影响：215
伸缩效应：112
身体需要的营养素：29,78-79,194-195,197
身体质量指数：180-181
深呼吸：100-101,155
神经肽Y：176
神经元：81,101,117,126
肾上腺素：6,16,44,51-52,78,98,100,103-105,162,199,216,219
生活满意度：174
生物钟：12-15,18,24,42,54,93,103,123,138,140,177,208,211-212,214,217,220,224-225
生物钟同步：208,211,217
生育能力：173,183,209,219
声音与恐惧感：198-199

时差：224–225
时间错觉定律：44–45
时间营养学：24
食物与运动：142–143,145,153–155
似曾相识的感觉：116
视交叉上核：12
视觉与色彩：124–125
视皮质：124,232
手机对生生活的影响：206–207
寿命：12,90,111,178,194
瘦素：219
水溶性维生素：31
睡惊症：230
睡懒觉：5,14,221
睡眠：2–9,93–96,212–235
睡眠的益处：218–219
睡眠负债：5,221
睡眠惯性：2–3
"睡眠激素"：92–93
睡眠麻痹：230–231
睡眠—觉醒节奏：5,12–13,212
睡眠卫生：216–217
睡眠与肥胖：218–219
睡眠与心理健康：218–219
睡前喝酒：213
说梦话：227
思慕雪：29
素食者：194–195

## T

太晚吃饭：177,216
碳水化合物：18,26–27,70,78–79,84,142–143,155,190–191
糖：27–29,82–85,87–88,145,155,178,184–185
糖的诱惑：82–85,88–89
糖尿病：24,84–86,91,98,157,186,192,194,229
糖原：24,26,86,139,143,148,154–155
提高记忆力：122–123
体温：33,36,107,140,183,216
体重管理：25,177–191,219
体重与遗传：186–187
天气炎热：33,107
天然存在的糖：85,87
添加糖：27,83,85,87,184
铁：30,194–195
听音乐：45,50,59
通过训练戒掉吃甜食的爱好：88–89
移情：156–157,206,210
同时处理多项任务：58–59
痛经：170
头部散失的热量：41
突显网络：60–61,63,103,126,206,216
褪黑素：4,13,212,214
脱水：93
唾液：19,23

## W

网购：130,134–135
网状激活系统：6,212,226
微睡眠：222
围绝经期：173
维生素：27–31,79,106,142,170,188,194–195
维生素补充剂：30–31,195
味觉感受器：88
胃促生长素：70,176,178
温度对大脑的影响：107
午餐：25,55,78–80,92–93
午餐后困倦：25,92–93
午休：80,93–95

## X

吸烟：25,90,203
细嚼慢咽：81
下丘脑：71,78,198
腺苷：10,55
相对脂肪质量指数：181
消化系统：18,92,142,177,216
小脑：120–121
心率：2,6,51–53,98,103,146,162,198
心脏病：6,40,85,91,103,185–186,194,197,229
新陈代谢：24,31,36,38,91,182–183,186
信息素：161–162,164–165,172
杏仁核：6,68,96,100–101,

156,165,198,232
性别刻板印象：66-69
性别与温度感受：38-39
性生活：206-209
性吸引力：161,164-169
性欲：166-167,183,206,208-210
"幸运"的人：158
休闲病：105
血管升压素：166-167
血清素（5-羟色胺）：16,53,166,176,219
血糖：5,78,84,86,92,100,104,146,154,176,180
血压：16,42,53,98,103-104,161,177,198,229

## Y

压力：42-45,56,62-63,65,80,82,98-99,102-105,161,174,189,208,235
压力的类型：99
压力的危害：98,102-103
压力的正面影响：104
牙菌斑：20-22
牙釉质：20-23,29
盐：82-83,195
燕麦：27-28,71,122,142,195
夜猫子：12-13,24,54,63,123,140,208,217
一醒来就看手机：7
依恋：166-167

胰岛素：86,92-93,180,186
胰高血糖素：86
饮水量：72-75
婴儿的睡眠：15,232
营养学：78-79,196-197
营养与运动：142-143,154-155
拥抱的好处：161
有氧运动：139,146-148,186
有益于心脏健康的运动：146
诱导购物：130-133
语义记忆：117,119
元素周期表：233
月经：170-172
月经同步现象：172
孕酮：69,170
运动：2,18,25,33,53,55,73,102,138-140,142-155,170,178,219
运动对大脑的益处：147
运动后按摩：144
运动快感：138,147
运动受伤：140,144,219
运动与增肌：150-153

## Z

早餐：23-31,70,141
早餐与能量补充：26-27
早起鸟：12-13,24,63,140,208,217
正餐间吃零食：71
证真偏差：67,160

脂肪的消耗：34-36,148-151,182,191
脂肪的营养价值：184-185
脂肪含量过低的危害：183
脂溶性维生素：31
直觉：96-97
智能设备对睡眠的影响：214-215
智商：128-129
中年危机：174-175
中暑：93,107
中央供暖系统：36
中央控制网络：60-61,63,101,126
主要组织相容性复合体：164-165
专注：54-57,59-61,63,91,104,140,176
撞墙期（极点）：154-155
紫外线：106
自我感知的年龄：111
自由基：30-31
棕色脂肪组织：34-36,150
阻塞型睡眠呼吸暂停综合征：229
最佳运动时间：140-141
作家缺乏灵感：62
做梦：8-9,213,232-235
做梦的原因：235
做梦时的大脑：232-235

# 参考资料

出版社感谢以下人员对作者引用相关资料的解可。（关键词：a–上方；b–下方/底部；c–中间；l–左边；r–右边；t–顶部）

**13** D. Bruck & D.L. Pisani, "The effects of sleep inertia on decision-making performance", *J Sleep Res*, 1999, 8(2):95–103. doi:10.1046/j.1365-2869.1999.00150.x.
**13** P. Tassi & A. Muzet, "Sleep inertia", *Sleep Med Rev*, 2000, 4(4):341–353. doi:10.1053/smrv.2000.0098.
**14** M. Terman & J. Terman, "Light Therapy for Seasonal and Nonseasonal Depression: Efficacy, Protocol, Safety, and Side Effects", *CNS Spectrums*, 2005, 10(8):647–663. doi:10.1017/S1092852900019611, reproduced with permission. (b)
**23** B.C. Koch et al., "Circadian sleep-wake rhythm disturbances in end-stage renal disease", *Nat Rev Nephrol*, 2009, 5(7):407–16. doi:10.1038/nrneph.2009.8. (melatonin and cortisol data).
**23** Copyright 2004 National Sleep Foundation – www.sleepfoundation.org.
**25** Adapted from: G. Zerbini & M. Merrow, "Time to learn: How chronotype impacts education", *Psych J*, 2017, 6(4):263–276. doi:10.1002/pchj.178.
**30** T. Walsh et al., "Fluoride toothpastes of different concentrations for preventing dental caries", *Cochrane Database of Systematic Reviews*, 2019, Issue 3, Art. No.: CD007868. doi:10.1002/14651858.CD007868.pub3. (bl)
**36** H. Isaksson et al., "High-fiber rye diet increases ileal excretion of energy and macronutrients compared with low-fiber wheat diet independent of meal frequency in ileostomy subjects", *Food Nutr Res*, 2013, 57(1). (b)
**44** E.E. Helander et al., "Weight Gain over the Holidays in Three Countries", *N Engl J Med*, 2016, 375(12):1200–1202. doi:10.1056/NEJMc1602012. (b)
**53** B. Clark et al. (CTS, Department of Geography and Environmental Management, UWE, Bristol), "How commuting affects subjective wellbeing", *Transportation*, 2019, 1–29.
**55** Adapted from: P. Parthasarathi et al., "Network Structure and Travel Time Perception", *PLoS ONE*, 2013, 8(10):e77718. doi:10.1371/journal.pone.0077718.

**62–63** L. Nummenmaa et al., "Bodily maps of emotions", *Proc Natl Acad Sci USA*, 2014, 111(2):646-651. doi:10.1073/pnas.1321664111. (b)
**78** Adapted from: S.J. Ritchie et al., "Sex Differences in the Adult Human Brain: Evidence from 5216 UK Biobank Participants", *Cereb Cortex*, 2018, 28(8):2959–2975. doi:10.1093/cercor/bhy109. (b)
**81** M.M. Perrigue et al., "Higher Eating Frequency Does Not Decrease Appetite in Healthy Adults", *J Nutr*, 2016, 146(1):59–64. doi:10.3945/jn.115.216978. (t)
**90** C.R. Mahoney et al., "The Acute Effects of Meals on Cognitive Performance" in HR Lieberman et al., "Nutrition, brain, and behaviour", *Nutr Neurosci*, 2005, 73–91 (p31). doi:10.1201/9780203654554.ch6. (b)
**97** WHO, "WHO calls on countries to reduce sugars intake among adults and children", press release, 2015, who.int/mediacentre/news/releases/2015/sugar-guideline/en/, accessed Jun 2020. (c)
**99** Adapted from: D.R. Reed & A.H. McDaniel, "The human sweet tooth", *BMC Oral Health*, 2006, 6(1):S17. doi:10.1186/1472-6831-6-S1-S17.
**106** A. Dijksterhuis et al., "On Making the Right Choice: The Deliberation-Without-Attention Effect", *Science*, 2006, 311(5763):1005–1007. doi:10.1126/science.1121629.
**123** C.M. Alberini & A. Travaglia (Society for Neuroscience), "Infantile Amnesia: A Critical Period of Learning to Learn and Remember", *J Neurosci*, 2017, 37(24):5783–5795. doi:10.1523/JNEUROSCI.0324-17.2017. (b)
**138** J.K. Hartshorne & L.T. Germine, "When does cognitive functioning peak? The asynchronous rise and fall of different cognitive abilities across the life span", *Psychol Sci*, 2015, 26(4):433–443. doi:10.1177/0956797614567339. (b)
**156** L. Ciprian et al., "Acute and Post-Exercise Physiological Responses to High-Intensity Interval Training in Endurance and Sprint Athletes", *J Sports Sci Med*, 2017, 16(2):219–229. (b)
**164** D.H. Wasserman, "Four grams of glucose", *Am J Physiol Endocrinol Metab*, 2009, 296(1):E11-E21. doi:10.1152/ajpendo.90563.2008, fig.2. (tr)
**166** A. Puce et al., "Neural Bases for Social Attention in Healthy Humans", in *The Development of Social Attention in Human Infants*, 2015, pp93–127. doi:10.1007/978-3-319-21368-2_4,fig.4.1. (b)

**167** S. Brinkhues et al., "Socially isolated individuals are more prone to have newly diagnosed and prevalent type 2 diabetes mellitus: The Maastricht study", *BMC Public Health*, 2017, 17(955). doi:10.1186/s12889-017-4948-6 (cl).
**174** C. Wyart et al., "Smelling a Single Component of Male Sweat Alters Levels of Cortisol in Women", *J Neurosci*, 2007, 27(6):1261-1265. doi:10.1523/JNEUROSCI.4430-06.2007. Copyright 2007 Society for Neuroscience (clb).
**185** A. Weiss et al., "Midlife crisis in great apes, *PNAS*, 2012, 109(49):19949–19952. doi:10.1073/pnas.1212592109.
**186** J.K. MacCormack & K.A. Lindquist, "Feeling hangry? When hunger is conceptualized as emotion", *Emotion*, 2019, 19(2):301–319. doi:10.1037/emo0000422. (b)
**189** CDC.
**207** Adapted from: L. Castaldo et al., "Red Wine Consumption and Cardiovascular Health", *Molecules*, 2019, 24:3626. (tr)
**207** K. Middleton Fillmore et al., "Moderate alcohol use and reduced mortality risk: Systematic error in prospective studies", *Addict Res Theory*, 2006, 14(2):101–132. doi:10.1080/16066350500497983. (tcb)
**221** Adapted from: B.J. Brown et al., "A Neural Basis for Contagious Yawning", *Curr Biol*, 2017, 27(17):2713–2717.e2. doi:10.1016/j.cub.2017.07.062.
**221** A.G. Guggisberg et al., "Why do we yawn? The importance of evidence for specific yawn-induced effects", *Neurosci Biobehav Rev*, 2011, 35(5):1302–1304. doi:10.1016/j.neubiorev.2010.03.008.
**222** K.J. Brower, "Alcohol's effects on sleep in alcoholics", *Alcohol Res Health*, 2001, 25(2):110–125.
**223** T. Roehrs & T. Roth, "Sleep, sleepiness, and alcohol use", *Alcohol Res Health*, 2001, 25(2):101–109. (t)
**230** C.J. Wild et al., "Dissociable effects of self-reported daily sleep duration on high-level cognitive abilities", *Sleep*, 2018, 41(12):zsy182. doi:10.1093/sleep/zsy182, fig.3.
**235** Copyright 2004 National Sleep Foundation – www.sleepfoundation.org.

要浏览完整的参考资料，请访问
www.dk.com/sol-biblio

## 关于作者

斯图尔特·法里蒙德博士是一位科学领域及健康领域的作家、主持人以及沟通大师。此外，他还是一位医生和教师。他的作品经常刊登在报刊上，如英国的《新科学家》《独立报》以及美国的《华盛顿邮报》。在电视、广播以及公共活动中也经常能看到他的身影。此外，他还推出了一档每周播出的科普广播节目。他的研究包罗万象，具有广泛的影响力。斯图尔特博士还是DK系列图书《烹饪的科学》以及《香料的科学》的作者。

## 致谢

### 作者致谢

我要将本书献给我的很多朋友和家人，感谢他们自始至终给予我的爱和帮助。睡眠领域的专家尼尔·斯坦利博士不厌其烦地为我讲解睡眠的奥秘。在解释季节性情感障碍和冬天起床困难现象的成因时，英国牛津大学的斯图尔特·皮尔逊副教授、曼纽尔·司皮茨禅博士、美国蒙哥马利奥本大学的史蒂文·洛贝洛教授以及瑞士巴塞尔大学的安娜·维尔茨·贾斯蒂斯教授给予了我很多帮助。而在写关于刷牙以及牙齿健康的章节时，英国布里斯托大学的马丁·阿迪教授、英国伯明翰大学的达明·沃姆斯利教授以及美国华盛顿大学的菲利普·胡乔尔教授曾为我指点迷津。《关注大脑》节目的主持人吉姆·戴维斯博士以及金·埃勒曼博士和我分享了他们关于智能手机使用利弊的思考。来自荷兰鹿特丹大学医学中心的珍妮·菲瑟副教授以及研究员卡西帕克·凯凯夫为我解释了为什么男性和女性在感知温度方面存在差异。加拿大卡尔顿大学的阿方索·阿比扎伊德教授在我撰写与肠道相关的内容时给予了我很大的帮助。英国巴斯大学的詹姆斯·贝茨教授与我分享了他关于早餐和运动营养学的研究成果。塞浦路斯尼科西亚大学的马克·萨尔曼教授以及澳大利亚蒙纳士大学的阿曼达·斯蒂芬斯博士和我分享了他们关于路怒症的思考。美国奥克兰大学的塔玛拉·休·巴特勒副教授非常慷慨地分享了关于忙碌状态下科学饮水量的研究成果。美国迈阿密大学的鲁西娜·乌丁副教授关于大脑网络的研究给了我很大的启发。英国纽卡斯尔大学名誉教授布赖恩·迪菲与我分享了他在光照方面的研究成果。此外，我还要特别感谢电台主持人，同时也是我的朋友格雷厄姆·西曼。最后，我还要把最诚挚的感谢送给我的妻子格蕾丝。得此贤妻，夫复何求？

### 出版社致谢

DK感谢约翰·弗兰德所做的校对工作，玛丽·洛里默所做的索引编写工作以及米丽娅姆·梅加尔比所做的数据授权许可工作。

## 声明

本书中的知识和建议不能代替医生和专家的诊断和治疗方案，遇到健康问题时，建议您咨询医生等专业人士，切勿因为本书中的信息忽略医生的建议或耽误求医。本书中对任何产品、治疗方法或组织的命名并不代表作者、出版社的观点。对于由阅读本书直接或间接导致的人身伤害或其他损害及损失，作者和出版社概不承担任何法律责任。